U0067394

追求圓融

完形取向的婚姻與家庭治療

Joseph C. Zinker　著

卓紋君　校閱

卓紋君、李正源、蔡瑞峰　譯

In Search of Good Form

Gestalt Therapy
with Couples and Families

Joseph C. Zinker

目錄

第一部分　理論

關於作者

　　Joseph C. Zinker 生於 1934 年的波蘭 Luck。二次大戰期間納粹使他失去了祖父母，而他與父母以及哥哥分散在各地的難民營，最後終於在 Uzbekistan 相聚。戰後四年，他與他的家庭在波蘭與德國各地流轉。

　　Zinker 在 1949 年移民紐約，雖然他具備多國語言，但是在來美國之前，他從未學習過英語。他在童年及青少年時期均顯現出他的藝術天分。他在紐約學習藝術，其後，在 1957 年自紐約大學畢業，主修心理學與文學。他對存在主義以及現象學感到興趣，並且進入 Cleveland 的 Western Reserve 大學的研究所，主攻學習理論與臨床心理學。他研究末期病人的人格成長，並在 1963 年拿到他的博士學位。他的博士論文成為他的第一本著作《*Rosa Lee: Motivation and the Crisis of Dying*》(1966)。

　　1958 年，當他還是研究生時，Zinker 進入了早期 Cleveland 完形治療師的圈子，並且開始跟隨 Fritz 與 Laura Perls、Paul Goodman 以及 Isidore From 學習。這個團隊後來發展成為 Cleveland 完形機構，而 Zinker 不僅是工作人員，他也擔任了博碩士後組的領導者。

　　結合他對藝術、創造性實驗，以及人類成長運動的興趣，Zinker 在 1976 年出版《完形治療中創造性的歷程》（*Creative Process in Gestalt Therapy*），而此書至今仍是心理治

療做為一種藝術形式的經典之作，不但被 *Psychology Today* 評為 1977 年的「年度之書」（Book of the Year），而且已被翻譯成三種語言。

在完形的專業社群中，Zinker 因改進伴侶工作的互補（complementarity）與中間地帶（middle ground）的臨床觀念以及在個別、夫妻、家庭，以及團體治療中的創造完形實驗而聞名。自從 1980 年開始，他在 Cleveland 完形機構的親密系統研究中心熱衷於研究婚姻與家庭。

身為藝術家、作家、詩人以及完形治療師，Zinker 自 1962 年開始私人執業。而他也是一位廣受歡迎的演講者以及工作坊的帶領者，所以大部分時間都在美國、加拿大、南美、歐洲以及中東等地旅行。他目前的臨床興趣在於人類互動的美學以及論證。他是兩個女兒的父親，兩個女兒都是藝術家。他目前定居於 Ohio 的 Cleveland 高地。

關於校閱者

卓紋君

現職：國立高雄師範大學輔導與諮商研究所專任教授
　　　兼學生輔導中心輔導老師

學歷：美國德州大學奧斯汀分校哲學博士（主修人
　　　格、發展與社會心理學）

經歷：嘉義大學家庭教育研究所專任副教授
　　　嘉南藥理學院嬰幼兒保育系專任副教授
　　　兼高雄縣社會局約聘心理諮商師
　　　兼國立台南師範學院兒童諮詢中心心理諮商
　　　師

關於譯者

卓紋君
同校閱者簡介

李正源
現職：於美國進修中
學歷：國立高雄師範大學輔導與諮商研究所博士
經歷：國立新營高中教師

蔡瑞峰
現職：花蓮佛教慈濟綜合醫院身心醫學科主治醫師
學歷：高雄醫學大學學士後醫學系
　　　美國德州大學奧斯汀分校電機工程研究所碩
　　　士
經歷：高雄仁愛之家附設慈惠醫院主治醫師
　　　高雄長庚醫院精神科住院醫師

推薦序

對所有熟悉完形模式及其應用的人們而言，Joseph C. Zinker 無需多做介紹。他創建以及領導 Cleveland 完形機構已逾三十年，並且在 Cleveland 以及全世界的教學及訓練課程中培養了成千的臨床工作者與其他學習者，這使得他成為今日最知名且普受尊敬的完形導師。過去二十年，大部分的時間他都與 Sonia Nevis 一同工作，一起領導「親密系統研究中心」（Center for the Study of Intimate Systems），這個中心在將完形模式應用在夫妻以及家庭中扮演了先驅的角色。而且，他在 1976 年出版廣受歡迎的突破性書籍《完形治療中創造性的歷程》仍然是目前最暢銷的書；該書在闡明心理治療與人類發展的人文與整體取向上，仍是經典著作，而對那些原本確認自己是完形取向的臨床工作者的衝擊，更是超乎預期。

說實在的，這本你將要閱讀的書是被長久期待且深具影響的重要作品。《追求圓融》（本書）同樣建立在引導 Zinker 多年的完形觀點：實驗與創造力、奠基於人類邁向成長與整合的天性、情緒的確認與熱誠的承諾是獲得滿足的關鍵，以及自我是生活的藝術家的概念。但是 Zinker 跨越個體，進一步探索並闡明所有發生在生活（或心理治療工作）中這些最具挑戰性以及最深層的議題（親密的伴侶與家庭關係本身）的動力與遊戲。透過

本書，他強調看見（seeing）與陪伴（being with）是婚姻與家庭治療的秘訣，而這就是現象學本身的精神。據此，治療師與病人站在一起，共同創造以及交互闡明各自的經驗與意義。其他學派的取向（不管新舊）比較喜歡（以另一個受敬重的早期完形導師 Erving Polster 的話）「重新介紹沙發」（reintroduce the couch），也就是說，提出一些固定的技術或分析工具來「客觀地」檢視個案，從本身外在的經驗來評斷個案的經驗，同時確保「醫」「病」的安全距離（對治療師而言！）。相對地，這裡沒有「沙發」，沒有評分與診斷個案經驗的強迫性規則，而是一種更聰明且富人性的方法來一起尋找經驗可能受阻、扭曲、耗盡，或缺乏熱情的地方，以及尋找婚姻與家庭中支持或降低自我或他人創造歷程的具體人際姿態。在此，治療是一種藝術，一種訓練，以 Zinker 的話來說是一種儀式，一種特別的深層個人接觸，而不是一種替代，不是一種「客觀化」使得主體或個人被淹沒或迷失，而後者就是其他學派與取向的方式。

這並非意味沒有方法學或是知識架構來奠定與指導如何進行工作，Zinker 在本書第一部分中闡明並謹慎建立的架構具備豐富的理論性，但是卻又不迂腐或是遠離個案與治療師兩者的真實生活與現象學的真實。第一章中，他開始以敘事的方式為理論工具以及為接下來的六個章節鋪陳基本架構。經由他靈巧的繪畫之手以及眼睛（Zinker 是一位成功的視覺藝術家），他將 Fritz 與 Laura Perls 勾勒成「即興創作藝術家」，而這兩人被戰後頑固

的精神分析創建者視為「背叛者，最差勁的庸醫」。但是他將這樣的生命刻畫往前一步進入理論，以區分「衝動」（acting out）與「經由行動」（acting through）來闡明Perls學派，而這重要的臨床／經驗區別則視行動是否奠基於覺察而定。這就是Zinker所有工作的中樞，事實上也是所有完形模式運轉的樞紐。以下的順序純粹是Zinker式的（以及一個純粹的例子，讓他成為如此成功且具影響力的教師與作家）：首先是具體的、視覺的、特定的，最後是理論的精緻化或評論。總是最重要也最多的是歸納、現象學，以及經驗的真實；從來就不會是推論、嚴格的命令、抽象的個案描述。

　　Zinker以相同的方式結合婚姻與家庭治療的主要影響人物在他的工作以及完形模式中：Whitaker、Satir、Minuchin、Bowen，以及其他人──一些與他截然不同取向與學派的人物。同時，他開始著手本書的主題，那就是美學（aesthetics）與形式（form），而將此應用在婚姻與家庭的臨床工作，以及我們的生活經驗之中。通常，Zinker不喜歡這些抽象名詞，逃避臨床上的真實，所以本書建立在仔細且豐富的具體經驗描述以及建立於互動經驗循環圈（interactive cycle of experience）的模式之下，進行分析與介入生活的歷程以及生活本身的品質。

　　因為作者本身已經在第一章章末給了很好的本書導覽，所以無需我在此贅述。然而，以下我將基於身為讀者、臨床或非臨床、完形或其他取向，在實務上的領悟與應用，來簡要地討論各章。

　　第二章向讀者介紹 Zinker 與 Nevis 這幾年來闡述的完形取向的基本價值觀以及工作假設，而這本身就引人注目：從你拿起一本臨床書，打開來都是作者的價值觀，然後試圖在價值觀與方法、個人立場與臨床工具之間建立理論聯結（完形的核心），這樣要花多少時間？這些價值觀與假設的核心類似於傑出藝術史學家E. H. Gombrich 的命題，他窮其一生致力於藝術評論與美學理論，認為確切的視覺形式、確切的外形創造了原本就在美學上更令人滿意與愉悅，而這些「歷程」的區別跨越不同的媒材、內容，甚至文化。同樣地，Zinker 也從這裡出發討論歷程的美學，認為這些可以成為診斷的工具，而無需仰賴行為法則與歷史解釋之類的笨拙且獨斷的系統，這種系統對於實際的臨床介入只是差勁的指導，而這是婚姻與家庭治療師知之甚詳的（在此值得一書的是，Gombrich 透過名聲卓著的完形心理學家James J. Gibson，他的終生朋友，而因此非常熟悉完形模式）。

　　第三章探討系統與界線，而將這些概念以新的方式呈現，特別著重 Kurt Lewin 的完形場地論。而從這樣的討論所衍生出來的新方法是「觀看」（seeing），這個觀念來自於Zinker 將系統與美學的結合。然而，觀看是一種建構主義者的行為，而非只是被動地接受什麼在「那裡」。這是整個完形心理學在二十世紀早期傳奇的核心，而後來使得今日所有的知覺與認知心理學都會視完形為其基礎。而理論與方法的整體重點是對建構提供指導，以告訴我們看什麼以及尋找什麼。在 Kurt Lewin 知

名的格言，即第四章標題下引用的格言，沒有比一個好的理論更實用的了。Zinker 直接告訴我們命題的效用，鼓勵讀者採取新的立場去觀看夫妻與家庭的「整張圖像」，就如同觀看那些組成這整張圖像的各個部分。

Zinker 讚揚 Nevis 發展出的完形互動循環圈，而在第四章中加以討論。這個工具或「視框」（lens）是基於完形經驗循環圈來觀察歷程。完形經驗循環圈已超越 Perls 與 Goodman 的努力，而成為完形治療 Cleveland 學派成員寫作與發展的基礎，而它許多的延伸與應用，範圍涵括個別治療與團體治療，乃至組織發展與政治介入。這裡主要的觀點對於熟悉完形接觸與覺察者而言，是以新的方向對臨床工作者清晰地呈現 Zinker 的想法，並佐以豐富的臨床素材。

覺察的完形概念在第五章有更進一步的介紹，而強調改變本身的歷程。畢竟，改變是心理治療的全部，但是許多對夫妻與家庭的工作模式並沒有直接地陳述改變是什麼以及改變是如何發生的。對行為的覺察與行為改變的關係是 Zinker 所提倡的現象取向的核心，並且建構出完形模式的中心觀點（從其他模式的觀點來看，就如同是一個完整的典範轉移）。畢竟，我們根據自身有系統（organized）的覺察來組織我們自身的行為，包括我們自己、我們的感覺與慾望、我們的世界以及各種可能性，以及這些事物之間的關係（這些事物組成我們的目標與目的地，讓我們向它邁進）。因此，想以任何持久與有組織的方式來改變行為，我們就必須改變我們的覺

察——在這個世界有什麼是可以令我們滿足的，有哪些對我們自己而言是可能並可及的目標與感受。只在「行為層面」工作，就是違反他們對危險以及可能性的知覺本能，只會造成他們對眼裡的世界以及本身的「抗拒」（Zinker 認為那就是只要求人們去做他們不打算去做的事）。Zinker 對這種最令人挫折以及熟悉的臨床難題，最重要而且一致的方式就是去支持這抗拒。而他從這樣的立場所跨出的治療里程碑，同樣地以臨床實例來說明，可以說是對我們所有掙扎在協助夫妻與家庭的人一種啟發以及模式，讓我們能夠度過許多困難的任務以及生命的旅程。

　　第六章持續抗拒的主題，這些都是 Zinker 以及前人立基於完形模式下的努力。再次，從現象學的觀點，抗拒是可以從人們試圖管理、或達成、或保持距離（keep at bay）的方式來理解。而 Zinker 再次將臨床的信念放在覺察的力量，認為不必去移除抗拒（因為不可能也不需要），而是去將它提升到選擇的層次，也就是將它與夫妻及家庭目標、接觸形態，以及生活歷程做更好的整合。

　　到了第七章，我們雖然來到理論的最後一章，但是本書遵循完形的優良傳統，以理論與應用相互交織成本書，所以都相互接引、相互增強、互為圖像背景（以完形的詞彙）。界限通常是婚姻與家庭治療的主要概念，經常被使用卻很少被定義。完形模式在此為界限這個詞的隱含意義以及它在意義的建構與能量（另一個重要常用卻沒有良好定義的詞）的支持上提供清晰的觀點。

Zinker 提出一個系統中能量的質與量是直接仰賴系統中的界線狀況，即人們自身的界線、人們之間的界線、交疊的子系統之間的界線，都可能在家庭中不同的時間點上是重要的。

　　第八章開始實務上的例子。除了持續發展理論與應用的主題之外，與其他此領域的許多作者不同的是，Zinker 真切地告訴我們他如何進行一次會談：他如何設定會談、他說些什麼、他期待、跟隨與支持什麼，以及為何這樣做。這樣解開歷程的神秘面紗，讓讀者站在被啟發的自主性上，可以好好地去評估這些做法與結果的關係，而因此能夠在覺察的支持下去做選擇。

　　第九章探討相似的議題，只是放在更大、更複雜的家庭系統。就如同書中的其他地方，Zinker 試著點出他的「基本假設」、「定向原則」以及其下的價值觀，藉以釐清與架構他的工作，引導我們（更不用說是個案）以及作者，在理論與行動之間形成關係讓讀者可以依循。如同在第八章的婚姻治療（事實上，貫穿全書），他堅持基於生活的對立議題（自我與他人、個體與群體、融合與自主），辯證式地觀察動力，避免過度簡化有機體的歷程與生活的選擇，而得到與生活本身一樣複雜的理論系統以及方法學的取向。

　　第十章將這基本的關係兩級化（polarities）：私密與分享，然後以簡單卻令人吃驚的哲學深度來探索它。在此，讀者將發現沒有簡單的答案或臨床／道德的處方，而是精細地探索實話與親密之間的關係，以及實話與傷

害之間的關係。一如 Zinker 的其他工作，取代評斷的是
非常受到關注的支持（support）。如果人們採取破壞性
的行動或是自我毀滅，在這樣的觀點下，問題就會是為
什麼他們沒有被周遭的人（包括第一位以及先前的治療
師）、沒有被他們對自己的看法、沒有被他們所知的世
界支持而採取更好的行動。這並非 Zinker 從確認這些行
為是健康的或是不健康的（也許他會比較喜歡美學的
或非美學的詞），甚至對或錯之中退卻。而是，他知道
身為一位臨床工作者以及一個人，這些分類是沒有幫助
的；也就是說，這些分類並不會帶來改變，得到更好的
生活。而持續聚焦在更好的生活（以及「臨床工作者」
與個人的身分認同）則是這本書要採取的另一種方式。

在第十一章有更清楚的說明，Zinker 再次直接談論
實際生活（與邁向死亡）的議題，這些議題對家庭生活
的品質而言是很重要的，但是卻從來沒有在臨床文獻中
被適當地探討。在此，基於相信人類固有的關係驅力會
趨向凝聚、整合、創造，以及意義的脈絡下，再一次強
調接觸、覺察與支持。

在第十二章總結中，Zinker 提供歷程美學或他貫穿
本書所謂的完形（good form）的「省思」（meditation）。
在此脈絡下，本章又回歸到開始，闡明指導他工作的價
值觀：優雅（grace）、行動（movement）、歸屬（belong-
ingness）、關係、「如是」（isness）、經驗的效力（the
validity of experience）、形的整體（wholeness of form）、
承諾、成長、特質（particularity），以及美學。

　　而最後，美學這個詞在與夫妻及家庭工作的脈絡下
到底是什麼意思呢？讓我在此試著回答這個問題，以
Zinker 的方式，用一個特別的例子，一段幾年前的回憶，
一段我們倆都認識的朋友的婚禮預備的例子。我記得在
那個場合問 Zinker 婚姻本身所代表的意義，「婚姻？」
他「瞇眼」看著遠方，就像他在第一章描述的方式一
樣。「婚姻……（很長的一段停頓，可能是反思或是為
了效果）代表有些事情你無法逃避。」然後另一段很長
的停頓。「嗯！」他再加上一句：「我想你可以……但
這樣就不美（aesthetic）了。」

　　「美」與完全一致（integrity）、關聯、整體、致力
形成有關。在「楔子」中，Zinker提到他的同事Sonia Nevis
的完全一致，他認為這是本書的中心觀點。Zinker 說，
Sonia Nevis 尊重每個人經驗的效力與完整，在他們合作
的這麼多年來，他從沒有聽她在一對夫妻或一個家庭的
背後說過他們的壞話。他總結道，如此的完全一致在這
個世上是很難得的。

　　同樣地，也可以應用在 Zinker 致力於美學的形式以
及相關聯的展示（hanging in）、「展出」（hanging out）、
看見、欣賞、尊重遍布整本書。如此在用意上的完整，
不管是在這個世上，或是在需要仙丹妙法以及設定底限
（bottom line）的日子，或是任何一天都是難得的。當
然，諷刺的是，採取與其同在（being with）凌駕於對其
施為（doing to）的方式，Zinker 獲得事件的核心，而且
比那些更「科學」的取向得到更有效能、更有效率的結

果。

心理治療正如所有人類的事物一樣有其潮流與鐘擺效應，兩個世代前，Gordon Allport 要求將「個人置於心理學之後」：而今，由於家庭外患不斷，而夫妻似乎全面引退，要求迅速解答、降低生活期待的聲音從未如此響亮。但是當這些聲音如此之大的時候，我們必須去傾聽被埋沒在其下的聲音，這些聲音提醒我們每個人、每個家庭、每個關係畢竟都是獨特而重要的，因為它們都有其自身的美學形式以及在生命中潛藏的優雅與美麗。當鐘擺再次擺回（而事實也已經開始）人文主義與人類的創造力的方向時，Joseph C. Zinker 將會在那裡，一如他在現今這個世代，如此雄才、機智、激昂、迷人、有見識，以及極具美學：一位身為治療師的藝術家，以及一位生活的藝術家。

Cambridge, Massachusetts   **Gordon Wheeler**
1994 年 7 月

作者序

　　打從 1980 年代初這個寫作計畫開始，Edwin Nevis 就勸進並敦促我寫作，而且提供部分的經費支持，直到我完成這個工作。在我開始使用電腦之前，編輯的意見以及手稿的修改都是由 Myrna Freedman 以及之後我的秘書 Marlene Eisman 耐心地繕打。本書早期的形式主要是由 Shirley Loffer 編輯成形，她同時也是《完形治療中創造性的歷程》的編輯。

　　Sonia Nevis 總是給予我協助，她提供婚姻與家庭的完形理論材料、家庭治療的原理與假設、「帶著遺憾而行」（acting with regret）的觀點，以及關於說謊是親密關係主要阻礙的想法。這些都是 1980 年間，Cleveland 完形機構的親密系統研究中心所出版的會訊中，對 Eleanor Warner、Sonia 以及我本人所訪談的主題。

　　本書早期版本的審視以及亟需的道德支持都是來自於 Cleveland、Phoenix、Calgary、Chicago、New England、Richmond 以及 New Orleans 等地的完形機構；還有從我個人在德州的 Bloomington、Indianu 以及 Dallas 的治療團隊；以及英國、加拿大、墨西哥、法國、德國以及以色列等國的同儕。

　　與我的親密好友兼同事 Donna Rumenik 的許多對話以及多年一同工作的經驗，豐富了我對於以下的理解：

秘密以及「秘密生活」如何深遠地影響夫妻與家庭關係、在家庭中存在著獨立於系統之外的孤獨加害者、完形的價值觀必須包括治療師對當事人的責任、夫妻的親密，包括好奇以及不斷的詢問與回應、治療師的「在場」（presence）與其技術一樣重要。

一直提醒我真的寫得很好的朋友們，包括Gordon Wheeler、Wendell Price、Philip Rosenthal、Thomas Reif、Anne Teachworth、Penny Backman、Joseph 和 Gloria Mel-nick、Richard Borofsky、Florence Zinker、Robert Barcus、Janine Corbeil、Barbara Fields、Judith Geer、Ed Harris、Edith Ott、Ira Rosenbaum、Claire Stratford、Robert Weiskopf、Erving 與 Miriam Polster，以及其他許多人。

本書所強調的價值觀，特別是關於美學的部分，是出自 Sonia Nevis、Donna Rumenik，以及我之前在 1986 年的《完形期刊》（*Gestalt Journal*）研討會以及 1993 年英國劍橋研討會的論文。而促成我將這些價值觀做為本書獨到且基礎論點的是 Paul Shane，他是位傑出的作者、編輯，以及 Saybrook 機構存在現象學的終身博士生。在我對此書深感絕望的谷底時，他前來幫助我，並且對最後的定稿增加了必要且利落的思考以及年輕的能量。所以，最後的版本在我與Paul 的「對話空間」中問世。

在計畫的尾聲，Tony Skinner，一位極具天賦的平面藝術家，進入這個團隊，將我粗略的草圖轉化成線條的素描。

我生命中的個人危機不斷地啃噬我的創造能量，包

括離婚以及我父母、哥哥與叔伯的過世。這些 Zinker 家族前輩成員的離去讓我難以承受，因為沒有任何一道牆在我身後，而我現在就是這道牆。但是，我發現，每一道牆都有一個通道，因此最後，我想要謝謝兩位年輕女子賜予我創造與生活的意志：我的女兒，Judith 與 Karen Zinker。

Cleveland Heights, Ohio   Joseph C. Zinker
1994 年 7 月

獻給 **Sonia M. Nevis** 與 **Edwin C. Nevis**
我忠實的同事暨最親愛的朋友

校閱者序

　　這一本《追求圓融》的譯書是完形治療學派特別針對夫妻或家庭工作時，所涉及的理念與實務的探討。我承接其中部分的翻譯與全書的校閱工作，仍是延續自己推廣完形治療的一份初心；我希望能透過這樣的工作，把完形治療的「力與美」介紹給任何對它感到興趣，或有心想進一步瞭解它並且深入學習它的人。理想上，這本書可說是繼《完形治療的實踐》此一入門書之後，有關完形治療應用於婚姻與家庭治療的進階教材。換言之，對於已具備完形治療概念基礎的學習者，如果想進一步瞭解如何利用完形治療於夫妻或家庭的會談工作，這本書是非常適合的教科書。當然，由於作者在此書的前半部也有對完形治療的歷史發展、重要概念等做了清楚的介紹，而且也列舉許多實際案例；因此對於完形治療仍缺乏深厚認識、但有志於學習婚姻與家庭治療的人而言，它也是一本適用的教科書或指導手冊。

　　特別需要一提的是，此書有幾個名詞本身便具有多重的意義，因此在譯詞的選擇也常因上、下文而略有變動。例如，以本書的書名而言，"Good Form"，其字面意義可直譯為「良好的形」或「好的形式」；此即呼應完形理論中趨向完成的狀態，或是對於能流暢地走過經驗循環圈的一種形容。但是，若就我們中文的使用習

慣以及考慮親密關係的完成,我便會用「圓融」一詞來
彰顯這一層隱含的意義。另外一個詞 "boundary",就
完形理論最初所指的,應為區隔出個體之間的那條「界
線」,但是因區隔之後所形成的屬於個體的領域或範圍
就成為「界限」。因此,這兩個譯詞的選用基本上也是
依上、下文的意思來決定。再者,原文的 "couple" 一
詞,我選擇翻成「夫妻」,而 "couple therapy" 則翻成
「婚姻治療」;此乃因全書所討論的或所引的案例,均
指涉家庭中的夫妻或配偶。不過,就完形的系統觀而
言,它其實也可以廣義地應用到不具婚姻關係的親密伴
侶之中;這是要特別說明的。

　　最後,這本書的完成仍要歸功於另外兩位翻譯者的
貢獻,他們流暢的譯文能力省卻我在校閱時許多的工
夫,是非常稱職的合作夥伴。其中蔡瑞峰負責第一章與
第七章的翻譯工作,而李正源則負責第二部分所有章節
的翻譯。而心理出版社總編輯為此書爭取到版權,對期
限的寬容,還有編輯工作團隊的協助,都值得感恩;沒
有他們的付出,此書是無法順利付梓的。投注於譯書的
工作若要能夠有所進步,是非常需要廣大讀者的指教與
支持的。如果讀者對於此書的譯文有任何意見,我相當
歡迎,也非常感激您的不吝指出。

卓紋君

於高師大

楔子

十幾年前，Sonia Nevis邀請我加入她在 Cleveland 完形機構的親密系統研究中心成為職員，當時我們鍾愛的同事 William Warner 剛過世，讓整個計畫留下一個遺缺。William 是個傑出的完形治療師，特別在與兒童、夫妻，以及家庭的工作方面。所以，我接替他的職位，就好像一隻鳥取代一匹漂亮的馬。

當時的我對夫妻或家庭工作毫無概念。身為二次大戰的難民，我來自一個小家庭：沒有姊妹、阿姨、表兄弟姊妹、姪女、外甥，以及祖父母。我的父母、哥哥和我所組成的家庭並非一個關係緊密的家庭；在今日，人們可能會說我來自於一個「失功能的家庭」。

我與妻子建立的家庭稍微健全些，但是也好不到哪去。雖然我寫了許多關於婚姻、衝突，以及愛的作品，但是關於婚姻與家庭的神聖與美麗，以及孩童在家庭中的歸屬與功能，我沒有「與生俱來的知識」（blood knowledge）。

Sonia 為我訂了一堆書，然後從她的講綱中教育我。

每一次的講授與督導學生的會談，她教我的不僅是婚姻與家庭治療的基本價值觀，同時也教導我身為一位療癒者的價值觀：

．尊重人們「如其所是」（as it is）的經驗。

- 每一個症候都是人們為了讓他們自己的生活更好所做的創造性努力。
- 每一次對治療師的否定或與治療師缺乏交集都是「好的」，肯定病人的長處以及學習的能力。
- 支持夫妻或家庭的抗拒。
- 在你私人的情感與病人的現象學世界之間建立清楚的界限。
- 支持能力（competence）。
- 提供環境與同在（presence），使最壞的犯罪者也可以接觸他或她自身的痛處與脆弱。
- 我們所有人都可能做出可怕的行為，所以治療師必須同時憐憫受害人與加害者。
- 治療師保護家庭的每個個體或是在個體之間建立保護的界限，每個個體的經驗都是真實的，並且都需要被納入考量。
- 治療師的在場與對家庭的肯定讓每個人都能成長。
- 採取清楚的立場，不允許家庭成員間的虐待行為——設定清楚的限制。
- 治療師示範出一位好的病人——領導者與教師。
- 治療師具支持性但不情緒化、長久糾結，或自我沉溺。
- 每一個家庭都有自己的種族根源，自身承襲的文化。不要強迫來談家庭接受你的社會或倫理價值觀：他們不一定會奉行。

在一起搭檔成為協同治療師多年，我們發展出特定

的風格。首先，我們其中一人會介紹另外一個人，然後
（假設這是第一次會談）要求夫妻或家庭告訴我們任何
他們想要我們知道的「前言」（up front）。每一位家庭
成員都會陳述，沒有人為他人說話，也沒有人被允許去
打斷他人。Sonia可能溫和地說：「對不起，讓John說
完，我們保證你會有機會說的。」而我們會確實地遵守
我們的承諾。

　　下一步就是讓家庭成員互相交談，並且讓他們知道
可以向我們求助，或是我們可能會（以尊重的態度）打
斷他們以告訴他們我們對這歷程的觀察。

　　花些時間觀察這家庭後，我們會暫停他們的對話，
並且請他們聽聽我們在這次會談中所看到的主題。之後
回到我們兩人，我們會比較這些主題，然後很快地選擇
一個對我們兩人而言都有意義的主題。接著我們其中一
人向這個家庭呈現這個主題，並且詢問他們是否對他們
而言也是有意義的，是否在家裡也是如此。

　　一般而言，由於我們成熟的觀察，所以通常我們會
直接命中要點（hit the bull's-eye）。例如，我們可能會
說：「你們很能夠互相傾訴真實的感受，不管這感受傷
害你們的內心有多深。」這是呈現這個家庭的長處。當
我們一起工作時，第二階段開始後，就會跟隨一個介
入，通常由Sonia主導，她會解釋這個家庭長處的缺點
面，她可能會說：「你們有沒有注意到，當你們說你們
真實的感受時，家庭的其他成員可能會哭泣或拭淚，因
為這太痛苦了？你們可能需要去學習的是，在告訴其他

成員這些難以承受的個人事件前，去檢核他們的感受。這個觀察對你們而言合理嗎？」然後我們再次往後坐，讓這個家庭討論當他們深信說實話的原則以及「毫無保留」（telling all）的信念時，他們真的彼此不斷地傷害對方。家庭成員接下來可能彼此抱怨在說實話以及表達真實感受的教條下，曾經被公開地批評以及被傷害。

在適當的時刻，Sonia 與我會再次打斷，然後請他們聽聽我們的下一個步驟。以下的事常常發生：Sonia 轉向我然後說：「嗯，Joseph，你可不可以想出一個實驗來幫助他們練習表達感受而不會深深地傷害彼此？」然後我可能會說：「嗯，一種練習是讓每個人去想一個想要告訴其他人的想法或是感覺，然後告訴那個人自己猜測他或她可能有的反應。例如，Joey 可能會向 Marlene 說：『如果我告訴你我想到你怎麼樣對待男朋友，我怕你會哭。』然後 Marlene 可以告訴 Joey：『我不需要你來評斷我怎麼做這件事，而且我還沒有準備好要聽。』以這樣的方式，這實驗將教導這個家庭如何漸進式地表達感受，而同時保護成員免於不必要的傷害。」

接下來我可能再提供一個，也或許有第三個實驗。然後 Sonia 幾乎總是選擇最簡單也最容易施行的一個。接著，我們其中一人轉向這個家庭，謹慎而緩慢地解釋這個實驗的目的，確定每個人都瞭解我們將要執行的。

如果我們運氣夠好，這個家庭就會跟著做，然後，加上一些誘導與支持，他們就會學習如何調節感受的表達以尊重每個人的脆弱，而經驗到某種程度的成功。之

後，我們之一會給予回饋，告訴他們在執行這個實驗時做得如何。至此，這次的會談已經接近尾聲，我們之一會鼓勵這個家庭在家練習他們的新技能。Sonia非常擅長讓會談的結束充滿優雅、迷人與好的感受。她可能會說：「嘿，外頭的雪比你們來的時候下得更大些，你們要開多遠的路才到家啊？」或是「你們會不會想要知道什麼地方有不錯的午餐？」然後這次會談就結束了。

Sonia和我開始注意到與第三者一同工作的議題，所以我們發展並且嚴謹地遵循美學的歷程：一種我們將之切割成以下步驟的歷程：

1. 閒聊（開始「前接觸」）。

2. 介紹並歡迎這個家庭進入這個環境。

3. 請每個成員告訴我們：他或她是如何經驗到這個家庭的問題。

4. 小心地觀察家庭成員互動的行為。

5. 提供一主要的介入，命名家庭的主題與長處。

6. 在進一步討論之後，向家庭提出他們需要學習但尚未完全發展的技能。

7. 教導他們如何進行一個實驗，以強化他們未發展的功能。

8. 向這個家庭「推銷」（selling）這個實驗，並確定他們都瞭解實驗的目的。

9. 觀察家庭執行這個實驗，偶爾如果他們卡住時，給予教導。

10. 詢問他們從這個實驗中學到什麼，以及他們要怎

麼在家裡練習這個新技能。

Sonia總是在每一次的會談中提供家庭所有成員機會來表達他們的感受。

理想上，我們需要一個半小時的時間來表演這場特技芭蕾，而之後這個家庭帶著新的學習與肯定他們身為人類自身美善的經驗離去。

我從Sonia那裡學到如何不去浪費口舌，如何構思清晰且充滿意圖的介入，以及如何對每個家庭為改善生活而做的努力表示真摯的欣賞。所以這些年來，我從未聽到她在這些夫妻或家庭離去之後有任何的批評，從未！如此堅定的完全一致（integrity）在這世上是很難得的。

第一部分
理論

我們的共同背景

Rabbi Noah，在他父親 Rabbi Mordecai 死後繼承牧師的職務，他的追隨者注意到他的行為與他父親有一些不同的地方，並且詢問他關於這事。「我只是做像我父親做的一樣，」他回答，「他不模仿，而我也不模仿。」

——Bratzlaw 的 Rabbi Nachman

　　這本書是關於完全地看見以及理解夫妻和家庭：逐步地建立技巧。第一個技巧是帶著個人全然的觀點以及慈悲的關聯完全地在場（present）：在那裡。只有在我們花了時間被其他人以及他們與人聯結（或分離）的經驗所感動時，我們才能有特權，以最引人注目的方式，來講述我們在他們這裡所經驗到的。人們因感覺被聽到和看到而變得對他們自己充滿興趣之後，他們通常會考慮改變他們的行為。家庭給了我們這份榮幸，允許我們

去跟他們坐在一起來見證他們的掙扎。這「坐在一起」並明言我們所體驗到的,是一個美學與心靈的儀式。除了使我們能夠體驗那開展健康的人類互動之美,治療性的介入也具有滋養這種得以開展的美與精神向度。從一個人的愛心所發射出來清楚而有力的觀察,是有魅力的、引人注目的、難以漠視的,而且看起來是很美的。

本書教導治療者如何創造、發展、並且完成這樣的儀式。我們學習如何跟人們坐在一起「窺視」,好讓我們能夠看到他們各式各樣的形式:如同一個有機體,一個生物,一個隱喻,一場優美或笨拙的舞蹈。我們學習在我們的內心創造「舞蹈」,透過我們如此的創造性,我們才能在「人性的舞術」(human choreography)中引發改變以賦權給夫妻或家庭,使其擁有穩定而堅固的力量與信心來行動。「生病」的夫妻或家庭是差勁的演員,而看著他們則是一齣可悲的戲劇:他們無法上升超越他們的習慣模式,進而體會對於其戲劇性真實的興奮;他們無法放下,以進入他們自己喜劇的喜悅之中;他們也無法向下進到他們自己真實悲劇的靈魂深處。我們教導他們如何活得真實——即興創作的真實自發性——發自他們的內心與勇氣,發自他們的渴望與笑聲。然後,換我們來體驗他們所展現的美。

我們教導人們如何美好地活著。

戲劇、舞蹈、文學、詩歌、繪畫、雕刻、建築——所有這些都不止是活生生的人類之間互動的見證、參與,及發聲的隱喻。承受見證生命而且做這樣的工作,

其中創造性的部分是一種姿態，一種展望，一種出自內心的、機動的、而直覺的反應。

自從 Aristotle 與其他人提出有關靈魂（soul）的研究後，就開始了一個老掉牙的辯論，即關於心理治療師的真正角色——我們實際上做的——究竟是什麼。我們所做的是一種科學，一種訓練，還是一種藝術？這個專業的認同危機，在十九世紀晚期心理學逃離哲學的領域，並且自己仿效物理以在科學界中佔有一個正當的、獨立的地位後不久，便變得特別地困難。在此辯論中的觀點似乎創造出一個自我應驗的預言：如果你相信它是一種科學，你傾向於以一個技術專家（他滿腦子技術或數字，以及由「信度」與「效度」雙神所提供的測量方法）來接近它；如果你認為它是一種訓練，你必須成為一個門徒（你要無止境地練習以便能成為一位「大師」）；如果你體驗到你的工作是一種藝術，那你就是一個藝術家（你是一位造物主的見證）。也許並沒有一種純粹的類型，因為若有，它意味著只是部分的人類，因為前述的三個觀點乃是相同人類真實探索的不同面向。的確，在目前的工作，你會看到所有三種態度併用，但我是比較側重藝術家這一個面向。這是因為本書的一項必要前提，我們教導如何以完形方法來跟夫妻及家庭工作，就如同潺潺流水一般，其中交流的是所有心理治療以及人們在做人際接觸的當下，都隱含著一種很美的真實性。

逐漸覺察到自己的人性乃是一個富創造性的冒險；

而協助這個覺察的成長即是一種冒險性的創造。

我大部分的態度，來自於我長期的專業與學術經驗，但有些則是來自於痛心的觀察：心理治療，在它過去以來爲了被承認是一種「心靈的物理學」（physics of the psyche）的奮鬥中，已經跟它自己的名字（靈魂的研究及療癒）失去了接觸。有很多早就是如此，因爲它的研究所課程已經慢慢地漂離了古典教育，特別是人性與藝術，而朝向實證應用科學。

但是姑不論教育的缺陷及理論信念的多元化，我主張所有人類互動和每一種治療風格都有美學的一面。每一個思想學派是建立在一群原則與技術之上。只選擇他們偏好的選擇以及使用的原則與技術，暗示了治療過程的方向以及「好的」或「健康的」人類運作看起來像什麼。在治療時程內要在一個特定方向上進步，意味著必須做出判斷——什麼該被說、被做、被看到、被聽見、被測量、被記錄等等。也就是說，每一個治療學派之下都有一個未被明言、但在工作上卻努力帶領它的委託人所朝向的理想。而這個理想接著暗示一套價值——什麼是「好的」，什麼是「健康的」，什麼代表「成長」，什麼是「家庭」，還有什麼是「關係」。

那麼，既然美學是致力於價值表達的研究，那就有了一種「心理治療的美學」，還有「人類互動的美學」。我們找尋人類互動的良好形式（good form），而且揭露那良好形式的心理治療實務是主觀的、直覺的，以及富隱喻性的。

　　這本書是同時關於美學價值——對人類關係與治療的「圓融」（good form）之創意的欣賞——以及完形方法用於夫妻與家庭的展現；事實上，我整個的治療取向即是建立在這美學的前提之上。我自己對美學欣賞的價值並非偶然，我也非毫無理由地強調它。我的觀點，以及我的理論與技術原理，在多年以前從我身為研究生第一次進入嚴謹的教育及訓練時就開始發展了。我是不同傳統和哲學的繼承人，也是改革者。所以在你開始深思並消化這本書之前，我要向你介紹我們的共同背景。

共同背景

　　在二次世界大戰之後，Fritz Perls，住在南非的一位德國精神分析家，對於把抽象的精神分析概念具體化變得很感興趣[1]。極至完全投入研究個體，他才瞭解到那學習的過程很像把食物消化掉。在其視心智（mental）現象如同心靈和身體的同化（assimilation）過程的討論中，Perls 用身體消化的語言來講心智的新陳代謝（mental metabolism）[2]，並且描述了許多不同的防禦機轉。例如，內攝——一個 Freud 學派術語的改版——指的是無法適當地咀嚼心智上的食物。嬰兒容易內攝，因為他們沒有牙齒；也就是說，他們在攝取東西之前無法挑戰演說者或者提出問題。嬰兒可以吐出來而且他們真的會這麼做，但那是一個粗的動作，並不是一個精微的篩選行動。在發展上，內攝適合於六個月大但比較不適合於六歲大。

因此，對成人而言，內攝是無法提出問題、表達懷疑、咀嚼並品嚐（請注意，在不平衡的人際和政治力量的脈絡中，在一個僵化的獨裁主義環境中，提出疑問是一種反抗的形式，此時忍氣吞聲可能要安全得多）。

　　Perls也談論了其他尚未在精神分析文獻中討論到的抗拒[3]——嶄新的抗拒。迴射是一種人們害怕對他人表達，因而有所壓抑的機轉——如抑制憤怒或愛的表達[4]。迴射不止是一種缺乏覺察的腦部低電量的轉換（low-voltage brain transaction），而且是一種束縛肌肉而維持血流阻滯的能量。它造成真實身體的疼痛以及不同的次級症狀，例如頭痛。

　　即使這顯然是一種互動的現象——「我抑制住我所想對你做的」——Perls的實際工作並不著眼在造成抑制的那個互動威脅上，而是在於學習透過行動以及其他不同的表達方式來化解迴射。他幫助他的病人和學生對著一張空椅（那想像中的他人，譬如父母親）或對著實習生來表達憤怒，但是他自己並未如此著迷於那接受者對憤怒的鮮活反應。接受者是一種傀儡般的自願者，一個空白螢幕，它通常用來幫助他人發展任何他們迴射地壓抑他們的身體，造成疼痛或焦慮的來源。

　　Fritz和Laura Perls熱愛戲劇、舞蹈，以及其他一般的表演試驗，因而他們倆發展成為「即興的行為治療師」（improvisational behaviorists）。這裡有個針對迴射憤怒即興工作的例子。

　　如果有人說我在傷害某人而我沒有覺察到（除了也

許我的喉嚨隱隱作痛外），那麼問我自己我如何以及在我自己身體的何處抑制我的憤怒，可能會有幫助[5]。然後，假設我覺察到我的喉嚨有點緊，而且如果，有了一些支持與鼓勵，我設法出聲——一個對於我配偶的憤怒聲音——兩件事可能會同時發生：

1. 出自我身體聲音的經驗當場教了我，讓我知道我自己有多麼生氣（「我聽起來像是某種野獸！」）。
2. 我的配偶看起來受了傷而且或者甚至嚇到了，而我隱約感受到我是怎樣、不自覺地衝擊到他或她。

　　我對於我自己憤怒的洞察並不是某種來自於治療師的立場而我又必須接受的信念；它是某種我頓時在我的聲音、我的肺部和腹部，還有我配偶的愁眉苦臉之中，所發現到的東西。這就是完形治療師所謂接觸的時刻——我跟我自己的憤怒做了接觸，而且可能是跟我配偶接觸循環的開始[6]。一個具社會演出的（socially enacted）事件，為我的快速轉變以及跟我有關的轉變，帶來了不可思議的可能性。

　　Perls 曾經說了一個音樂會小提琴家的故事——一位抱怨演出時會頭暈並且無法專心的病人[7]。在要求那個人帶著小提琴來到治療會談並為他演奏之後，Perls 很快就注意到，只是看著那個人就覺得在美觀上令人感到不悅。再進一步留意時，他看到那個人並不怎麼優雅，因為他站得很笨拙，雙腳虛虛地維持著而且彼此太靠近。他看起來也像是快要死了，因為呼吸不正確。稍後，Perls 向病人展示如何將他自己所有的體重完全地安置在

地板上，腳要分開而且膝蓋放鬆，同時告訴他如何飽滿
而深深地呼吸，他立刻體驗到他的暈眩與焦慮不見了[8]，
這使他能夠更完全地接觸他的音樂及聽眾。學習導致接
觸的覺察與洞察是發生在人（有機體）和環境之界線
上，活生生的事件。在那邊界上的轉換點乃是抗拒學習
（或接觸）材料發生之處，以及自我的連結與轉變的交
界點。不良的運作即是一個人（或者一個系統）[9]在一
個未竟情境中被「卡住」了（如在迴射中）。它指的是
一個凍結的覺察，同時在身體與時間兩者上，需要透過
成功地完成某一個情境，來加以克服──Zeigarnik效應[10]。

　　我在1950年代，後來成為Cleveland完形機構的地方
遇到了Fritz Perls，當時我是個研究生──並且一直跟他
保持聯繫，直到他在1970年逝世於芝加哥。在人類潛能
運動的早期，Cleveland的治療舞台是極其保守的，實際
上是由精神分析獨掌大權。幾乎不可能讓一個完形取向
的研究生在分析主流的醫院和診所獲得實習的機會。我
們很多人「在地下」進行關於我們的完形入會，主要是
顧慮到學校、還有我們的教授。Fritz與Laura Perls，在最
好的情況下被視為變節的分析師，而最糟的則是被當做
鼓勵無紀律之「衝動」（acting out）而「經由行動」
（acting through）而達到療癒的江湖郎中。Fritz用指出衝
動乃是發生於缺乏覺察，而修通則是一個伴隨全然覺察
的行為，來反駁這些輕蔑的控訴[11]。

　　另一位在我1960年代早期的課外研究的老師是Carl
Whitaker。Whitaker也是一位專精於婚姻與家庭的反傳統

的精神科醫師，而雖然我常常質疑他做治療的原始背景，我確實感覺到與他有一種血緣關係。如果Perls是我陌生的生父，Whitaker就是一位親愛而提供支持的叔叔。

我還記得在那時期的一個事件，當時有位治療師在一公開示範中帶了一對「難搞的」夫妻，來讓Whitaker跟他們工作。在此，他坐在這對緊張的夫妻面前，稍早已經被告知太太是有精神分裂症的。Whitaker往後坐，凝視他們一會兒，然後天真地問道，「你們兩人如何決定誰是有病的那一個？」

「呃，」丈夫板著臉孔說，「Mary是有病的，因為我必須工作來養活全家。」

問題和答案兩者都是革命性的事件。他們逐字說出了心理疾病是在夫妻或家庭系統中被支持、「維持」，並且保存的一個未覺察的協議這個觀念。這對我而言是一個驚人的事件，因為我還沉浸於內在精神理論，由尿液分析來診斷，以及關於「製造出精神分裂的母親」這些想法當中。Palo Alto 研究的效應才剛開始從我的走向中被過濾出來，而且我著迷於閱讀關於精神分裂家庭中的「矛盾行為」與「雙重束縛」[12]。有人告訴我一個關於在精神病院中，一位有愛心的母親忠實地探視她女兒的故事。有人看到那二十歲大的精神分裂女兒帶著微笑，跟她母親一起散步。母親甚至摟著她女兒的肩膀。那母親離去後的某一天，工作人員在病人的上臂發現了無數淤青的痕跡。當被問到這是怎麼一回事時，病人平靜地回答說，這是她母親在散步時偷偷地把手伸進她衣

服的袖子裡面並且用力地捏她，藉以表達對她行爲的不滿。而這樣的事在發生時，這兩個女人臉上親切的表情仍保持不變，好像兩人之間什麼都很好的樣子……

Broderick 與 Schrader 把 Carl Whitaker 形容爲家庭治療運動（John Bell 被視爲其父輩）的領導創建者之一。以下是他們所描寫的他：「從一開始，Carl Whitaker 就被注意到是最無禮而任性的創建者。近年來，他已經將他的方法發展成一種爐火純青的荒謬治療——一種他經常似乎表現得比家庭更爲瘋狂，來讓他們變正常的治療。那麼，他就是一直保有這樣的性格，並且成爲那些早期冒險違反傳統心理治療習俗的人之一。」[13] 對我而言，Whitaker 似乎透過從他的靈魂深處——常常直覺地模仿系統的原始思考——來參與，而把家庭嚇進合情合理的行爲中。

Perls 與 Whitaker 兩者以前都具有戲劇性的特質（dramatic characters）（Whitaker 現在還是！）。他們吸引我想要打破僵化的精神分析模式，並且體驗那引發個人內在精神與人際力量的臨床工作的慾望。人們在修通分化了的內在力量（優勢之於劣勢），以及演出他們跟重要他人的關係中，重新發現他們自己。我慢慢學到，被限制住的內在心靈現象可以怎樣被顯現於空椅的對話中，還有界限在人與人之間如何表現——例如，人如何能夠以一種精心編製卻又無意識的投射與內攝之舞，來對彼此「強行餵食」。

矛盾的觀念開始迷惑著我：爲什麼母親傷害著女兒時，她們還微笑？女兒是扮演基督，自願拯救這個家

嗎？母親是死命地握緊一個不再是為了維繫父母婚姻而扮演小孩的年輕女性？Whitaker如何使夫妻說出他們無意識的「協定」？他如何在他模仿他們無意識的「瘋狂」過程中，刺激家庭更正常地行動？

　　Perls與Whitaker兩人都教了我跟其他的人，要更勇於經由一種活生生的互動過程來探索我們的治療預感。實驗的觀念於焉產生。完形治療是一種現象學及行為主義之整合形式的觀念，而這概念支持了治療性實驗的練習——所謂「安全的非常時刻」（safe emergency）。我們與現象學家一樣，對個人的（或系統的）觀點都表以尊敬。我們以一種小心適時的方式來使用這種行為或試驗性的材料——評定並調節它。如此賦予完形治療一個獨特性，在治療情境中調整案主的覺察行為。在完形治療中，一個實驗乃是出自於案主的體驗、需要，與合作的一種系統性行為[14]。

　　實驗是體驗學習的基石。它把談話轉變成行動，而且把無效的緬懷往事以及理論變成全然地處於此地，同時伴隨著所有個人的想像、能量與興奮[15]。實驗使治療師得以調整案主的內心衝突，以及夫妻和團體中的人際衝突兩者。我們可以在不同層次與不同系統中，來跟探索性的與成形中的覺察玩一玩。而謹慎的工作也涉及了對於要在哪裡畫出界線了然於胸——這麼一來，當事人的系統就瞭解到我們的企圖是什麼以及焦點為何。不像Perls切斷抗拒一般，謹慎也意味著我們在Cleveland所做的，即教導案主以一種漸進的、適時的，以及充分被支

持的方式來發掘一些事情。尊重當事人系統展開覺察的
方式，對我們而言是重要的；它很快變成一個支持與指
引我們工作的關鍵專業價值。

　　我也遇到了 Virginia Satir，一位精力充沛且跟當事人
同在的社會工作者。她非常專精於夫妻與家庭的系統，
她是我所遇過唯一能夠將數百名治療師觀眾感化為幾乎
每個人都覺得彼此像是遠房表親，如果不是兄弟姊妹的
話，如此有活力的「家庭」或像是「家庭聚會」的老
師。Satir 是 Gregory Bateson 的帕洛歐托小組中五位主要的
成員之一；其他還有 Jay Haley、John Weakland 和 Don Jackson。
這些擁有不同訓練背景的智者，結合其豐富的才智，最
初是從精神分裂病人的家庭研究起。他們從溝通這個廣
泛的領域開始，而稍後才發現了矛盾與雙重束縛的本
質。這些概念是以系統理論為基礎的，而且在數年之後
這運動發展出一種認識論的取向。認識論是研究知識的
本質與背景，以及各種知識理論的限制；Bateson 小組在
這個主題的興趣出自於關心「在這個家庭中究竟是正在
發生什麼事？」以及「關於他們存在於這個世界的方
式，我們說什麼才是『真的』？」[16]

　　我們的認識論是植基於存在主義（我們的存在是什
麼？）以及現象學（一個特定存在的語言是什麼？），
這個知識理論使我們想到系統如何向我們訴說它多變而
矛盾的主題。它奠基於發展覺察與接觸的過程，知識不
是靜止的；它是一個在特定時空單位中，一個特定系統
或次系統之界線上的過程。一對夫妻或者一個家庭的意

義並不屬於任何一個成員，它也不源於任何一個成員。它是在某個系統界域時時刻刻的過程中，自發地發展而出（系統理論）。這樣的一個意義（或者它的某一小部分）是在治療師的介入中被闡明的，而且如果它聽起來也頗合理或有用，就會被此特定系統成員們愈來愈多的覺察所證實。而意義會為接觸的成長以及稍後對那個體驗失去了興趣所證實。意義被系統吸收，而且之後系統會準備好，來探索下一個意義，如此一直繼續下去[17]。意義不止於認知；它們是活生生的、進行中的、變化的事件，也許更像是編製的舞蹈——穿越時空、活生生的藝術工作。

　　Satir，身為家庭治療的創始者之一，創造了對於系統過程的重視[18]。她後來寫道：「在我瞭解系統方法，甚至在我聽到這名稱之前，我老早就已經用這種方式在工作了。」[19]她說她是讀了 Jackson 在精神分裂家庭中的溝通工作，才發現系統是什麼東西[20]。

　　二次世界大戰後，在臨床領域是一個有無數創造的時期。這是一個發明，理論質疑，交叉孕育，以及不同精神健康專業之間興趣重疊的時代。哲學上，我受不同的存在主義思想家以及它關於病理的現象學所影響。我被 Lewin 的場域理論[21]、Von Bertalanffy 的系統理論[22]，還有甚至是佛教禪宗[23]所吸引。

　　對精神分析運動而言，它是一個矛盾的時代。分析，如稍早所提的，是主流方法，特別是在紐約；但它開始及時萌發出從根破壞其僵化立場且令人興奮的新

枝:理性治療、存在分析,以及性格分析(character analy-sis),還有它的表親,完形治療。人本的分析家——特別是 Victor Frankl、Wilhelm Reich、Frieda Fromm-Reichmann、Erich Fromm、Fritz Perls 及 Eilhard Van Domarus——逐漸受到注意。

重點似乎從個別病人的內心分析移向相會的概念:病人和治療者之間相會的過程,以及在夫妻、家庭,還有團體系統中相會或接觸的本質與意義 [24]。然而大多數分析師仍然相信Freud關於必須分開分析個別家庭成員的格言。Freud說:「丈夫的抗拒又再加上妻子的抗拒,就會徒勞無功而且治療就夭折了。」[25] 一般人不知道或者至少尚未被廣泛形諸文字的是,抗拒的觀念是人的系統所創造的。雖然在早期有人努力於描述家庭中這樣的現象,但在 1960 年代之前卻少有專業人員對整個家庭做心理治療感到興趣。

我們,所謂的完形治療師,是某些這類修正主義分析師的後裔。二次大戰教我們去懷疑任何絕對主義者對於人類的敘述——人類的本質生來就是無法在這輩子中有所發展。相反地,存在先於本質:我們把自己的生命掌握在我們自己手中,而且為我們自己負責 [26]。因此,治療的過程本身就是存在的(existential),因為它發生於此時此地、為個人自己的過程負責的氛圍之中。就治療過程開展於我們面前時即是關注個人體驗的意義而言,它也是現象學的。

Wilhelm Reich 當然是重要的後二次大戰分析師之一。

他分析性格結構如同它發生於人的身體一般。Fritz Perls 在歐洲時有一小段時間是他的病人。深受Reich所影響，Perls開始整合存在的此時此地的觀念以及性格—身體抗拒的模式。而且這麼一來，影響到我們這些在 Cleveland 的菜鳥治療師的是，性格被視爲是身體、姿態、呼吸、迴射的表現，以及在不同互動情境下身體自然舞蹈的概念。我們會觀看在治療會談中，當事人顯現他們自己時的肢體狀態。

在某個層次上，我們的家族樹看起來就像圖1.1 的樣子。

這個圖只是部分描繪了我們到 1960 年代的演進，還有我們對於個人化（individuation）——跟單一個人工作——的思考與方法學。如果我們還要把像是夫妻、家庭，及團體等小系統包括進來的話，我們就要對前述如 Whitaker和Satir等良師兼理論家，還有像Gregory Bateson、Paul Watzlawick、Harry Stack Sullivan與Margaret Mead等啓發人的老師與作家，獻上最誠摯的歌頌。像 Murray Bowen、Milton Erickson、Jay Haley、Cloe Madanes、Salvador Minuchin、Nathan Ackerman，以及許多其他有創意的治療師，也應該被加到這個名單之中。

當我們把完形家族樹與系統思考合併時，那就如圖 1.2 中所示。如果你仔細研究圖 1.2，顯而易見地，所引出的治療假設在範圍與力量上都是相當廣泛的：

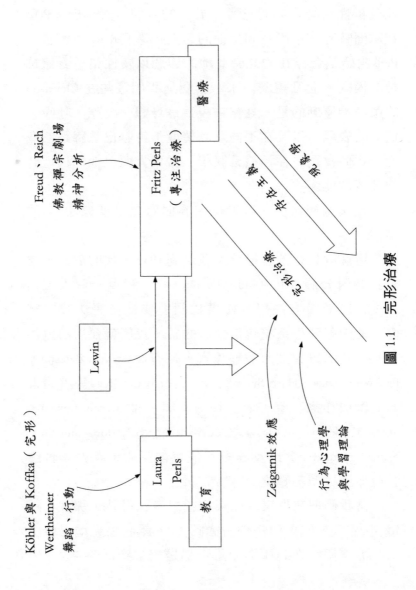

圖 1.1 完形治療

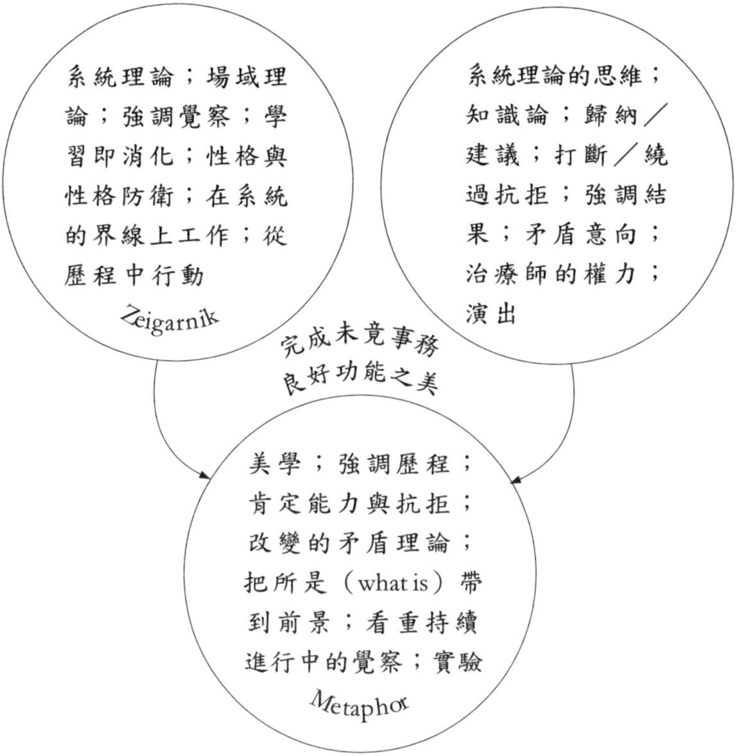

圖 1.2　完形家庭治療

1. 在發展上，兒童在跟他人的關係中學到他或她是「誰」，而這無論在健康的或失功能的情況下皆然。

2. 在發展上，個性風格與抗拒接觸或接觸的風格[27]都是在關係中學到的，而且也在那些關係中繼續維持著。

3. 要忘掉某些抗拒或接觸風格最好的方法，就是在社會脈絡中，不是透過某個重要他人，就是透過對治

療師的情感轉移來達成。

4. 心理事件的線性因果關係是有問題的。關於個人與家庭病理原因的簡化論思維（reductionistic thinking）也是。

5. 對一個家庭或者其他團體的歷史研究充其量只是獨斷的，因為它們傾向於循著一種敘述性或者線性的模式。它最適合的方式應是，指出某對夫妻或家庭於此時此地在我們面前被觀察到的互動模式，特別是那些很容易被其他家庭成員確認的模式。

6. 針對夫妻或整個家庭所進行的實驗，乃是系統理論以及完形研究對人類身體與覺察最有效的方法學上的組合。實驗，反映了對於系統的長處和它尚未發展之處的評估，是一特別量身訂製的練習會談，讓系統成員得以練習強化整個系統尚未發展出來的一面。

我有一次觀察 Minuchin 對一個由五歲小孩主控系統的家庭工作，他稱之為演出（enactment）。Minuchin 要父親在他兒子發號施令的時候，把他兒子放在他的肩膀上並帶著他走。那家庭很快學到父母親必須要為最後的混亂負責。雖然 Minuchin 稱此為演出，它顯然是一個像完形的實驗。

現在我們暫且來談一下矛盾[28]。基本上，在大多數的家庭治療學派中，矛盾是在介入中指派給家庭症狀的一種策略性作業。在上述 Minuchin 的例子中，家庭會被命令要花一整天在一起，並且由五歲小孩來負責所有的

活動。此處的矛盾不是邀請家庭在某一指定的方式中來做改變，而是從明顯誇大那現狀的形式中來學習。在完形治療中，我們改變的矛盾理論（paradoxical theory of change）[29] 是與之類似的：它要求家庭成員觀察他們自己，並且報告他們所體驗到的。結果，他們愈瞭解他們是什麼，他們就改變得愈多。雖然我可能有時偏向某種比較戲劇化的方法來誇張症狀，我還是偏好比較精緻的過程，強調是什麼（what is）以及這個「是什麼」（isness）如何改變系統的覺察與運作。稍後，新替代的行為也會是比較平衡而有美感的 [30]。

矛盾的策略運用者，像是 Haley 和 Madanes，對於改變覺察並不特別感興趣。他們想看到家庭中的行為改變。Foley 給予這展望最清楚的總結：

> 如果改變要被產生，治療師就必須要掌控一切，此時治療就變成一種權力競爭。Haley 的方法中，另一個不同的因子就是覺察的角色。要產生有效的改變，家庭並不需要察覺到他們的行為。這點也異於傳統治療師的觀點。
>
> 洞察，覺察，或是系統如何運作的知識都是不必要的。產生改變的，是治療師對於家庭系統的介入。為什麼改變並不重要，因為只有改變的事實才重要。這與 Haley 視治療為一種權力競爭的觀點一致。[31]

　　Erickson 及他的追隨者所使用的誘導（induction）也是如此。在此，新的覺察可能隨著行為的改變而出現。其中強調的是，一個在其中抗拒被跳過而很快就跟著行為改變的短期過程。

　　相對於策略工作者，也許還有其他家庭治療師，以下是我們身為完形治療師的堅定立場。如同這本書所要展示的，我們一直都在與覺察工作，而且當我們幫助病患—系統清楚說出他們的覺察時，他們也就慢慢地體驗到他們自己正在改變。就某種意義而言，可以說我們仍有一腳踩在精神分析的陣營中；我們重視那從無覺察的黑暗中所浮現出來的覺察。

　　在這種連結中，我們想到了在我們的系統中治療師的權力這個問題。相對於 Haley，在此，當事人准許治療師成為權威，而治療師帶著敬意准許當事人的系統成為首要的改變推動者。治療師「創造出改變」，乃是因為透過他們的在場與技巧而掙得這樣的能力。我們看重那導致接觸的體驗，在其中家庭完全地參與，然後擁有它自己的成功。

　　此外，我們不跳過或截斷對接觸的抗拒，像行為主義或者催眠治療所做的。相反地，我們使用該家庭的語言指出抗拒如何是有創意的生存形式。例如，我們因其拒絕，而恭喜並讚美系統。只有當「不」被看見、承認與欣賞時，「是」才會變得易為整個家庭所接受。

　　我們強烈認同 Murray Bowen 家庭系統取向的工作，它檢驗了家庭內結構性的、交錯的關係[32]。跟 Bowen 一

樣，我們注意權力的平衡，個人的病態被系統合作地創
造出來，還有夫妻與家庭內糾纏的三角連結。跟 Bowen
一樣，我們承認一個特定的家庭能夠改變，但是家庭中
的激烈改變可能要好幾代。我們喜歡一次至少跟幾代一
起工作：母與子，祖父與孫兒，阿姨與他們的年長者等
等。

　　我們強調婚姻與家庭發展的知識，以及從一個家庭
分化的重要性。自我的界定始於家庭，並且在自主與分
化之間努力維持平衡。

　　家庭治療師對於我們所做的大都不會感到奇怪。比
較特別的是，我們要人們彼此交談，而不是對著我們
講，還有我們的介入是根據會談中在我們面前所看到的
資料。下列清單強調完形方法對家庭治療的主要特質
（同時見於附錄）。

完形家庭治療

先驅者	Freud，Reich，Rank，Husserl，Koffka，Goldstein，Köhler，Lewin，Buber
哲學觀	存在主義及現象學系統的；有機體—環境接觸界線；過程導向
主要影響	Perls；Whitaker；Minuchin；Bowen；Satır，系統理論
對功能的看法	循著互動經驗循環之完形形成的優雅流動；彈性的界線；權力、照顧、關切以及連結等家庭資源的公平分配

對失能的看法	循著互動經驗循環的慢性干擾（「卡住」）；界線之極端滲透性／不透性；權力、照顧、關切以及連結的不平衡分配；凍結的次系統——沒有可交換的流動
對覺察的看法	首要的；改變的基礎；基於覺察連續性及經驗循環的覺察理論
對改變的看法	有賴於覺察中的根本改變

本書概觀

　　前面的論述已經建立了本書的架構。現在該是轉向它的目的的時候了。我企圖抽取多年來的學習與經驗，變成一簡單而實用的指導，比較像是一本指南。跟夫妻及家庭系統工作的動力往往會有把治療師淹沒之虞；本書企圖成為一個工具，如果正確地使用，將會有助於讀者找到回家的路。而且，如同指南針的設計，雖然這本書企圖是要具有教育價值且有效用，第一眼可能看似簡單。寫作風格希望是非技術性的，我盡可能使它像交談的口氣，畢竟我們是在處理複雜的現象與原理。雖然乍看之下這可能有點怪異，但我希望而且相信讀者會愈來愈欣賞它。

　　這本書源於我「追求良好形式（圓融）」的背景，如第二章中所討論的。圖像形成的完形過程，還有夫妻或家庭系統的運作，可以由美學角度來欣賞，很像一幅繪畫或雕刻或其他的藝術作品。若治療師以吹毛求疵的

眼光視之，這個活生生的藝術會有一點「是什麼」的味道，那就是它提供了治療策略及介入的一個焦點。

第三章提供一個視夫妻及家庭系統為整體現象的概論。而其中最重要的一點是，一個系統對它本身而言是一個實體，而且大於其所有個別成員的組成。場域理論、完形心理學以及系統思考的貢獻，在此章有進一步的探討。我也提及界線的概念，為它在第七章中進一步的闡述鋪路。

Nevis所發展的互動經驗循環是用來看系統行為的主要現象學的視框之一。它包含於第四章。我們也看看覺察的概念，還有在系統中它是如何被干擾的。另外，此章概述了治療師身為一位參與的觀察者角色。

覺察以及它跟改變的關係在第五章中有進一步的說明。在此，我們看看不同的覺察模式，以及它與能量、行動、接觸，還有抗拒的關聯。改變的矛盾理論以及如何利用它來支持「現狀」，還有詮釋而非介入的危險，都有做一些描述。此章以典型的夫妻或家庭會談中引導治療師做行動的回顧，來做為結束。

在第六章中，我們檢驗抗拒，同時視其為接觸的風格以及未覺察的模式來討論它。我談論了不同的抗拒類型，並且提出一些它們如何變成各種夫妻與家庭系統的習性特徵的例子。

界線以及它們的處理形成了第七章的主要焦點。在此章，我介紹了界線如何創造意義，以及治療師如何學習辨認並留意它們、影響它們，與支持它們。此章結束

於討論治療師的界限——特別是關於創造性以及在治療
會談中這些界線的處理，還有它們與即將到來之系統的
關係。

　　這七章構成了本書名為「理論」的部分。雖然所有
章節均包含了理論的與實際的材料兩者，後面其他的章
節更偏重應用取向，而且混合了討論與案例以做為之前
理論及技巧的說明。第八章我從夫妻開始，並且呈現在
兩人系統中真實的介入「元素」。運用覺察做為焦點，
我展示了如何建立一個治療情境，如何選擇一種介入，
如何評估那系統的長處與弱點，如何對內容議題工作，
如何對傾斜的兩極工作，如何跟抗拒工作，以及互補性
與中間地帶（middle ground）的重要性。

　　建立在夫妻工作的原則與實驗之上，我於第九章中
繼續朝向跟家庭工作前進。這些討論乃是根據一系列引
導治療介入的基本假設與指導原則。其中包括慶祝良好
的運作、家庭的定義、家庭次系統，還有親子間的動力
運作。此章以另一案例研討做為結束（第八章及第九章
的基本材料原是由Nevis所著，而後由作者進一步闡釋而
成）。

　　接著兩章——第十章及第十一章——專講兩個常常
發生於婚姻與家庭系統內的特別議題：一個是說謊與真
實，而另一個是哀傷與失落。這些概念，如同此書其他
很多部分，是從我和Nevis間的連續性對話中被發展出來
的。

　　最後一章中，我藉由詳細檢驗完形治療的核心價

值，而回到圓融的概念以及完形方法的美學。我描繪了
在逐步成熟的完形治療中的價值發展，並且以它的核心
價值與指導原則做總結。假設價值使得行為變得是有選
擇性及有覺察的，那麼我們認為，我們就必須常常帶著
「倫理的遺憾」來做我們的決定。

結語

　　這本書來自於多年的工作，來自於許多夜晚與可愛
的同事坐在一起沉思人生的問題，還有來自於建立在互
敬的大學友誼以及使生命更豐富美好的奉獻。我希望你
也會因這些努力而變得豐富。我很高興給你——依循我
們足跡的治療者，如同我跟隨著我的老師們的腳印——
這本書，在你的人生路途上可以幫助你，減輕你的負
擔，並且照亮你的前程。

附註：因為下列人士有助於本章的完成，作者希望向他
　　　們致謝：Riley Lipman、Donna Rumenik、Roberta Ton-
　　　ti、Ed Harris、Penny Backman、Joe Melnick，以及 Paul
　　　Shane。

本章註解

1. F. S. Perls (1947), *Ego, hunger, and aggression* (London: Allen & Unwin).
2. F. S. Perls (1947), *Ego, hunger, and aggression* (London: Allen & Unwin p. 107).

有趣的是，「心智的新陳代謝」這個點子最早是見於Fritz Perls 對於口腔抗拒的文章中，而後者又是來自於 Laura Perls 對於牙齒攻擊之研究的用語。詳見 E. M. Stern (1992), "A trialogue between Laura Perls, Richard Kitzler, and E. Mark Stern," in E. W. L. Smith (Ed.), *Gestalt voices* (Norwood, NJ: Ablex, p. 22).

3. F. S. Perls, R. Hefferline, & P. Goodman (1951), *Gestalt therapy: Excitement and growth in the human personality* (New York: Julian Press).

4. 第一種狀況是我對自己做一些原本想對你做的事，而另一種情況則是我對自己做一些原本是希望你為我做的事（諸如撫摸我的頭髮、握住我的手等等）。

5. J. Kepner (1987), *Body process: A Gestalt approach to working with the body in psychotherapy* (New York: Gardner Press). 亦見於 M. Schiffman (1971), *Gestalt self therapy and further techniques for personal growth* (Berkeley, CA: Wingbow Press).

6. J. Zinker & S. Nevis (1981), *The gestalt theory of couple and family interactions*, Cleveland 完形機構工作手冊，Cleveland, OH. 亦見於本書第四章。

7. 個人通訊。

8. 在此只是想提醒你，這個故事是發生在 1960 年代，而那時並不清楚貝塔阻塞劑（betablockers）用在心血管狀況的效用。

9. J. Zinker & J. Leon (1976), "The gestalt perspective: A marriage enrichment program," in O. Herbert (Ed.), *Marriage and family enrichment* (Nashville, TN: Abingdon Press, pp. 144-157). 亦見於 J. Zinker (1980), *Complementarity and the middle ground: Two forces for couples' binding*, Cleveland 完形機構工作手冊，Cleveland, OH.

10. B. Zeigarnik (1927), "Über das Behalten von erledigten und unerledigten Handlungen"（對於已完成和未完成任務的持久性）, *Psychologische Forschung, 9*, 1-85. 以及 M. R. Ovsiankina (1976), "The resumption of interrupted activities," in J. Rivera (Ed.), *Field theory as human science* (New York: Gardner Press). Zeigarnik 與 Ovsiankina 兩人均在其研究中發現對於未完成事務的記憶持久度是記得已完成事務的二至三倍。

11. C. C. Clements (1992), "Acting out vs. acting through: An interview with Frederick Perls, M.D., Ph.D.," in E. W. L. Smith (Ed.), *Gestalt voices* (Norwood, NJ: Ablex, pp. 10-17).

12. G. Bateson, J. Jackson & J. Weakland (1968), "Toward a theory of schizophrenia," in D. Jackson (Ed.), *Communication, family, and marriage* (Palo Alto, CA: Science and Behavior Books).

13. C. B. Broderick & S. Schrader (1991), "The history of professional marriage and family therapy," in A. S. Gurman & D. P. Kniskern (Eds.), *Handbook of family therapy* (Vol. 2) (New York: Brunner/Mazel, p. 26).

14. J. Zinker (1977), *Creative process in Gestalt therapy* (New York: Brunner/Mazel, p. 126). 亦見於 E. Kepner & L. Brien (1970), "Gestalt therapy and behavioristic phenomenology," in J. Fagan & I. Shepherd (Eds.), *Gestalt therapy now* (New York: Science and Behavior Books).

15. J. Zinker (1992), "Gestalt therapy is permission to be creative: A sermon in praise of the use of experiment in Gestalt therapy," in E. W. L. Smith (Ed.), *Gestalt voices* (Norwood, NJ: Ablex, pp. 51-53).

16. H. A. Guttman (1991), "Systems theory, cybernetics, and epistemology," in A. S. Gurman & D. P. Kniskern (Eds.), *Handbook of family therapy* (Vol. 2) (New York: Brunner/Mazel, p. 56).

17. 參見本書第四章對於互動循環的描述。

18. 參見 V. Satir, J. Stachoviac, & H. Taschman (1977), *Helping families to change* (New York: Aronson), 以及 V. Satir (1964), *Conjoint family therapy* (Palo Alto, CA: Science and Behavior Books).

19. C. B. Broderick & S. S. Schrader (1991), "The history of professional marriage and family therapy," in A. S. Gurman & D. P. Kniskern (Eds.), *Handbook of family therapy* (Vol. 2) (New York: Brunner/Mazel, p. 29).

20. V. Satir, J. Stachoviac, & H. Taschman (1977), *Helping families to change* (New York: Aronson).

21. K. Lewin (1951), *Field theory in social science* (New York: HarperCollins).

22. L. Von Bertalanffy (1950), "The theory of open systems in physics and biol-

ogy," *Science, 3*, 23-29.

23. 對於禪更詳實的說明請見 E. Herrigel (1971), *Zen in the art of archery* (New York: Vintage Books).

24. B. Feder & R. Ronall (1980), *Beyond the hot seat: Gestalt approaches to group therapy* (New York: Brunner/Mazel). 亦見於 E. Polster (1969), "Encounter in community," in A. Burton (Ed.), *Encounter* (San Francisco: Jossey-Bass).

25. S. Freud (1915), *General introduction in psychoanalysis* (New York: Liveright).

26. 對於負責、自由以及創造自我這些概念有更深的討論，請見 J.-P. Sartre (1956), *Being and nothingness: An essay on phenomenological ontology* (H. E. Barnes, Trans.) (New York: Philosophical Library).

27. G. Wheeler (1991), *Gestalt reconsidered: A new approach to resistance and contact* (New York: Gardner Press).

28. L. Selzer (1984), "The role of paradox in gestalt theory and technique," *Gestalt Journal, 7*(2), 31-42.

29. A. R. Beisser (1970), "The paradoxical theory of change," in J. Fagan & E. L. Shepherd (Eds.), *Gestalt therapy now* (New York: HarperCollins). 對於改變的矛盾理論更進一步的論述可參見本書第五章。

30. 請見本書第二章與第十二章，對於我所說的「良好形式的美學」有更進一步的討論。

31. V. D. Foley (1979), *An introduction to family therapy* (Philadelphia: Grune & Stratton, p. 85).

32. M. Bowen & M. E. Kerr (1988), *Family evoluation and approach based on Bowen theory* (New York: Norton).

2 追求良好形式（圓融）

我不知道它是否算是藝術，但我知道我喜歡什麼。

——不知名

　　從我個人接受完形治療經驗的早期，我就已經注意到這事實：不論我呈現什麼症狀給我的治療師，我帶著各式各樣煩躁的、痛苦的經驗來接受治療，但卻是帶著「更友善」的感覺離開諮商室。我的焦慮、強迫或困難的影像即是一創造性的努力，我帶著這樣的體認離開了治療晤談。隨著時間和經驗的累積，我知道我的「抱怨」不是壞的，那只是當時我所能召喚以解決一個生命問題的最佳創造；我的症狀有善良、美學效力（aesthetic validity），以及特別的意義；還有我的「問題」是要尋找一個新的平衡，一個圓融。因此我帶著確定我的自我是正面的認識，離開了治療晤談。

完形治療是用來瞭解而且盡可能改變我們自己成為創造性存在的一個系統與方法。我們的創建者之一，Laura Perls 這麼說：「完形治療的基本概念是哲學及美學的，而非技術的。完形治療是一種存在—現象學的方法，因此它是體驗性及實驗性的⋯⋯為什麼我們稱我們的方法為完形治療？『完形』是一個全體的概念（ein Ganzheitsbegriff）。一個完形是一個超過，或者異於，它的部分之結構性的存在。它是前景圖像凸顯於它的背景，它『存在著。』」[1]。

完形（gestalten）[2]的形成與破壞是一個美學的過程，不單單只是具有功利主義的特點。它不僅是對於個人，對於多人系統也是一樣。每當一對夫妻或一個家庭成功地努力度過一個窘境，其所經驗到的即是完整的、完成的、正確的、良好的，而且是美麗的。完成的完形——完全成熟地體驗到那我們所察覺到、經驗到、同化，還有最終放下的——是優雅的、流動的、賞心悅目的，以及肯定我們自己做為人類的價值。它們有一個「良好形式」（圓融）。不完整的完形[3]，那重複煩擾一對夫妻或一個家庭之未解決的問題，感覺到的是悲哀丟臉的、醜陋的，還有挫折的。它們一點也不賞心悅目。

良好形式的概念是根據完形經由覺察、能量啟動、行動、在人際界線的接觸、結束（新的學習），以及消退（界線分離之重建）的過程之建構與解構的平順流動。從這個簡單且有機體式的過程，我提倡的是人類在治療性情境之互動的美學，以及治療師之介入的圓融。

　　生命，從攝入滋養我們的呼吸到哀悼失去所愛之
人，是一個持續解決問題的過程。只將此一過程視為一
個症狀、一種病理，或僅是一機械反應，是太過簡化
了。完形治療將「病理」視為在一自然過程中導致重複
的，通常是勇敢的，努力以解決一個問題的干擾。病理
被概念化成為某一過程的干擾——一種「卡住」——它
轉而部分成功地解決問題。結果，每一個「症狀」，每
一個「疾病」，每一個「衝突」，都是使生活更可忍
受，更適於生活的一種努力，雖然我們跟我們所愛的人
為此病態的干擾付出了昂貴的代價。當一對夫妻或一個
家庭一直卡在問題解決的過程，一再地重複它的失敗，
它即是在干擾它分開與聚合的韻律。我們若視那樣的夫
妻或家庭為一單一圖像正一起試圖「解套」，那我們就
有機會看到這個系統其行為的優點，而且能觀察到他們
是以一個完整的有機體在嘗試解決問題。當它成功時，
其行動是和諧的、平衡的，也是互補的，例如一個老是
卡在某個特定模式的家庭系統並非是「壞的形式」，它
只是在其生命週期的當兒所能顯現的一種最好的形式罷
了；如果只歸咎於其中的某個成員，那就失去重點了。
一旦家庭彼此找到　個一起探究問題並解決困境的好方
法，而且不是一味地歸咎於當中某個生病的成員、製造
麻煩的孩子、自私的人或那個沒腦筋的人，那麼就會顯
現一種美感。

　　人類關係的圓融之美就好像是拿一幅畫的優美之處
跟另一幅做比較一樣；這裡我們並不是在說風格、內容

和功能的批判，而是關於激賞的一種強調式的反應。我
們所要追求的那種美好是一種我們見證家庭進展的滿足
感，他們往如下的方向在改變著：

- 悲觀到希望。
- 無力到有能力。
- 困惑與混亂到清明。
- 團團轉到發展出對未來的方向感。
- 互相指責和投射到擁有自己的經驗以及對彼此困難
  的感念。

　　雖然圓融是很難去描繪的，但它依舊可以被看到也
能被體驗到；它具有足供被探索的品質與特徵。若要能
體會到這個美學的觀點，你首先必須要將你對人類互動
的知覺置於一種「如是的開放」（openness of being）之
中，如此系統關鍵的部分才能湧現進入你的覺察範圍。
這意味著要為這個事件「在場」（being present），而非
像觀眾一樣在看一個活生生的藝術品——電影、舞蹈、
雕刻、音樂演奏等等。一個事件隨時會發生，但如果少
了可以見證它的人，那這事件還有意義嗎？我們的在場
與介入有助於改變的產生，而這是透過支持他們彼此對
話和立即的會心來做接觸，進而提升其覺察與表達出意
義，才能達成的。

　　其次，你必須要能以回應你見證到什麼還有引發你
什麼，來架構你的處遇。這乃是根據治療師自身圖像形
成的歷程，而這圖像即來自於他們的「所知所感」（ap-
perceptive mass）——他們全部生活史的體驗背景。

　　所謂在完形治療中以優美的眼光來看待事物，意指對它的形式做出判斷。我說的形式，指的是過程，即使我多少也包括了內容、品質、特徵和數量等等。而做出判斷則意味價值的存在——例如，我們說某物是美麗的，正因為它看起來如此，而且也被如此評價著。價值，則意指某物是受到偏愛的，或者比另外的事物還來得重要[4]。

　　如同上一章所說的，我提出的是一個明顯而又根本的主張，即所有的治療者，不論其哲學派別，都是根據一組價值體系的。對於圓融的定義——就人類互動的行為以及治療的策略與介入而言——是因治療學派而異的。我們所找的重要線索，其中在用語上已界定了什麼是「健康的」或「有功能的」：高功能、權力的平均分配、有效的問題解決、自我調節、成熟、自我肯定、信任的氛圍、有彈性的界限、接觸、真誠、適應、能力、被聽到、更多的聯結、目標達成、公平、角色彈性、親密、賦權增能、有滋養的成長、衝突耐受度、分化、依附與分離、平衡、穩定狀態等等。上述每個詞彙都意味了一個隱含的價值，而透過各種介入的準確應用，達到一種個人內在精神、人際之間，以及系統的接近理想的狀態：我稱之為「圓融」（good form）。

美學的地標

　　在我多年從事完形治療工作後，我也體認到治療師

要成為成功的改變代理人，就必須帶著他們自己的「圓融」來做介入。這得透過四個不同但又相關的形態：經驗的互動循環（interactive cycle of experience）[5]、個人的在場與界線的管理、現象場的理解與直覺，以及治療師的「所知所感」，才能達成。這些在接下來的章節陸續會有深入的討論，但我在這邊先介紹它們來做為我這個方法的概述，並且解釋如何一步一步地運用它們，朝向追求圓融的整合之路邁進。

經驗的互動循環

我們從一個整體的和生態的觀點，並且運用經驗的互動循環模式，來看待夫妻和家庭的問題。要聚焦在這個經驗循環的哪一個點，乃是依照我們在這個特定系統層次上所畫出的界線是在哪裡而定的。一旦我們為某個家庭畫出界線，我們便能夠探究在那個界線上該家庭成員如何跟我們互動，他們彼此在其中如何互動，以及我們如何與他們互動[6]。

完形婚姻與家庭治療的主要焦點即是在夫妻兩人之間或家庭成員之間的互動。我們著眼於這些系統如何組織自己以便能在協調好的時限內完成一份工作的技巧。

因為完形婚姻與家庭治療師感興趣的是當下的互動，有關因果的問題乃是無形的（immaterial）。此時導致失功能行為的因乃是為了解決過往困境的果；所謂的良策只在那時候是有用的。一旦這樣的行為變成習慣化且未被察覺到，或是這樣的行為被用來解決此時的問題

而徒勞無功，那麼它就成了此刻的一種干擾且無法回應此刻的需要。如此也會妨礙學習更新而富有功能的行為。

　　就此而論，我們應用經驗圈這樣一個理論的模型，來做為夫妻與家庭系統互動歷程的一種「外在的樣板」（external template）。一個充滿能量的完形，自覺察開始，流暢而優美地往能量的啟動、行動、接觸、同化一直到消退，就是我們所謂的臻至健康且具成長性人類互動的圓融和基礎的美學準則。我們所認為具有美學價值的互動，乃是自發地浮現、完成接觸，以及在特定的時間架構下為某個工作（即開始、中間階段與結束）達至一個完滿的結果。

　　完形婚姻與家庭治療主要著眼在提升人們對於做得好的覺察力，同時也指出他們在互動循環圈中如何干擾和卡住其進程的方式。對於這個富有韻律流動的阻礙和干擾，我們稱之為覺察與接觸的抗拒[7]，而且我們以尊重並激賞其矛盾本質的方式與之接近。就某方面而言，抗拒是覺察的缺漏或盲點，它們常被視為良好形式的陰影。但是從另一方面而言，它們卻是系統在當時為了解決其互動問題所能做最佳功能的展現。抗拒在這種情況下即是面對接觸所展現的「靜態的」意圖，原則上說來算是健康的，但實際上對於促進系統內部的運作卻是不具功能的。在系統歷程中疏通抗拒就是提升覺察、支持行為的選擇性，以及（透過實驗）體驗系統互動之實的不同面向的另一種方式。

　　在觀察系統的互動歷程之際，我們也同時在關注著

我們自己循環運作的內在經驗。我們同時監視著系統自身從覺察到接獲之路的運作過程，以及我們自己獨立但又與之息息相關的內在經驗。從自己內在沉穩的經驗中，我們可以獲得一些現象場的線索，其中不僅包括關於我們自身內在而隱秘的事實，也包括了「那裡」可能怎麼了的資料。完形婚姻與家庭治療師特別會聚焦在他們對於治療情境中一些變化部分的人際反應。我們不但會關注我們所見所聞，我們也會關注我們出自內心的、動作上的、隱喻的，以及美學的經驗。我們會在引人與平淡之處、僵化與流暢，以及能量充沛和死氣沉沉之間搜尋。

舉例而言，如果你在觀察家庭成員之間的互動時，你自己能量的狀態才剛剛升起，而他們的能量卻已顯得高漲，這可能意味著這個家庭系統本身的循環跑得太快了；它也可能顯示出無法忍受緩慢而全然覺察的能量升起來，或者是「急於」做接觸的一種努力，或者僅僅只是個人與他人聯結過程中的一種不耐或挫折。如此，治療師自身的經驗循環便成為發展潛在介入的一個工具。跟對自己的感覺中樞保持警覺以及運用自己的「自我為工具」這個觀念極為相關的，就是在場（presence）的概念。

個人的與界線的管理

和夫妻或家庭坐在一起但又能立於其界限之外的自由給予我們一些創造性的機會，來瞭解他們之中發生了

什麼事，辨認並命名他們主要的議題，以及發明一些可以提升其覺察他們自身這個系統的實驗[8]。如此一來，他們對於其自身的系統所產生的好奇以及對於其過程的新覺察，便能夠帶出改變；而這即是透過讓成員隨著當下所浮現的來進行而不必受苦於主要的干擾，才能產生的。當下的現象，在互動循環的背景下被經驗到，即成為治療者一系列的圖像材料。我們變成了「自身即明鏡」，用我們自己所發生的來給系統回饋，就像一面鏡子般；當系統轉到別的方向去了，鏡子所呈現出的影像也會隨之改變——它不是「靜止的」。

　　要達到這種明鏡般的在場意味著有一個清楚界定的界線，而且能跟眼前的這個系統有所關聯；否則治療師只是一個給予評論的旁觀者罷了。然而，真正的（true）在場，真實的（real）在場，代表的不只是一個強而分明的界線而已。在場意指著自身，不多也不少，「要在當下」。真誠的在場不可以跟個人魅力、風格或力量混為一談。在場指的是要能全然地安住（grounded），以便來談者的系統得以浮現、明顯、投入，並且同化。是否在場很容易在瞬間指認出來，但卻很難用言語形容；它是一種心理的狀態以及心靈上的開放；它不僅是眼與耳的打開，同時也是心的敞開。我們變成是「自身如見證」。

現象場的理解（Phenomenological Apprehension）與直覺

　　「離開」（ex-sist）源自於拉丁文，是「站出來」的

意思。在觀看一個婚姻或家庭系統時，我們看到的是從我們對其當下歷程的覺察中所站出來的部分。盡可能地把內容排除掉，我們要找尋的是對於「是什麼」直接且知覺上（perceptual）的理解。隨著系統的各種行為面向變得極其明顯，我們仍只根據這些現象場的資料來做觀察─介入。「現象場的簡化」（phenomenological reduction）乃是植基於整體現象之描述性分析（descriptive analysis）的一種介入方法學，即使在Husserl的界定中不單是這個意義。

> 在前哲學時期，這個「現象場的簡化」就是對於所關注之現象的描述分析。不過，這樣的描述分析是跟自然科學的化約分析（reductive analysis）完全相反；後者有意把它的資料切割成基本的部分並且以數量的方式來減化它們。相反地，現象場簡化的描述分析乃是在直覺（intuit）現象的整體與其各種的關係此一行動之中（within the act），來精確地執行。這樣的描述分析旨在彰顯現象本身原本的「存在」（self-givenness），或者是其結構特徵的整體所無法減化的獨特性。雖然初聽乍聞這似乎太過簡單了，然而事實卻是它是出人意料地困難。[9]

現象場的理解（去「抓取」）是立基於知覺，特別是人類的視力。視覺是美學的一個主要成分（美學這個

字源自希臘文，是「去知覺」的意思）。事實上，去看（seeing）──不管是字面上或圖像上──都被認為是任何一門知識理論最終的手段（measure）。

> 對 Husserl 而言，所有理論的「終極手段」就是那些本然（"originally" given）被單純地看到。「原本」（original）這個詞指的是那些可以用直接觀察而被體驗到的；而「本然」就是那些自自然然的（"naively" meant），本來就存有的實在體。凡是用單純地看就能被「抓取」的比任何理論來得重要，包括「知識的理論」（theory of knowledge）。現象學者並不會因懷疑經驗到的物體是否為事實而苦惱，也不會因一味地要證明我們是受限於意識的內在性內容（immanent contents）的認識論（epistemological theories）所撼動……現象學者所感興趣的是那個如其所然（that which is meant as such）以及絕對能夠被「抓取」的事物。可看的並不能用解釋來打發，而且這是所有真正的哲學思想中最終的準則。10

現象學的方法是基於「綜合」（synthesis）而非「分析」。我們用現象場的資料來理解系統──做為一個整體以及在其歷程中──的行為；透過我們的在場，我們讓系統的經驗在我們內部激起一些圖像、影像和隱喻。這就是所謂的去直覺到系統這個整體，也是所謂的根據

「左腦」的資料蒐集而轉到「右腦」的一種創作。但是，這些隱喻或其他的影像究竟是從哪裡出來的？這些都從我們所稱的明覺體（apperceptive mass）之處而來。

明覺體

明覺體乃是一個人其生命歷史的背景（ground）——那些讓我們成為我們是誰的整體經驗。它是我們的精華、我們的真有[11]以及我們結構化的個人背景。明覺體，是個背景，它包含了記憶、想像、夢、潛意識的靈感、自發的身體感覺，以及諸如此類的東西。從這個背景來回應跟來談者系統的同時在場而引發的，便會迸發出一些像影像、感覺和隱喻這一類自發的領悟，而治療師就能將之發展成可以提升進一步覺察的介入方法。像這種從明覺體所產生的即時創作，以及治療師運用隱喻來帶出超然的意義或發展出可以強化有接觸性的覺察的實驗，正是完形治療的藝術。前述這些概念——經驗循環、在場、現象場的觀察以及明覺的直覺——幫助了治療師在追求來談者系統的圓融之際，也完成自己的圓融。

圓融的概念還會在接下來的章節中或多或少地介紹，但最直接的討論則是在最後一章。我刻意做這樣的安排，如此讀者才能融入一些原則、技術以及案例。在最後的結尾時，我會再回到追求圓融這個概念，並且詳加討論。現在，為了引導讀者並且簡要地闡述我所謂的追求圓融是什麼意思，我接下來就轉到「Houghton這一家」。

Houghton 這一家：追求圓融

　　Nadine 和 Jerry Houghton 都是四十來歲的人。Nadine 的臉看起來乾枯而緊繃，她的眼睛總是斜眼看人的樣子。Jerry 則顯得不自在，坐得也離他的妻子和兒子 Reggie 很遠。Reggie 是個瘦長、十四歲的青少年。他帶著一顆新的足球，在會談時把它往上丟再去接，玩了好一陣子。他多半顯得焦躁不安，而且茫然地看著窗外。

　　在前幾次的會談中，Houghton 這家人說出為何會需要前來做治療的問題所在：包括 Jerry 對 Nadine「過度關注」Reggie 而感到嫉妒，Nadine 對丈夫平淡的感情以及夫妻兩人愈來愈疏離的關係，Nadine 和 Jerry 兩人都為這岌岌可危的婚姻感到憂心，還有 Reggie 喜愛足球而疏忽功課。

　　在這一次的會談裡，Nadine 和 Jerry 在交談，但卻沒有視線的交集，她面向的是她的兒子。Jerry 用指控她是「自私」的話來回應她。Nadine 則用她丈夫是「沒腦筋」來反控回去。治療師不把焦點放在潛藏的動力，而是去注意這原始的資料，這些在會談現場所發展出來的現象。其目標是要去支持這三個人，以慈悲來回應在現場所呈現出的重複的僵局還有刻板式的指責行為。

治療師：我對你們兩個感到好奇。你們是怎麼樣就這
　　　　麼快能看清彼此——誰是否真的「是自私」
　　　　或「沒腦筋」。不過，我更懷疑你們的好奇

心和探察感是在這種振奮的熱度下不見了。
你們只是用你們所認為的來辨識彼此,結果
你們就變得更加討厭對方。而你,Reggie,
大概也是變得沒什麼好奇心。

在這裡治療師藉由只是指出一些跟好奇心有關的事情,伴隨著對於「是什麼」的現象學上的印象,來診斷出這個家庭的互動是一種美學上的失敗。

Jerry：是啊,但是她總是轉向Reggie。她總是用自私的方式,她注意Reggie比注意我多。

Nadine：而他就是沒腦筋,而且他並不在乎我真正的感受……況且他也不問問我。

Reggie：有時候我真希望你們不要把我扯進來。

你會注意到他們試圖用說出他們對彼此的挫折感,好讓他們可以繼續走下去。他們以為把對方的行為掛上個名稱,那個行為就會有所改變——也就是,對方就會奇蹟式地變得「不自私」或就有個「清楚的腦袋」。不過,那只是一種不圓融(不好的形式),因為這是叫兩個或三個人去接受自己有自我貶損意味的特質。這會激起抗拒來把這樣的特質化甩開,反而無法引發對別人究竟怎麼了的興趣。治療師要尋找一條路來化解壓力,避免指責,並且提供一種有創意的方式。

治療師：你們真的不知道對方的心裡在想什麼。你們
　　　　願不願意去問問當事情變得不對勁時，對方
　　　　當時是怎麼了？Jerry 你願意先開始嗎？

　Jerry：好。Nadine，你轉向 Reggie 的那個時候你心
　　　　裡在想什麼？

Nadine：他那時候有點焦躁不安，而我只是覺得被他
　　　　的樣子分心了！我不確定他是否真的想待在
　　　　這裡。

　Jerry：真的嗎？

Nadine：是真的。我在想，「我搞不懂為什麼我們把
　　　　Reggie 拖來這裡。」如果我們兩個是同心協
　　　　力的話，也許他在學校就不會出現問題了……

　Jerry：對不起。也許我真的太快就開火，說你很自
　　　　私……。

Reggie：我什麼也沒做哦！

治療師：Reggie 你沒事。Nadine 你現在願意問問 Jerry
　　　　在你轉向 Reggie 的時候，他的感覺是什麼嗎？

　　治療師追求的是一種圓融，他要每個人去蒐集事件
的原始資料，保持好奇心，對於情境保持開放，尋求平
衡點。先邀請Nadine——之後是Jerry——這教導了好問和
探詢可以澄清並且確立每個家庭成員的經驗，而不必一
直做人身攻擊及解釋。

Nadine ：（她的臉首度放鬆下來，特別是她的眼睛四周）Jerry，當我把臉轉向 Reggie 的時候，你怎麼了？那時你心裡的感覺是什麼？

Jerry ：我在想，「她又來了，老是注意到他而不是我──就像我媽媽對我的弟弟一樣。」我爸會坐在他的搖椅上看著報紙，而我媽就會跟在 Jack 後面注意他。

Nadine ：我不是故意要重蹈覆轍。你來到這裡對我是很重要的。我們需要一起來解決我們的婚姻困難。我愛你，Jerry。

Reggie ：我會靜不下來是因為我半小時後有個足球的練習，而我希望你們不要把我扯進來。

治療師 ：光是對彼此保持好奇心，你們就已經發現一些新的東西了──而且也能表達出對彼此重要的訊息。再繼續。

Nadine ：Jerry，我們下次不要再叫 Reggie 來了，你覺得如何？

Jerry ：我覺得這主意不錯，如果就只有你跟我兩個人有幾次會談來處理一些私人的東西。然後我會希望 Reggie 再回來談談他的關係（轉向 Reggie）──你跟我的關係以及你的學業問題。

Reggie ：這樣我可以，爸。

Jerry ：這樣可以嗎，醫生？

治療師 ：可以。天啊，你們變得對任何事都如此好奇

　　　　　　了！我很高興。而且剛剛的對話顯示出一些
　　　　　　勇氣與方向。你們對於需要做什麼是愈來愈
　　　　　　清楚了。

Nadine：是啊。一旦我們獲得正確的想法，我們一定
　　　　　　會謹遵執行的！

Jerry：有一點幫助，我們就可以做得很好。

治療師：我覺得你們有了截然不同的選擇可以去猜猜
　　　　　　別人在想些什麼。你們現在的選擇是什麼？

Reggie：（朝向Jerry）繼續再去發現會發生什麼，對
　　　　　　吧？

Jerry：對，兒子。

　　這次會談在清楚的解決之道下結束了。那就是，
Houghton這家人能夠從習慣性且令人不滿意的互動模式，
邁向一種「圓融」與平衡的感覺。每個人都有責任，不
會有人只是代罪羔羊，也不會有人是英雄或是「被認定
的病人」。如此一來，每個人都得到他們想要的——滿
意的接觸與結束——那也就是我們做為治療師所要追尋
的。

結語

　　在治療師的介入與家庭互動中的圓融，可被視為婚
姻或家庭歷程的一種活生生的重塑。以Houghton這一家
而言，我們看到了一位婦女能夠從兒子轉向到自己的丈

夫，而未對兒子造成任何傷害。我們也看到了一位父親從原本對兒子有一些潛在虐待的接觸，變成一種具有父愛的靠近。我們看到了這位父親，身爲丈夫與爲人父的同時，仍保有自我感。而且我們也看到了整個系統中的焦慮感普遍地在降低。那個小小的實驗教導了 Houghton 這一家，他們對彼此的所知跟他們所以爲的並不一樣，同時帶領他們朝向探詢之路而讓他們更能互相接近彼此。

夫妻與家庭的互動模式乃是習自其生命的早期，人們通常是依循這樣的模式行事，而事實上也經常毫無察覺地表現於外。我們於是特別強調在當下把這些干擾的模式呈現出來；不過，我們也並未否認同時對於過去歷史的興趣。任何有思考的人都會想要檢視他們的生活，去回顧與知道他們的過去，去跟別人談一談，訴說他們的故事，並且得知他們在其家中與家庭樹的位置。所有家庭也渴望知道他們的歷史、祖先和他們的根。

能經驗到自己擁有過去與未來是一種心理上的健康。而過去與未來最好是在某一個當下經驗的解決／結束階段，來加以探索。深思在當下所學習到與體驗到的，經常能夠爲過去許多可能的「爲什麼」帶來一些領悟。雖然這些「爲什麼」是如此龐雜，而且所有的行爲又是多重原因的，目前線性式因果關係的探討仍然具有吸引力，而且有時甚至會糾纏著我們。然而，即使我們傾向線性的因果觀，這個世界已經受到相對論、整體論以及在心理治療的系統性思維的衝擊，而開始有了根本的轉化。我們以及我們所處的世界是如何地轉變將是下

一章的主題。

本章註解

1. L. Perls (1992), "Concepts and misconceptions of gestalt therapy," in E. W. L. Smith (Ed.), *Gestalt voices* (Norwood, NJ: Ablex, p. 5, original emphasis).
2. 一個完形或形象會成形以容納某個特定的情境，那可能是一個界定該情境的概念，同時也為其賦予意義。而當情境有所改變時，有創造性的調適便需要將原有舊的完形摧毀，並且為新產生的情況所形成的完形再賦予意義，而此乃奠基於舊有的完形之上。
3. 完形治療所蘊含的價值體系會在第十二章有更多的討論。
4. B. Zeigarnik (1927), "Über das Behalten von erledigten und unerledigten Handlungen"（對於已完成和未完成事務的持久性），*Psychologische Forschung, 9*, 1-85.
5. 見第四章。
6. 見第七章。
7. 見第六章。
8. 見第七章「治療師的界限：創造一個在場並且管理界線」，以及第十一章「見證」這兩個段落。
9. B. J. Boelen (1971), *Existential thinking: A philosophical orientation* (New York: Herder and Herder, pp. 112-113, original emphasis).
10. M. Farber (1943), *The foundation of phenomenology: Edmund Husserl and the quest for a rigorous science of philosophy* (Albany: State University of New York Press, p. 203, original emphasis). Perls 本身可能會反對這段話，因為他老是這麼說，如果進行治療時要他在眼睛與耳朵二者選擇其一，那麼他一定會放棄眼睛——對他而言耳朵是絕對必要的。而我自己則是用全部的感官知覺來體會對於現象場的瞭解。不過，我覺得在治療的訓練中能加入對現象學眼光的訓練是相當重要的。在 R. L. Harman (1990), *Gestalt therapy: Discussions with the masters*（Springfield, IL:

Thomas）一書中有提到相關的訓練課程。以下是一段摘錄：

J[oseph]: 嗯，我在想也許我會把團體的人分成三人一組；你知道我們要怎麼做。我會把重點放在觀察員，而非治療者。我會把觀察當成最重要的技巧。我會讚美觀察員。我會對觀察以及留意現象場資料的技巧加以評量。直到治療者把觀察學好了，那時候我才會教導以看到「什麼」做介入之外的其他介入法。我會把「是什麼」提升到最高的位置，在訓練治療師過程中最珍貴的地位。我會花好幾個星期來讓人練習，就只是告訴我他們所看、所聞，以及他們如何體驗我，而非說關於我所要試的或進行一個實驗的隻字片語。所以我想我們現在是愈來愈清楚了。十年前，我好喜歡這個實驗也強調它，現在，我強調的是現象場的覺察。我想我只是假設每個人都跟我一樣有對於現象場的敏銳度，如此我才能建立這樣的實驗。當然，我必須有一些基礎，而其他人真的就是沒在看或聽。那就是我對於訓練的想法。基本上，受訓者要用「是什麼」的陳述來回答我：「你正在皺眉頭，你的嘴看起來是放鬆的，你的眼睛正放在我身上，等等。」我想這就是為什麼Fritz說完形治療是對於此時此地的一份覺察的道理。你可以瞭解他是如何用那樣的方式在思考的。

H[arman]: 你在Joseph的訓練課程裡頭還有其他什麼東西？

J[oseph]: 我會做一些場域之旅。在密集的訓練一開始……我會安排去自然歷史博物館、Cleveland美術館、Cleveland藝術機構、Cleveland管弦樂團之旅，同時還有特定的作業。我會讓兩個學生坐在一幅畫的面前，對

他們說：「把你們在這幅畫中所看到的，寫個五、六頁出來。」我也這麼做。我大概在六個月前開始這麼做，而且……我停不了。那很像一幅十七世紀媽媽、爸爸、小孩、還有小狗的畫作。我讓我自己所看到的是如此地不可思議。所以過程的一小部分就是去看看它。而過程的另外一部分則是為它賦予語言（pp. 52-53）。

11. 真實（facticity）用在此書中是類似於，但卻不等同於真正存在（true existential）的術語。在 J. Macquarrie (1972), *Existentialism* (Harmondsworth, England: Penguin Books, p. 190, original emphasis) 一書中對此有最佳的定義：

存在主義者用真實這個詞來為存有之中的限制因素命名。真實（這個詞恰好是德語 Faktizität 和法語 facticité 的譯詞）並非與實在（factuality）同義。當我們說某事是實在的，我們指的是有一客觀存在的事物可在這世界中被觀察得到。相對地，真實則是比較接近這個實在的內在。它不是事物被觀察的狀態，而是一個人做為一份被接受的事實而往內且存在式的覺察。沒有人可以有選擇。他就只是單純地發現他自己的存在……真實的是既然（the given）的，而且甚至是我們既有的存在。我們在這裡，如果你喜歡的話，這就是一個無法說明、沒有道理的事實。然而不僅是一般人類的存在是一個真實的既然。我的存在、你的存在、他的存在、她的存在，每一個特殊的情況都是一種真實。我們或許可以回想一下對於存在這個概念的入門介紹，它具有「我的」的特性……我發現了不僅是我存在，而且還以這個特定的「我」來存在。我無法拿我的存

在來跟其他人的存在交換。我就是我。這句話不用再
重述了，只是它仍表達了一種神秘而無法說明的事
實──何以剛好我就是這個特定的人而不是其他人。
我有這個特定的身體，我是某一特定的種族，我有特
定的遺傳，我有特定的智商，我這個特定的情緒反
應，等等。再者，我在某一特定的時代生於某一特定
的社會，而其中有各式各樣的力量在塑造著也在限制
著我成為怎樣的人。

Heidegger 用被給予（thrownness; Geworfenheit）來做為同義詞。我
使用真實來做為明覺體的描述性的同義詞，因為它強調的是基本
的特質、生命的結構，以及我們自覺自己本身無從選擇的經驗。

3

系統：婚姻和家庭乃一整體的現象

原子所釋放的能量改變了我們原來保有的思考方式，也因而把我們導向空前的災難。

——Albert Einstein

在Einstein之前的日子，世界有其秩序，事情都很簡單。自Einstein之後，我們發現了在空間中存在的變化，例如黑洞、可以使時間靜止的速率、以及利用新幾何學去計算隨機安排的結晶體和雲層的構造。這個線性的領域逐漸成為過去；所謂的直線變得無法確定。兩個數字之間並不見得代表等長的空間。介於二和三之間的空間可能不同於二十二和二十三之間的空間。自此也開始出現一些關於數學上的禪理和核子物理學禪理的書；而像《禪宗和機車的保養藝術》（*Zen and the Art of Motorcycle Maintenance*）[1] 這一類的書名就變得很普遍。上帝不再高高在

上於雲層之端（假如祂曾經是如此的話），Freud也可能把一些看起來完全不同的觀點並列在像《摩西與一神論（*Moses and Monotheism*）》[2]這樣的書裡面，而且地球也不再是所有事物的中心。

以關係的問題為例。假如Mary和Paul各自是單獨的個體，那這裡共有兩個人。若是Mary只想到她自己（一個人），Paul也只在意他自己（一個人），那麼在這個情況下，他們之間就沒有「吸引力」（magnetic force）存在，他們將是很單純的兩個人——很單純的加法（圖3.1）。但是根據系統理論的觀點，在關係中，是存在有Mary的實體和Paul的實體，而且也會有這份關係的第三個實體存在。我們以這樣複雜的層次來看待關係時，我們就會說「整體是大於部分的總和」。

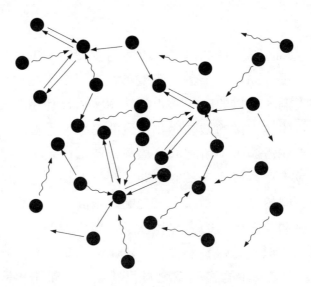

圖3.1　「無意義的」關係

　　所以，這裡所要說的重點究竟是什麼？關係並非是絕對的（arbitrary）。要去瞭解這種複雜的關係，我們需要對周遭的事物、現象或事件設定界限或範圍。當你在晴朗的夜晚仰望天空，它是滿天星斗，那是一個無邊無際的景象。但它不會一直是沒有分界的，因為你會馬上用你的概念來組織你的視野和敬畏（圖3.2）。你會說，「這是北極星」，或是「這是大熊星座」。這是一種透過想像的界線設計來組織星際，並且把它變得有意義的經驗歷程。我們在某種稠密和明亮的星際形態中描繪出界線，我們稱它為銀河。這個範圍與其內部的內容構成了系統，而這個系統的界線則指出了它與周遭環境的關係。系統的界限意指環境之中的關係。我們給予事物一個名稱來達成界限的目的，如：狹長的土地、大北斗星、細胞和家庭。對事物賦予意義就是給予它一個界線（或者是一組界線），如此就能把它從其他事物或現象中區分出來。

　　系統理論不再允許我們認為酗酒者 A 或是精神分裂症 X 是來自於父母 Z 和 R，或是來自於稱為濫用伏特加的家庭。A 之所以成為酗酒者涉及了許多相關的因素：

1. 遺傳體質（genetic predisposition）　　L
2. 生活環境　　M, J, B
3. 時代思潮（zeitgeist）　　B
4. 父母親皆為酗酒者　　K
5. 其他因素　　Y
6. 沉溺的程度　　Z

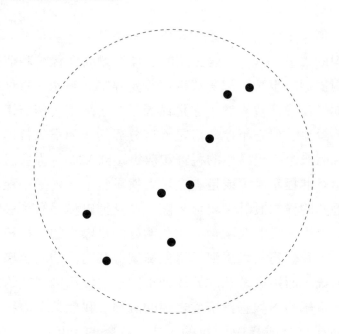

圖 3.2　一條界線即產生意義

　　這些關係因素並不一定是井然有序的、有均等的價值、有排序的,或是累加的。圖3.3顯示出它們之間的互動安排可以是鬆散的。人類生活的境遇和發展的事件並不會像數字或是圖形一般堆疊而成,也不會像直線一樣由原點A流向於終點B。由研究它們這個整體(entirety)中的所有形式(whole patterns)——完形(gestalten),我們現在可以重新組織這些事件的模式,也開始慢慢地理解到在小型或大型系統中的複雜結構——家庭和公司組織。在此前提之下,有些誇大的言詞,諸如「精神分裂症的母親」或是「一個犯罪家庭」便不再有什麼意義。

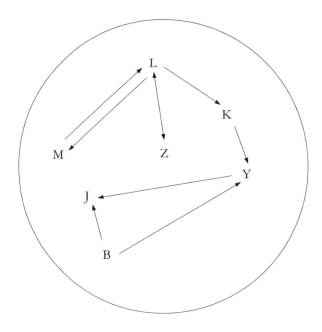

圖 3.3 酗酒者 A

在失功能的婚姻中，若認定在關係中的某一人是罪
犯、是麻煩的製造者，這就是太過草率的說法（儘管如
此，我們可能還是需要去歸類並且同時阻止像虐待和不
被接納的特定行為）。單從某個配偶來看問題，並無法
使治療師瞭解這個失功能的關係，因為另一部分有問題
的關係，是留在家裡面或者無法在治療場合中出現的。
所以我們研究一位配偶，然後是另一位，接著再研究他
們之間的「關係空間」（relational space）。之後，我們再
分別探究來自於他們父母、伯父叔舅、姑姨和子女的影
響。為了在臨床上得以瞭解這個系統，我們將家庭定義

爲至少兩代的衍生；但是，也爲了在會談室能夠處理這
樣的系統，我們便告訴自己，「這次我們要在父母和小
孩中間設出界限；這是今天我所要探究和嘗試去發揮影
響力的系統。」

系統理論、場地論，和完形心理學

　　在我繼續往下介紹之前，讀者應該先確認系統理
論、場地（域）論和完形心理學之間的相互關係。系統
和場地的觀念是來自物理科學的觀點。物理學領域的場
地概念始自於Faraday、Maxwell和Hertz的著述。他們的理
論描述了十九世紀的電磁領域研究，之後就是Einstein於
二十世紀所提出的改革理論，相對論。最終，場地論偏
離了物理科學領域，而被社會科學家所採用，尤其是完
形心理學家，三位德國心理學家發起了完形運動[3]，Kurt
Koffka[4]、Max Wertheimer[5]，以及Wolfgang Köhler[6]。他們最早
期的論述開始於第一次世界大戰期間，在1930和1940年
代間才以英文出版。他們指出知覺一個物體的方式，跟
它整個構造、輪廓（configuration）以及其所處的背景是
息息相關的。知覺並不是由各個組成的固定特徵所形成
的，而是根據這些組成彼此之間的關係所決定的。

　　Kurt Lewin在第一次世界大戰期間與Wertheimer和
Köhler在柏林大學互有聯繫。Lewin創設了以場地概念爲
基礎的心理學理論，被視爲是現代心理學中許多創新和
原始的論述之一[7]。Lewin是第一位將心理學上的界線觀

點應用於個人心靈內在的（intrapsychic）歷程，用於瞭解
在人們及其心理與生理環境間的關係，還有應用於探究
人與人之間的關係上。事實上，他第一篇重要的文章即
是關於他自己，身為一位士兵，如何組織出他對於戰場
的知覺[8]。Lewin 對於界線的多樣特性也加以描述，包括
它們的堅定性和柔軟面，以及流動和固著的特性。

　　在兩次世界戰爭之間，這個智能高漲的年代也出現
了一位德國生物學家Ludwig Von Bertalanffy。在 1929 和 1914
年間，他發表一些關於物理學和生物學系統理論的文
章。在他最主要的文章（就我們的目的而言）中，他如
是說：「當系統內沒有物質進出時，系統就是封閉的；
若是系統內有物質的進與出，那麼它就是開放的，也因
此其組成成分就會隨之改變。」[9] Von Bertalanffy的系統觀
點跟 Lewin 的心理場域概念是一致的。在這裡，我們發
現了界線的觀點，以及其區分出有機體和它所處之環境
的角色。界線的本質，舉例而言，決定了封閉和開放系
統的不同之處。以 Lewin 的說法來看，封閉系統是有僵
化和固定的界線，而開放系統的界線則是比較薄弱、且
具流動性。Von Bertalanffy 說道：「有生命的系統乃是一
個開放的系統，他們和環境做物質的交換且仍然保有自
己，同時也一直持續地建造和分解其組成的成分。」[10]
社會科學家和心理治療學者把這些封閉和開放系統的觀
點擴展到社會的情境，包括家庭。Von Bertalanffy 也許會
如此認為，所有的社會系統其本質上都是開放的，因為
人們必須跟環境互動才能存活。然而，治療師較鬆散地

使用封閉系統的概念，來代表那些極爲不易滲透的界線，其中包含了特定的社會歷程和群聚方式（groupings）。

回頭再看看完形心理學家，Koffka和Köhler指出某些知覺的原則。他們發現，每當我們看到只有一些點的圖案時，我們就會要把它們變得完整。就如我們在看著∴，我們並不會說我們看到了三個點。我們可能看見的是一個完成的完形──一個有界線的圖，我們會稱它是一個三角形。人類會在他們的腦海中形成一個模式；我們傾向去找出一個知覺的閉合（perceptual closure）。事實上，這可能是人類形成與進化的許多特徵之一，其重要性就像大腦皮質層、相對並列的拇指、兩足動物的能動性（motility）、語言，以及懷孕期一樣。

物理學的場域變成了人類經驗的場域。我們組織我們內在的世界，且企圖以整體（wholes）來綜合這些經驗。在我們的管理之下進行這個過程，我們就會體驗到結束（closure）──滿足、完成，或者是洞察力。一旦對於經驗的組織和完成是有困難時，我們就會感到不舒適與不安。

Laura和Fritz Perls在柏林大學相遇，他們受到了Lewin、Koffka和Köhler的影響。Perls結合了完形心理學和完形治療[11]。如同在Wertheimer、Lewin和Goldstein之前，Perls夫婦較感興趣的是致力於擴展對心理健康和干擾的知覺原則。他們提出的理念是，健康意指對於結束的重複性體驗（repeated experiences），而「疾病」則是一種長期無法結束的狀態。他們擷取自知覺的模式成爲完形的概念，

並且在其口腔─消化模式（oral-digestive model）中，視心理─情感─認知的經驗爲組織整體成爲完形的過程。假如人們無法把某個童年經驗組織融入到他們的生活之中──去咀嚼和吸收──那麼他們就永遠會受到干擾。在他們的場域中就是一種「干擾」──即Zeigarnik效應[12]中所說的「未竟事務」。在最簡單的層次上，我們可以說Perls夫婦創造了一種治療來讓未完成的經驗能夠加以完成──使它們在我們的內心中成爲整體（whole）──所以我們才可以面對生活、繼續前進。

　　在個人的層次上，它所代表的意義是能運用我們的感官知覺、覺察、能量和表達性，把過去未完成或不清楚的事件經驗，帶到現在。那種完成感乃是隨著跟我們所在意的事務有充分的接觸而來的；而這種接觸讓我們得以去慶賀完成、放下以及朝向下一個富生命力的接觸邁進。根據 Perls、Hefferline 以及 Goodman 的定義：

接觸是對於場域的覺察或對於場域的行動反應。基於這個理由，做出接觸（contacting），乃是有機體之界線的功能，並無法用假裝來陳述出事實爲何（pretend to tell reality），它也不是有機體的衝動本能（urge），也个具被動性（passivity）。且讓我們用諸如：慾望和拒絕、趨近和迴避、感知、感覺、操弄、評估、溝通、攻擊等，這每一種會發生在有機體與環境互動的界線上具有生命力的關聯，來理解廣義的做出

接觸、覺察以及行動反應。所有這類的接觸都
是心理學的重要主題。[13]

　　Perls所討論的是所有涉及我們的發展與其干擾歷程
的事物。他對於人與人的界線上會發生什麼特別感興
趣：接觸發生在界線上（at the boundary）；成長發生於界
線上；圖像的形成與毀壞也發生在界線上；健康是產生
於互動之界線上的色彩、明亮度、動力與優美之處——
即反應的自發程度。對Perls而言，界線上的關係包含了
接觸、有機體與環境、新奇性、振奮感、自我（self）、
意識狀態、緊急情境、神經症的可能性、抗拒，以及
「人類的本性」。

　　對於正常的有機體而言，面對事務的一般狀態乃是
由需要被喚起（need arousal）的狀態流動至需要被滿足了
（need satisfaction）的狀態，由緊張到放鬆，由對特定圖
像的注意力轉變成不再感興趣的狀態。功能良好的個體
本身就是一個持續進展的過程，根本不會經驗到自己是
一個靜止不動的物體。只有在受到干擾、被制約地壓
抑、病態的情境下，人們才會阻斷原有的流動，切割他
們的行為，而且凍結了流暢性。他們的心靈生活（psychic
life）是處在不一致的狀態，其行為與覺察之間存在著相
當大的差異。

　　在經驗的循環圈中，我們從混沌不明的感知開始，
漸漸察覺到需求，被激發起來，去搜尋我們需要什麼，
而最後朝向獲得我們所想要之物的方向前進。假如是未

受到阻礙的，那這就是一個個體或是心靈內部完成結束的典型例子。相同的現象也會發生在夫妻之間和家庭內；共同的需要被發覺，採取行動，以及做出接觸好讓家庭成員彼此可以獲得滿足。如果這些人際循環無法完成，而且經常受到干擾，那麼夫妻和家人就會感到痛苦[14]。因此，我們從將自然界中的物理場域整合併入人類知覺的領域（perceptual fields），並將之擴展到個體滿足需要的場域模式，最後再擴展到與婚姻和家庭有關的現象場。

我對於小系統的處遇哲學，乃是立基於如何成功地完成情境（complete situations）的原理，以及系統如何操作（operate）的原理。我現在會更詳細地描述第二個原理。

婚姻或家庭是一個系統

婚姻或家庭是一個系統，其中的成員們有意願長時間地相處並住在一起，也因而具有持續性。這樣的持續性或許能滿足個人想要延續其生命週期以及其對未來傳承之覺察的渴望。這種未來傳承的延伸，有助於傳遞現存的文化價值。

除了相處在一起，夫妻或家庭的成員還要有意願致力於共同的任務。他們一起創立一個家庭並且扶養小孩，還跟更大的系統互有交流；他們在社區、城市、國家及世界這些更大的系統之中組成了一個次系統。夫妻或家庭是一個在社區中的社會、文化和經濟的單位體。

在現代，這樣的單位體有許多種形式和面向。例如

有成人住在一起的，有時會混雜了從一個或多個伴侶中而有的子女。有時也包括了因為離婚而形成的單親家庭；有時是同性的伴侶住在一起的家庭，以及有多種形式的自治體（communal arrangements）存在。最主要的是，家庭的組成分子包括一或多位成人，以及一或多位子女。這些組成的外圍都有所謂的界線存在，將他們跟鄰里、社區中的其他家庭和團體區分開來。

在家庭之中也存有許多的界線，也就是次級系統的存在。這些次系統包括許多個體、成人、子女，以及成人與子女的組合。每個次系統都有它自己的界限。在理想的情況下，個體之間彼此互相尊重，允許每個人有自己的隱私，同時，也表現出對每個人的關心和興趣（圖3.4）。

界線是持續在改變的：有時系統是開放地與外在往來社交，此時界線是半滲透的狀態；在其餘時間裡，它在獨立中找到自在，此時，界線是緊密黏連的。在功能健全的家庭裡，個體會熟知家庭裡的每位成員，且清楚地感知到何時可以聚在一起以及何時可以分開。如果對於這些情況產生疑問，他們是可以自在地去詢問，「你這個下午是否有時間，可以在你的辦公室跟我談談我的問題？」成人是比較容易聚集在次級系統裡。他們是大腦中樞，是家庭的管理者。我們期望他們可以為家庭的日常生活做出適當的決定。而兒童是聚在一起遊玩、學習和成長的。成人和兒童之間管理上的互動是取決於發展原則的；一位五歲的兒童會比十五歲的青少年還更需

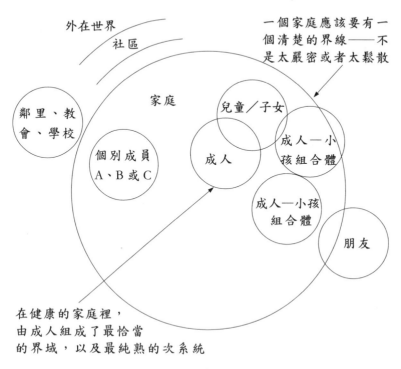

圖 3.4　功能良好的家庭

要父母親日常的輔導。

　　功能良好的家庭其特徵是，個體群以及成人與兒童群組這些次系統之間的界線是流動且具彈性的。人們聚在一起玩樂或工作。父親與青春期的女兒一起散步，聊聊女兒的男友要轉學到其他學校這件事情。父母親在週末晚上去參加宴會，而子女就去看電影。這其中有相同的目的、團結性、凝聚力，以及責任感，同時也有尊重每個人的獨立與獨特性。一股優美的律動瀰漫其中——

從結合與親密到個體的自主性之間。在穩定的時期，人們能夠獨立地來來去去。在另一方面，他們會在其他人遭遇到困難、壓力、疾病時，彼此給予照料，或者只是單純的關切。一個類似的優美之流存在於共同任務的開始、發展，以及完成的過程之中。家庭的成員互相接近，協商需要完成的事情，實際執行，完成他們的任務，享受彼此的接觸，然後離開；他們不會緊纏著彼此不放，或是一再停滯於討論什麼事該做或是未做的議題上。一個健康的家庭往往就是一個良好的工作團隊。

所有的家庭都是在這樣的範圍：從彼此護衛，到缺乏關照以及充滿疏離的感覺中移動。沒有一個家庭是永遠處在完美的平衡點上。家庭以或多或少的緊密糾纏或鬆散在運作著，而敏銳的治療師就要能關切對某個家庭怎樣的運作是有功能的，而非依據一些像是「糾結的」或「毫無組織的」這一類獨斷而單一化的原則。

家庭的界線缺乏滲透性，往往是在過度保護自己成為一個獨立的單位。圍繞在這樣群聚體周圍的界線，常是厚實而嚴密的（圖 3.5）。跟外在系統的鄰里社區或朋友之間也沒有從容的交流或活動。他們並不跟其他人們聚在一起去聽聽演說、看看電影、旅遊，或是參與社區的活動。在這樣的家庭裡，我們也常會發現有不良的個人界線存在。父母會侵犯他們成年或青少年子女的生活，而子女同樣地也被允許去干涉成人的事務。就有這麼一個案例，一位婦女每天都要打電話詢問她的媳婦有關兒子每日的飲食和上廁所的習慣。彼此之間可能沒有

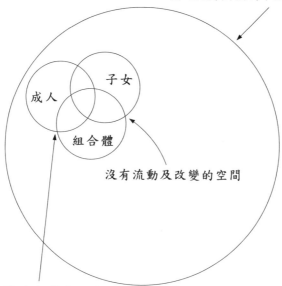

家庭界線是嚴密的，家庭自環
境的支持與接觸中隔離出來

子女

成人

組合體

沒有流動及改變的空間

次系統界線太鬆散，容許家庭成員
侵犯其他人的空間和隱私。完全缺
乏個人成長的空間

圖 3.5　融合的家庭

任何的隱私存在。在另一個家庭裡，成人將家裡所有臥
室和廁所的房門全數拆除移走。在少數極端的例子裡，
每個人都不用敲門便可以隨意進入彼此的房間。同樣的
情況也發生在他們的心埋生活：他們無需得到他人的同
意，即可進入彼此的內在生活。這些類型的家庭通常有
嚴密的外在界線，但圍繞在次系統之間的界線卻又是太
鬆散、太有彈性，或是不允許個人或次團體保有自己的
自主權和獨立性；每個人都隨時在關切著其他的成員。

這些家庭可以被稱做是「迴射的家庭」（retroflected families）。「迴射」指的是「急切地反轉回來」；因此，迴射是遏制能量並且防止它表達的一種抗拒。這類型的家庭成員可能會遭遇因為被遏制的能量和未能充分表達感受所造成的身心症。我們可以看見一些人出現精神上滯塞的（choked）感覺而痛苦萬分；或者有氣喘、頸肩痠痛、便秘、胸口痛、經痛、過敏症、皮膚異常、頭痛和厭食症等，因為這樣的封閉系統而產生症狀的例子。父母親通常對於子女初次上學會過度緊張，而子女會出現懼學症，在此類的家庭中也不是罕見的情況。子女可能無法離家去結婚或念大學。父母和子女對於彼此的生活方式都太有警覺性了。太多的專注力是放在自己的家庭之內——而太少把注意力延伸到外在的世界。

在連續線的另一端則是缺乏組織的家庭，這種家庭的界線非常鬆散（圖3.6）。人們常常是來來去去，而不曾注意到家庭內的其他人。他們的居處或許很像是社區的休閒娛樂中心，好比是鄰居般的成人和子女彼此不用費力或拘泥於一些禮儀而來來去去。在用餐的時間裡——如果是固定安排得完全像社區活動一樣，那麼就會發現隨時會有外來的客人加入。沒有人會花時間去詢問彼此的生活、工作、學業成績，或重要的關係。成人間彼此疏離，也跟孩子疏離。兒童可能在心理上和生理上都受到忽視。

一旦缺乏親密和聯結感，一旦家庭成員們無法轉而關心、瞭解彼此的需要，那麼他們就可能會依賴酒精或

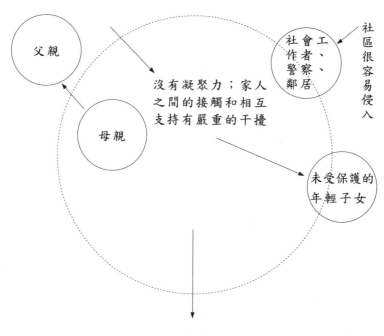

父親

母親

沒有凝聚力；家人
之間的接觸和相互
支持有嚴重的干擾

社會工作者、
警察、鄰居

社區很容易侵入

未受保護的
年輕子女

圖 3.6　鬆散的家庭系統

藥物來逃脫這種混亂的情境，或試圖去抓緊一絲內在整
體性（oneness）、有組織或平和的感覺。兒童會非常渴
望獲得同儕、老師、鄰居們的注意力。在一些例子裡，
他們會去偷竊他人的所有物來尋求關注，他們可能因為
受到學校或執法者的處罰，而得到注意力。他們的感覺
是深埋於心的，而其個人的界線也是不易被穿透的，他
們將潛在的不受尊重和痛苦的感覺防備得很好。

　　多數的家庭是落在這兩個極端之中，他們以更為或
者較不適當的外在與內部的界線在運作著；這樣的家庭

成員們可以感受到歸屬感和愛，同時個人的隱私會受到
尊重，而且也可以在家庭與外在世界之間自由地進出。
子女不會被過度保護或未受保護：對子女的保護程度乃
是取決於他們的發展階段。

系統的觀點吸引著婚姻與家庭治療師，乃是因為我
們學到了在系統內沒有任何一個成員（分子、粒子、部
分、星星）是需要獨力擔負起家庭困難的責任。家庭發
展的軌跡是受多種因素所影響的，就如同我們經常提及
的，整體是不同於每一部分的總合。所以系統的概念讓
我們得以讚嘆夫妻與家庭其具有的複雜而優美的品質。

運用界線的觀點，我們可以獲得對於夫妻或家庭運
作功能的診斷圖像。我們可以探究某個婚姻或家庭單位
是否能延伸進入世界，或允許外在世界進入其系統單位
裡的程度。界線也同樣存在於每個單位裡的個體成員之
間，而我們也可以用這樣的方式來分析其彼此間的關係。

所有的系統，不論它們是某種的細菌群組或是太陽
運行系統，都擁有其界限和整體性。它們的歷程則是包
括了訊息的交換以及改變。一種改變的形式是像熱力學
的函數（entropy）一樣——是一種傾向失序的狀態。就
另一方面而言，負函數便是傾向規律的狀態。系統就是
在求取穩定或平衡中「掙扎」，以求取一種在規律與失
序間的平衡。系統可以更封閉或是更開放，此乃取決於
它們目前所正在衝突掙扎的狀態。

Barbara Brown在她的書《超越心靈：終極而理想的
能量》（*Super-Mind: The Ultimate Energy*）中，就是以覺察的

模式來談論這個主題：

> 還有另一種「潛意識」的覺察，那是我們無法
> 辨認也尚未使用的領域。我們還沒有適切的方
> 式來描述這種形式的覺察；但就完形的概念來
> 說，它就像是以整體的觀點來覺察事件、事物
> 和情境的模式，而不只是在整體中覺察特定的
> 成分。在某種程度上，這樣知覺的模式帶出了
> 對於整個情境或事件一種潛意識的方向，無論
> 在行動和行為上都是恰如其分。這個現象指出
> 需用心去欣賞、汲取、判斷，並做出決定，然
> 後才能以跟該模式中的元素相應且具體的原則
> 做出行動。[15]

　　在每一個系統的輪廓和模式之中，皆自有其生活和
變遷；其中有獨立的實體在相互交換著能量（即有一份
關係）。沒有任何單一的次系統可以「導致」任何事的
發生，在系統之內或之間所發生的事件皆是受多重因素
所影響的，沒有兩件事是有著直接的因果關係。歷程並
非簡單地如直線一般，它是複雜而且同時存有著不同的
層次。系統的世界有如一串事件像銀河系般有層級的組
織，過去、現在和未來是同時發生的事件。各種行動是
非連續地（nonsequentially）產生，或許同時發生；而且
也沒有任何事件是完全地獨立或取決於其他事件。
　　所以，在人類的家庭裡，沒有任一個特質是造成問

題的原因，或是對於任何產生的情境要負起完全的責
任。所有成員們的作為一致地造就了他們的生活，其中
的結果可能是快樂和健康，或是不滿和悲慘。

從個別治療到婚姻和家庭治療

對於慣常為個人工作的完形或其他取向的治療師，
必須要在其認知和知覺上有一個大轉變，從注意個體的
界限跳到去體驗夫妻和家庭的種種界限[16]。當有機體變
得比較大的時候，為了避免被拉扯進去，敏銳的諮商師
就要能退後一點，以一個整體的構造來看待這個家庭。
由於我們所處理的是複雜且有多重影響來源的現象，我
們也以整體的結構而非分散的部分來看待它，使用簡化
的語言也無法發揮作用，因此我們必須以隱喻、類比或
其他影像的形式來做思考。治療師對於隱喻和創造心像
（creative imagery）的熟悉度，將有助於找出這類更大的
有機體所具有的模式[17]。治療師需要從分析的態度轉變
為綜合（synthesis），並且選擇去創造出整體，而非將事
物切割成更小的部分。

婚姻及家庭治療師會去注意家庭或夫妻所沒有察覺
到的一些更大的主題。如此一來，家人可能在爭論著要
去哪裡度假時，治療師在注意的卻是他們的肢體語言；
當其他家庭成員想要知道誰是小Johnny最適合的保母時，
治療師所關注的則是他們聲調或意見中所展現的堅定或
猶豫不決。當夫妻試圖要表達生氣的情緒時，治療師會

注意到他們一直握緊的雙手。當家人聚焦於Mary的飲食習慣時，治療師就會去看 Mary、John 和父母是如何交談或是如何不對彼此說話，他們如何注視著彼此或不看對方一眼，問問題的方式，是否有肢體的接觸或者之間有距離，對問題有回應或是保持靜默，能否表達感謝，如何批評其他成員或避免受到批評。讀者會注意到，我們運用這個取向在小系統上，我們是著眼於該系統的歷程，而非在於成員處理過程的內容[18]。

結語

　　系統取向的治療師是去綜合看法，而非分析評斷；看重交互作用的力量，而非衝突；避免爭論的方向，同時使用隱喻和創造心像（creative imagery），來發現整合的影像與整體性；尋求人與人之間所存在的美學形式，而非聚焦於個人的境況或內容的議題上。因為系統並不是以線性的方式在運作，因此不論治療師所要探尋的是哪些可觀察的現象，只要一直注意著歷程，就能達到啟發夫妻或家庭的目標。這個假設跟等同結局原則（equifinality）極為相關，其所主張的是「某一種形式的行為跟另外一種，在達到某個特定的目標上，都有相等的價值」[19]。探求因果是沒有用的；那有如水裡撈月、鏡中逐影一樣。治療師要能發揮功能，唯有留在此時此刻，並且詢問下列的問題：「他們正在做什麼？他們是如何阻礙自己而無法讓他們如意？那些儘管無效但他們

卻仍一再重複的過程是什麼？其中少了一些什麼？」這些問題的答案即構成了種種扎實的介入策略。

最後，為了協助讀者瞭解如何以完形取向來跟夫妻及家庭這些活生生的系統工作，我提出以下十三項原則來做為指引；這些原則乃是來自於我對系統理論的應用，以及我在婚姻與家庭治療上的實務經驗：

1. 人類的關係是沒有所謂直線性的進展，也沒有一般的因果關係——所存有的只是複雜的互動。

2. 所有事件，包括人類的關係，皆是在持續的過程之中。

3. 關係會趨向三角化。

4. 有「未被認定的病患」這樣的模式存在，才有所謂的「被認定的病患」。

5. 不論是家庭或文化，其歷史並不是一個故事，而是許多事件同時一起爆發所形成的——一種模式。

6. 內容往往是誘人的，而歷程需要仔細地觀察並給予回饋。

7. 即使是在疏離的狀況下，個體的存在仍是與他人有關聯的。

8. 在或小或大的系統內的任何地方所發生的任一事件，都會影響其他的事件，沒有任一事件是單獨存在的。

9. 夫妻和家庭是互補的：一個人的心情改變了，其他人的心情也隨之改變[20]。

10.簡化論是危險的，因為它傾向隱含有或去刺激極化

（polarization）和摧毀他人的意圖。

11.我們必須面對在自主與關係中存在著明顯矛盾的問題。只有真正自主的人才會有「熱切的」關係（融合的關係只會破壞心靈）。

12.世界既是一個（模式）也是多元的。這世界中的所有事件都必須視同為整體（whole-ness）和政治的互動，來加以檢驗。這個世界充滿著各種聲音，訴說著「我們是一體的」。

13.婚姻和家庭是「會消散的結構體」，因為它們在一些特定的發展階段中會耗盡能量。對於這些階段的理想重構，則涉及了往更高層次的功能去做提升（想像一下，這就好比是DNA螺旋排列一樣的螺旋式構造）。

身為治療師的工作即是在協助夫妻和家庭去察覺到系統是怎樣以及是在哪裡卡住了，而且如何運用他們的集體覺察力和能量來解決他們在互動中卡住的地方。一旦夫妻或家庭能夠開始、發展，並且一直持續有著成功的互動，那我們的工作就算是達成了。

這個基本的論點已經介紹完了，我們將在下一章繼續同樣的探討方向，那就是處理經驗的互動循環。

本章註解

1. R. M. Pirsig (1974), *Zen and the art of motorcycle maintenance* (New York: Bantam Books).

2. S. Freud (1964), *Moses and monotheism: An outline of psycho-analysis and other works* (London: Hogarth Press and Institute of Psycho-Analysis).

3. C. Hall & G. Lindsey (1957), *Theories of personality* (2nd ed.) (New York: Wiley, p. 207).

4. K. Koffka (1935), *Principles of Gestalt psychology* (New York: Harcourt Brace).

5. M. Wertheimer (1944), "Gestalt theory," *Social Research*, *11*, 78-99.

6. W. Köhler (1947), *Gestalt psychology* (New York: Liveright).

7. K. Lewin (1936), *Princilpes of topological psychology* (New York: McGraw-Hill); K. Lewin (1951), *Field theory in social science* (New York: HarperCollins).

8. K. Lewin (1917), "Krieglandschaft" (War landscape), *Zeitschrift Angewandter Psychologie*, *12*, 440-447.

9. L. Von Bertalanffy (1950), "The theory of open systems in physics and biology," *Science*, *3*, 23.

10. L. Von Bertalanffy (1950), "The theory of open systems in physics and biology," *Science*, *3*, 23.

11. F. S. Perls (1947), *Ego, hunger, and aggression* (New York: Vintage Books).

12. B. Zeigarnik (1927), "Über das Behalten von erledigten und unerledigten Handlungen"（對於已完成和未完成任務的持久性）, *Psychologische Forschung*, *9*, 1-85.

13. F. S. Perls, R. F. Hefferline, & P. Goodman (1951), *Gestalt therapy: Excitement and growth in the human personality* (New York: Julian Press, p. 229).

14. 經驗的互動循環在本書的第四章有更詳細的說明。同時也參見 J. Zinker (1977), *Creative process in Gestalt therapy* (New York: Vintage Books).

15. B. Brown (1980), *Super-mind: The ultimate energy* (New York: HarperCollins, p. 274).

16. 本書的第七章討論了如何關照與處理夫妻或家庭的界限。

17. 對於隱喻和創造心像的完整討論可參見J. Zinker (1977), *Creative process in Gestalt therapy* (New York: Vintage Books).

18. 治療師關注歷程的實務部分會在本書的第八章與第九章有更詳細的介紹。

19. H. B. English & A. C. English (1958), *A comprehensive dictionary of psychological and psychoanalytical terms* (New York: McKay, p. 184).

20. 另見於 M. Ferguson (1980). *The aquarian conspiracy* (New York: St. Martin's Press).

4

互動的循環

一個好的理論就是最符合現實的。

——Kurt Lewin

　　婚姻與家庭治療師對於呈現在他們之前的錯綜複雜的互動關係，以及對於可以改善求助者之生活方式的各式各樣可能的介入策略，都是充滿敬畏的。這種複雜性和多樣的選擇介入可能常常顯得龐大而令人無法招架，讓治療師處於因為混亂而無法行動的風險之中。幸運的是，這些複雜性是能變得可目視的、有組織的，而且能運用一個人類互動的理論來加以理解的；而這樣的理論即在確認和解釋哪些互動是有功能的，而哪些是會製造出問題。

　　由於可觀察的互動訊息對所有的治療師而言都是相同的，因此治療師的理論取向就決定了哪些訊息值得被

注意，而哪些是可以被忽略的。一個好的理論就是可以
使治療師看到當下所正在發生的，以及能支持治療師為
介入策略做出適當的決定。一個理論的力量就在於它多
有助於觀察與介入。

　　有關心理功能的完形理論，在過去三十年間，曾被
Cleveland 完形機構的同仁們加以改良與闡述過。而我們
以現象學所描述的心理內在歷程，即被稱為「完形的經
驗循環」（gestalt experience cycle）[1]（圖 4.1）。

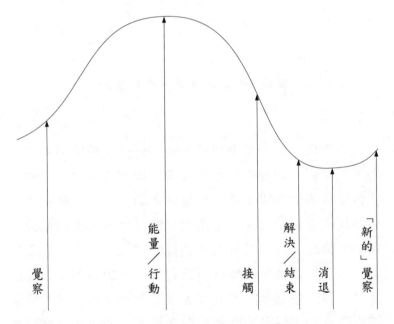

覺察　　　能量／行動　　　接觸　　　解決／結束　　消退　　「新的」覺察

這是一個「正常的」循環──覺察部分是「豐厚的」，如此
行動的準備部分才夠札實……消退是在最底部（此處的能量
是最低的，個體是在休息的狀態）

圖 4.1　完形的經驗循環

　　在內在心靈的層次上，我們的立足點乃是與此時有
關的覺察，凡是引起我們的關注和引發我們思維和行動
的事物，而這一份關注是需要投注能量的，否則我們便
不可能做出行動。理想上來說，我們的覺察是清楚而豐
富的，只要覺察能充分地被能量所提升，那麼我們就可
以決斷地朝我們所需要之處行動。行動引導我們跟環境
做出接觸，而且伴隨一種滿足感、解決與結束。我們可
以從情境中撤離、放輕鬆而且放手。乾淨而完全的撤
離，讓我們得以轉向一個全新的經驗，而不會感到被一
些尚未完了的事務所拖住。一個新的覺察繼而出現在前
景，這個循環就再次開始。

　　以這種模式來跟夫妻和家庭工作，即是把內在心靈
的經驗循環加以擴展，而這樣的擴展是用來描述在小系
統內的許多親密互動。其原理原則是相同的：充分的覺
察導致自體和環境得以在界線上做出清楚的接觸。只不
過是，完形的互動循環是把焦點放在兩個人之間或更多
人之間的互動上（圖 4.2）。

循環的各個階段

　　這個循環的各個階段是連續的，有時是會重疊的，
就如同一個循環跟隨著一個，同時也跟其他的混疊著。
為了展現在單一經驗裡的流動性，這個循環被人為地分
割成五個階段，描述如下。這些階段均是依序地排列，
而這在邏輯上和直覺上也頗為合理。同時，我們也知道

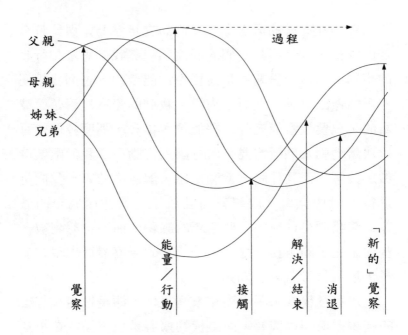

圖 4.2　完形的互動循環

每個階段皆有其他所有階段的成分在裡頭[2]。

　　觀察婚姻中的兩個人，或是家庭成員間的互動情
形，提供了治療師一個關於系統的清楚觀點。此外，觀
察可以讓系統內功能良好的一部分，即其技能，顯得明
明白白。在這個過程中每一個階段進展所需要的技巧能
力，帶出了滿足。而一個完整的循環，其中每個階段均
是清楚連結的，就會產生一種幸福感。一個不完全的循
環則會導致無法滿足和不安。觀察循環性的功能，便可
以找出系統內，那些會干擾到順暢地走到解決階段，因
而造成失功能的阻抗[3]。治療師的工作就是要能確認並

且協助解決流動過程中的阻礙和抗拒，如此一個令人滿意的歷程才能再造。

覺察

「覺察的特徵是做出接觸、感知（sensing）、振奮（excitement）和完形的形成。它充分的功能表現是落在一般心理學的範圍之內，而其干擾則是屬於精神病理的標題。」[4]

內在心靈和人際間的覺察在互動之前就已存在。個體在系統內是獨立存在的，擁有他們自己的感知、情緒、思考、記憶和希望[5]。每個人的覺察都是不同的：我們生活在自我界定的世界中。覺察的複雜性是眾所周知的。有些感知、思考或感覺是隨時可用，而且是容易說出來的；而其他則是有些模糊、不明確，而且需要費力才能訴諸文字或行動；而有些對自己而言是毫無意識，但別人卻是一目了然的。

從自體轉變到對他人，便展開了互動循環中的覺察階段。單獨的個體或許不需要去說出自己心裡內在的感覺：而是直接從「癢」到「抓癢」，這中間根本不必說：「我會癢。」

有時候，人們只會對他們自己做一些表達——例如，寫日記。只是，在這種情況下，獲致他人的回應是個人的選擇，而通常沒有人會有此需求。要把它轉成一種互動是需要費力用心的。要大聲說出自己清楚而別人卻不知道的話，就變得有必要：例如，「我好累」或

「我好想要吃披薩」或是「今晚要是可以玩橋牌的話，那有多好啊」或者「也許我可以試著在就寢前，把這本書看完」。甚至，對於要試著說出或做出自己也不怎麼清楚的事，那就要費力用心：例如，「我覺得心情不是很好，但是我自己也不知道是怎麼一回事」或「我今晚覺得有點煩——有沒有什麼好玩的點子？」或是「如果你現在一直在我旁邊晃，那我們可能就會吵架」。

除了清楚地表達自己的感覺要費力外，去傾聽、去瞭解他人的世界也都需要費力。能注意到別人且願意說出，「你看起來好累的樣子，今晚怎麼不休息一下？」「你一直慣用你的右腳，你的膝蓋一定又要再度受傷了。」也需要費力用心。一個人必須要能關注別人的經驗，才能夠問出：「今天開會發生了什麼事？」或「我們今晚要做些什麼，有沒有什麼主意？」或者「對於我所說的，你覺得如何？」這一類的問題。

這種說出來和傾聽、看見和被看見、接觸和被碰觸、知道和被知道的相互作用，讓我們能夠去分辨相似和相異之處。而這個對彼此漸增的覺察，也激發出清楚浮現想望或渴求所必需的能量：即從背景中浮現出一個圖像。

一對夫妻或一個家庭投入這些探索活動的能力高下，對訓練有素的觀察員是顯而易見的。假如覺察技巧是不足的，那麼這個受限的覺察階段便只能提供行動上極少的能量，或是接下來的接觸也只會是表淺或刻板的（窄化的互動形態往往是這類系統典型常見的）；在後

續的階段，也仍然會是刻板的或是平淡枯燥的。在這樣
的家庭裡，我們會聽到相同的事件重複地被爭論著，其
所投入的活動也一再地重複著（圖4.3）。

　　一個豐富而有趣的家庭生活跟多樣和豐富的覺察轉
換是息息相關的。然而，一旦有強烈的衝突產生，而且
系統本身也正經歷著困難的生活任務時，那麼可以繼續
維持在探索、檢驗，和不斷摸索的這個覺察階段的技

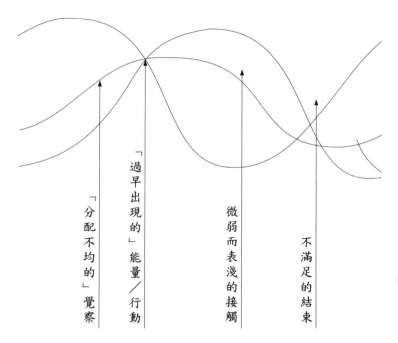

受限的覺察階段所提供的不是行動上極少的能量，就是在接
下來的接觸會是刻板的

圖 4.3　受限的覺察階段

巧，可能才是決定該系統是否能得到滿足結果以及對工作任務有彼此滿意觀感的主要因素。這也是界定為「圓融」與否的主要標準之一。

在覺察階段的第一個治療任務，是鼓勵擴展自我覺察並表達出來，然後再教導一些去注意、去看和去聽別人的技巧。另外，治療的工作也會聚焦於人與人之間，在他們交流其覺察的過程中所呈現出的優點以及所產生的干擾或抗拒。

雖然覺察的抗拒是多樣的，這會在之後做更仔細地探究，但在此階段中常見的情形是內攝和投射。抗拒通常被概念化為對立的內在力量（需求對需要）（needs versus wants），雖然它們是被描述成內在心理的歷程，但是它們卻可以顯現在跟特定他人的人際現象場中，被清楚地觀察到。治療師對於婚姻或家庭系統的觀察可以提供一個神奇的觀點，即某種反應是如何學習而來的，以及它們是如何地重複出現。這些習慣化的結果因而形成了愈來愈多無法被覺察的部分，也就是抗拒的特質。

內攝——即「整個吞下」一個外來的形體，而未加以同化——在婚姻或家庭中可以被觀察到，一旦其中(1)有一個強迫餵食者——此人期待對方把所提供的食物、意見或訊息全部吞下，以及(2)一個吞嚥者——此人則是吸收進對方所給予的，而不會選擇性地咀嚼，再將其不想要的部分吐出來。內攝跟其他抗拒的發生乃是互相作用的結果：亦即要有強迫餵食的人，才會有所謂的吞嚥者；反之亦然。

　　投射——即是個人毫無覺察地把自己不想要的特質，轉移到他人身上——這也是在覺察階段可以被觀察到的。只要有某個人提供少量的個人訊息，並且轉岔開或阻止有關他個人的問題，而此時有另一人願意去猜測和填滿這個訊息的缺口，其他人也不會去干預的情況下，投射就產生了。一些典型的對話爲：「你一定很餓」或「你大概不會喜歡我要說的話」或「你會喜歡上學的」。

　　像這些在夫妻或家庭之間流暢地察覺日常生活訊息所產生的干擾，便可以提供許多在系統中進行治療性介入的線索。這些介入的主要目標即是要去抓住系統的注意力，並將之導向這對夫妻或該家庭走過這個循環的模式。所做的介入必須要同時聚焦在系統本身的優勢力量，以及其抗拒的模式；而不是在於某個人的行爲或未做的部分。覺察它自己的歷程，可以使夫妻或家庭開始對它到底是怎樣運作的感到好奇，而非去注意這到底是誰的錯。只要這些介入處遇是敏銳且出自於對系統成員的慈悲關照，那麼他們便會想要去瞭解他們互動過程中的複雜奧妙之處[6]。

能量／行動

　　在這個循環階段，個人的興奮感或能量持續地增加，以便能將所覺察的部分加以組織，如此一來某個需求或渴望就顯得清晰明白；此即一個完形開始形成而且變成了圖像。此時，所有的能量投注於主要的興趣之

中，而其他的興趣或需要則退回進入背景之中。一個健康的個體即是一個能夠自豐富而複雜的背景中所浮現的諸多圖像、加以成形為明確而清晰的圖像並且聚焦的人。

類似的過程也發生在婚姻或家庭的系統之中。從模糊的覺察開始，對某個浮現的事物感到興趣或出現強烈的關注，繼而成為系統所有成員共同的圖像。這是一種人際的歷程：每個人想要的事物是不同的，對這些事物感興趣的程度並不相同，而他們表示關切的方式也有所不同。在這個能量／行動階段的任務乃是去管理這些複雜的差異，終而能使這個共有的圖像（需要、關切、關心和興趣）變得清晰、生動，而且也有充分的能量投入，使之可以前進走過接觸和解決的歷程。

有能力的夫妻或家庭能夠共同工作，把所有人的需要結合起來而將之發展成共同的圖像；而這乃是透過催促與耐心二者的調和，方能形成可以包容並且超越各個需要之差異性的新圖像。一旦系統不具耐性或缺乏能量，那麼要結合兼顧所有人的需要便會有困難。

在這個階段中所需要的一些積極的行動技巧包括：給建議、要創造、製造影響或誘導。一些接納的技巧也是需要的，如：對於被影響持開放的態度、願意被誘導、對建議感到興趣，以及有意願去鼓勵和支持他人的創意。給予和獲得，以及嚴肅和輕鬆兼具，都是這個階段的特徵。

女兒：媽媽，我想要吃餅乾。

媽媽：我想你應該等到晚餐之後。

女兒：讓我現在吃一點嘛！

媽媽：好吧！假如你不介意自己吃的話。

女兒：嗯！那我還是等會兒再吃。

太太：我們出去吃點東西吧！

先生：我沒有太多錢，但我也不想煮飯。

太太：讓我看看家裡有什麼東西是容易煮的。

先生：好啊！那這樣就很簡單，好像在屋內野餐一樣。

　　在這個循環階段裡，治療師的任務並不只是鼓勵行動和接納技巧的使用，同時也必須去看到並支持對別人的尊重。這種尊重是不輕也不重的，並不是在沒有檢視對別人催促太過會造成什麼影響的情況下，而推動得太過積極；或只因對方是可能有些「脆弱的」，就不再積極地做些什麼。在這個階段內，良好的互動就像打一場有趣的仗一樣，每個人都有運動的機會，但卻沒有人因而受傷。在這個階段中，干擾或抗拒的徵兆即在於一旦出現差異性，能量或興趣就突然改變下降。此時系統不是變得屈從就是抗拒，而不是富有想像力與活力。

　　在能量／行動階段普遍出現的一種抗拒就是融合——即在自我和他人之間失去了界線。融合的發生是當權力被誤用或濫用時：如建議或影響力變成了威嚇或命令，誘導變成了引誘。如果權力是清楚地集中在某個人

或系統的某部分，那麼原本可能成爲共同的圖像就會變成融合的圖像。若某部分的系統的能量氾濫成過多的權力，另一部分系統的能量就會被壓迫、隱藏、潛伏起來——儘管看起來似乎是平靜地與前者融合。

另一個在能量／行動階段普遍的干擾或抗拒則是迴射：一股反轉向內的能量。夫妻或家庭成員並沒有對外跟彼此接觸——既不是以溫暖、憤怒、好奇的方式，也不是有意圖想去影響別人。只要沒有人反對或堅持要跟其他人有所接近，這種抗拒就得以在系統內持續；每個人在如下的信念上共謀，即過度尊重人與人之間的界線並不爲過，而且干涉是絕對要被禁止的。在迴射的家庭裡，每個次級系統都謹遵這些規則：父母容許子女有自己的秘密，而子女壓抑自己的情感、問題和猜測，不讓父母親知道（圖4.4）。

迴射的家庭也可能因他們自我隔絕於外在的世界而受損。這一類的系統有非常緊密的界線；成員們保留了他們的關切、擔憂和困擾，而並不向外尋求協助。他們極度強調隱私權。治療師要去分辨這種迴射的家庭是一點也不困難的：你可以很快地注意到這些家庭的成員很少會向治療師求助，即使他們覺得被卡住的時候；或者即使他們尋求協助了，他們也無法輕易地接受建議。

接觸

接觸是有機體和環境在界線上覺察到的差異性（「新奇的」或是「不相像的」）；它的特徵包含了能量（興

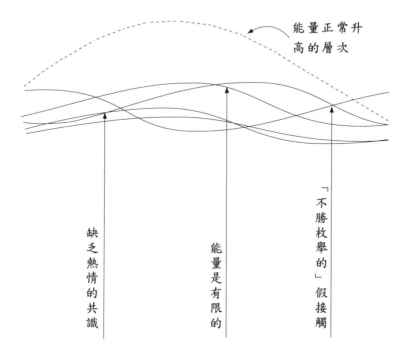

在迴射非常明顯的系統裡，能量是被包藏或抑制的，而人們
彼此並不打交道

圖 4.4　受限的能量階段

奮感），高度的在場或注意力，以及「意圖」去調節跨
越界線的部分並且去推拒無法被同化的部分[7]。

　　在循環過程中的接觸階段乃是能量／行動階段努力
的成果。需求或關切的事物因互動而結合，繼而成為一
個新的整體──這個整體是不同於它所有的部分。此時
所顯現的圖像乃是由不同的需求所組成的；它並不只屬
於婚姻關係中的某一人，或是家庭中的某一個成員。更

確實地說，它為系統中所有的人所共有，因為它是在互為影響的過程中而形成的。所以，接觸是對共享所有權的感知，是對工作實現後的熱烈滿足。

只要接觸是堅決的，能量就能充分地引發出一致的協議、共同的瞭解，以及對未來的洞察。如此，共進午餐的計畫就能實現，而不會延期；想要辦個派對的興致引燃了，而派對果然就舉行了。協議往往被實現。人們會提出正面的建議，而很少拒絕別人。在家事完成之後，就可以遵守承諾地玩個遊戲或是在睡覺之前讀故事書。治療師在這個階段的主要任務則是，對於任何有益的相互性以及彼此接近的訊息保持警覺——即去留意一些像「好」、「是的」、「看起來不錯」、「我們動手吧」、「看我的」，或「讓我們忘了吧」、「就是這樣」、「我們沒辦法了」等之類的回應。

治療師同時也要能留意任何在行動／能量階段所產生的抗拒痕跡（融合和／或是迴射），以及因而所產生的模糊或混亂的圖像。共同的目標沒有得到系統內任何或所有成員的支持。假設融合是行動／能量階段的主要抗拒議題，那麼這個階段的接觸就會是不完全的，或是只進行了一半。此時共同圖像的特徵就像這些典型的陳述一樣，「這是個還算不錯的意見」，「我想我們應該那樣做」，以及「我會試著把它記住」。淡薄的興趣和冷漠的協議都會從夫妻或家庭成員的語調、肢體和詞句中反映出來（圖 4.5）。

夫妻和家庭有彼此融合的傾向時，通常就會出現過

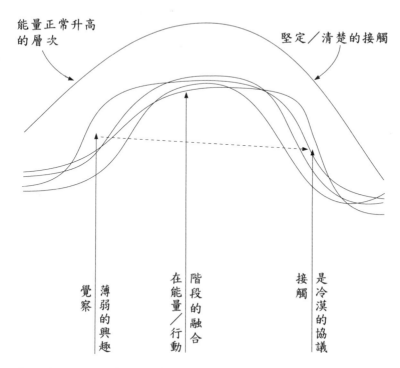

能量正常升高的層次

堅定／清楚的接觸

覺察

薄弱的興趣

在能量／行動階段的融合

接觸是冷漠的協議

當融合在能量／行動階段是主要的抗拒，那麼接下來的接觸是不完全的

圖 4.5　不完全的接觸階段

分重視協議、相似性，以及迴避衝突的情形。他們會為了避免逐漸產生的爭論，而快速地到達循環圈的接觸階段。對於可以發現新的方式來看待情境和問題解決所必需的工作，他們會有所迴避。他們所做出的接觸往往就是他們過去接觸經驗的翻版；其中的活力和興致感少之又少。因此，所顯現的圖像、點子或目標是很難被記住

的，而且也因缺乏關心而有動力；它很容易被遺忘。如此一來，協議被忽略了、計畫被中止，而且洞察也變得模糊不清。這些夫妻或家庭跟治療師所發展出來的關係，也非常類似他們跟彼此的相處方式。他們會立即同意治療師所提出的所有建議、理解和指示，但之後不會採取任何行動。

如果迴射是在能量／行動階段的主要抗拒，那麼就無法做出接觸，而且消退（withdrawal）還會提早發生。對於視全家為一體的家庭就會是這樣：家庭成員通常會中斷治療，而且會不靠外力、試著自行解決問題。或者對於系統中某些部分亦然：個人或次系統會將其能量撤回而等待另外的時機，或是試圖獨自解決問題。在抗拒是融合的情況下，一個被粗魯對待的小孩表面上會同意他人所說的話；可是他會接著掉進陰沉、氣憤或是困惑的狀態，而讓接觸變得很困難。夫妻中的一方若是對一連串的要求或指控感到無法招架時，也同樣會有撤退的情形，不是把自己關在房內，便是將心事藏在心底，如此一來對外的接觸就無從發生。

一旦互動的循環被干擾，那麼未完成情境的緊張就會一再地被累積。治療師必須讓夫妻或家庭成員回過頭來看看抗拒的徵兆形成之初，必須讓他們對於他們是如何地在干擾這個過程感到興趣，必須致力於化解抗拒，好讓接觸和解決可以發生。

解決／結束

在這個循環階段，夫妻或家庭要能去回顧發生了什麼事，找出方法來表達自己所經驗到的是什麼，檢核看看彼此所瞭解的協議爲何，欣賞他們自己和他人，並且爲不能完成的事一起表達遺憾之意。換言之，系統要能做摘述、反映和回味整個經驗，並且讓它沉澱、確定下來。典型的詞句或姿勢包括如下：「嘿！那太棒」、「真是太可惜了，我們不能去拜訪祖母」、「現在要記住，我們在這個月內要盡可能地存錢」、「這一次你並沒有一直吼叫」，以及「你真的有在聽我說」。

這種在解決／結束階段「一再咀嚼、回味」的方式，讓能量得以逐漸地減弱，而在興趣、好奇和感覺都消散無蹤時畫下句點。之後，真正的結束才會有可能發生。如果感覺和興趣愈強烈，那麼是否願意再去面對的風險也就愈大，而在解決／結束階段所需要花的時間與注意力也就愈長。一個簡單的圖像，較容易達到的情形——諸如「我們一起去看電影吧」或「好吧！我們一起去看新的西部片」——可能只會是個小要求而已，而「這是個很好的主意」便能夠結束話題。而一個較大的圖像——好比說，復學這件事——是需要反覆檢視、追蹤、計畫、重新適應，以及不斷地再保證、確認的。但不論是哪一種圖像，結束都代表了放下，隨之而來的便是健康的消退；要轉向到新的感知和新的覺察之前，這兩者都是必要的。

在這個階段的治療技巧包括了去注意系統是否具有或缺乏解決所需的行動。當系統有足夠的解決技巧,其中的個體便會有完成的感覺。如果感到某個情況是未完成的,那麼治療師便可以如此介入地說:「你們彼此說說看你對於剛才所發生的,有何感覺」,或者「告訴其他人你從中學到了什麼」。假如解決的行動持續進行太久時,那麼可以說,「我建議你們每個人只要再說一句你自己的話」,或「看看四周,並且看看每個人看起來是什麼樣子,我們就到此結束」。

在這個階段的抗拒形式不是太快放手,就是太久放不下。一個放手和結束太快的系統並沒有從之前每個已解決的循環中,有所學習。其結束並沒有容許足夠長的時間去深思、去接受和去同化對它們有用的,而且去吐出或拒絕那些外來無關的事物。這些倉促匆忙的人們通常無法從他們自己的經驗中獲取足夠的滋養。

在另一方面,有的夫妻或家庭則是一直無法放下,他們無法結束討論,或是不斷地剖析,而耗盡該有的體驗。這樣的夫妻或家庭對一些事物是一而再、再而三地一直談論著,而把興趣磨滅殆盡。他們不是去接受或允許同化的發生,而是把某個經驗反覆地咀嚼,直到無味還未必停止。

治療師就要能分辨夫妻或家庭對於解決與結束上的抗拒,尤其是他們無法在約定好的處遇時間內完成某單元的工作時。這類型的夫妻或家庭不是慣性地超過時間,就是會在時間快到了的時候,又突然地帶出一個新

的議題。跟這些系統工作，治療師通常會在結束治療會談時遇到困難。

消退

　　在循環的最後一個階段是消退。在這個開始另一個新的循環前的當兒，人們會與他人分離、轉向自己的內在，並且放下其他的人。我們需要能夠去做出接觸和撤退，去接觸和被接觸，然後放下。這是我們的生命之舞。

　　消退代表可以在個人、次級系統，或是整體的婚姻或家庭系統，嚴密地畫出界線，藉此來強調出跟外在世界的距離。系統有能力如此做，跟界線做出接觸，然後再次開始一個擴展他們自己的過程，這是一個健康的歷程。

　　治療師的任務乃是要去注意是否有放手或放下的徵兆，即那些代表獨立和自足的徵兆——而這些徵兆可以是呈現在身體上、在關心以及注意力的焦點上，反映的是他們開始把個人和團體做一區隔，如此也為某個經驗畫下句點。這些徵兆同時也可以反映在語言的表達上，即個人或次級系統提及他們開始考慮他們接下來所要進行的事。陳述的範例包括了：「嗯！我很滿意了。」「接下來我們要做什麼？」「我現在覺得很好，此刻我沒有想到什麼。」這時期的特徵是長而自在的沉默，以及口語表達出滿足或是中性的陳述聲明；參與者是在輕鬆的氛圍中為著另外的成員而平和地在場，那很像是性愛過後深情而舒服的擁抱。

　　要開始朝向下一個事件的跡象通常是頗爲隱微的。對於新而引人關注的事物缺少了上述的徵兆，那就意味著有了干擾或抗拒；它代表了缺乏能力或不願撤退和放下。系統的無法向前邁進很可能會成爲固著而僵化的消退，往往曠日費時，而使得人們之間的接觸大大地減少。

　　夫妻和家庭抗拒放手，其典型特徵爲依靠著彼此、依靠著家庭內的成員，或是依靠著治療師。他們難以獨處；他們通常非常強調要在一起（togetherness），而忽視隱私的重要性。這些夫妻和家庭培育並鼓勵互相依賴，而且不贊同獨立的行爲表現，認爲那是有什麼秘密或是不合群。

　　夫妻或家庭成員在消退階段拖得過久時，他們便會花很多的時間獨處，不然就是只跟他們類似的人在一起。個人、次系統，或這對夫妻或這個家庭通常不再跟和他們不同的人們做接觸。他們難以若無其事地轉向其他人。自足、不需要協助，以及「那不是別人的責任，而是我們自己要承擔的」則是常規（圖 4.6）。

John 和 Diana：走過循環

　　接下來的這一節所要描述的是一對夫妻在互動循環階段中的過程，這是這對夫妻的第三次會談，他們已經結婚七年，有兩個子女。John 是一位工程師，而 Diana 是一位復健心理師。他們來接受治療，主要是他們感到雖然在他們之間並沒有什麼特別的惡化情形，但就像 Diana

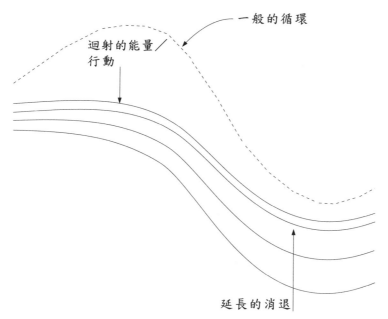

夫妻或家庭成員在消退階段拖得過久時，他們便會花很多
的時間獨處

圖4.6　拖延的消退階段

所描述的，他們之間還是有些「裂口」、「沉悶」。而
John 認為說：「我們有很好的性經驗，但我們並不是在
做愛。」他們兩個花愈來愈少的時間單獨在一起，反而
顯得較有興趣跟其他人互動，而不是跟彼此相處。

　治療師：我希望你們轉向彼此，面對對方說出你對於
　　　　　彼此關係中所在意的事。我會坐在這裡仔細
　　　　　聽，假如你們覺得卡住了，或需要協助時，

　　　　　　再找我，我會很樂意幫助你們，這樣可以嗎？

John：每次當我告訴她一些事的時候，我得到的回
　　　應是都是我的錯，任何事或我說的任何話都
　　　是不對的，我想要做到令人滿意，但是我做
　　　不到。

治療師：我很高興你可以把它說出來。現在直接對
　　　Diana說，假如我有看到你所說的有出現什
　　　麼特別的狀況，那我一定會給你一些回應。

John：就像我剛說的，你總是責備我。

Diana：（開始輕聲哭泣）我是個夢幻浪漫的女人，
　　　去年夏天我們在紐約的時候，我請你帶我去
　　　一個特別的地方，就只有我們兩人在一起就
　　　好。後來呢？我們竟然變成是跟其他一堆人
　　　在一起。為什麼？為什麼你要這樣對我？

John：我帶你出去，錢也是我付的，不是嗎？我多
　　　麼希望你可以對我的慷慨有所感激。

Diana：我現在說的跟慷慨的事無關，John。

　　在這裡，產生一段長時間的靜默。John和Diana同樣
看起來目光呆滯，而且沮喪。Diana轉向治療師，看著，
但並沒有說任何話。

治療師：你們兩個都有個錯誤的開始，現在你們卡住
　　　了。這種情形在家裡也曾發生過嗎？

Diana ：是的，就像這樣，過了好一陣子我們倆好像
　　　　都覺得累了，然後就會出現長時間的沉默。
治療師：在一開始，你們有很好的能量。你們倆都有
　　　　心要去解決問題，也同時很盡力地把自己的
　　　　感覺放進來。

　　在這裡，治療師告訴他們有關他們的能力，以及他
們做得不錯的地方。

John ：當然，我沒有得到該有的感謝時，我是有情
　　　緒的。
治療師：你有很強烈的感覺，但你們並沒有聽清楚對
　　　　方所說的。你們互相說出了覺得重要的事，
　　　　但彼此並沒有辨識出來。你們可以感覺得到
　　　　嗎？

　　因為之前重複的挫敗，他們無法彼此聽到對方所表
達的重點，這對夫妻在循環過程的早期覺察階段即用盡
了所有的能量。他們沒有辦法一直持續這樣的談話，無
法有足夠的能量，好讓他們能全程聽完並互相回應。

Diana ：他沒有聽到我的生日請求。
John ：你看吧！醫生，我們又來了。

　　在這裡，這對夫妻正在覺察或澄清的階段，他們試

著去辨識出問題——去好好說清楚；之後，再跟治療師
一起找出其中共同的背景，才能走到察覺到彼此觀點看
法的結果。

治療師：我要協助你們來聽懂彼此真正在說些什麼。
　　　　我要你們重新再試一次，但這次，在你們給
　　　　對方回應之前，我要你們先說說你聽到他說
　　　　了什麼。你們可以瞭解我所說的嗎？

Diana：是的。

John：我想可以。我想要得到感謝。我希望你能讚
　　　美我的優點。我總覺得你在批評我，Diana。

Diana：（對著治療師）現在你是不是要我在回答他
　　　　之前，告訴他我聽到了什麼？

治療師：是的。

Diana：他說他要得到感謝（她突然停頓下來，就像
　　　　那個字卡在她的喉嚨裡，她清清喉嚨）。

治療師：請你對著 John 說。

John：（看起來很激動，而且有些氣憤）到底怎麼
　　　了？怎麼不能看著我說？

　　在這裡，是比較難從他們的字詞間辨識出在他們之
間逐漸升高的激動情緒。但他們看起來是更爲昂揚，而
且相當投入他們所要面對的工作上。

治療師：（對著 John）請你不要理會 Diana 的事。她
　　　　現在很盡力在做，等一下就輪到你了。

Diana：你是個很難讓人去給予讚美和感激的人。但
　　　　這是事實……我聽到你告訴我，你希望我能
　　　　讚美你的優點。

John：對，就是這樣。我需要你去看看我是如何盡
　　　　力在其他時候有試著去討好過你。或許那並
　　　　不是你要的方式，或許它也不算很浪漫，但
　　　　那卻是發自我對你的愛所做出來的討好。

　　說出來的話有被聽到打動了 John，他現在比較能夠
以他的感覺，甚至是熱情，來做出回應。

治療師：現在輪到你，John，告訴 Diana 她所告訴你
　　　　的話。對她說，不是對我。我會聽到的。

　　他們就這樣練習傾聽彼此好一段時間。雖然這對夫
妻現在比較能夠經由覺察而達到多一點的接觸，但他們
的能量仍未提升太多，因為他們仍未注視著或看到彼
此。他們各自仍是依照對方所說的話在做下一步的反
應，其中缺少了熱切的情感。

治療師：你們在傾聽彼此的部分做得很好，可是你們
　　　　並沒有看著彼此。你們還記得你們第一次相
　　　　遇的樣子嗎？你們那時候根本就沒辦法把目光

　　從彼此的身上移開？那時候是怎麼回事？現在我要你們試試看，靜靜地看著對方一段時間，然後輪流說說你看到了什麼。我不要一些像主編式的評論，而單純是你真正看到的。

John：第一眼我看到的是你的藍眼睛。當你這樣看著我的時候，我往往無法瞭解你內心的感覺，但我喜歡那樣的注視。

Diana：我喜歡你那雙看起來很浪漫的眼睛。它們是很夢幻的……還記得我們以前跳舞的時候，我們是如何注視著彼此的眼睛嗎？

John：嗯！是在芝加哥，大使旅館的Pump Room舞會嗎？是呀！我總會低頭看著你的乳溝。

治療師：可不可以告訴彼此，當你們持續這樣看著對方時，你的感覺？

Diana：懷舊的感覺——當我看著你時，你的臉變得比較柔和，我覺得和你在一起很溫暖、舒適。

（他們的臉開始變得柔和，就像跟對方一起進入了更深層的感覺。）

John：我真是個大傻瓜——我有機會去擁有全部的你，是我自己把它毀掉了！我就像個傻瓜一樣地流下淚來（他的眼睛充滿淚水）。我不知道我為什麼有時候就是這麼愚蠢。你要我在你生日那天做點特別的事，就像這趟到紐約的旅行。你希望可以單獨和我在一起，但我那時候並未放太多心思（Diana紅了眼眶，

　　她伸出手握住 John）。

　　治療師將時間拉長，好讓他們彼此有充分的時間去
思考和感受另一個人的問題，而且讓他們可以找到解決
的方向。他們倆都體驗到他們的能量把他們帶到更加瞭
解彼此的狀態。

　Diana：我無法告訴你，當你表現出你的感覺和脆弱
　　　　　時，那對我來說有多麼重要（Diana 微偏著
　　　　　頭，John 則是羞怯地看著地板）。

　　此時，進到了接觸階段。

　John：我要告訴你我們可以怎麼做。下個週末之
　　　　前，我會完成我在地鐵的計畫案，如果你可
　　　　以把下個週末空下來……我要為我們倆規劃
　　　　一個特別而驚喜的週末，我也會請保母來照
　　　　顧小孩。
　Diana：喔！親愛的，你是這麼的窩心。我們可以請
　　　　　Robin 過來幫忙。
　John：我會打電話給她，可以吧？
　Diana：太好了！

　　因為 John 和 Diana 已經發展出對彼此經驗全然的瞭
解，他們便可以自發地創造出能同時讓他們感到愉悅的

情境。你可以感覺到、也可以看到一個相互的擁有權和
關懷之情在他們之間滋長。他們是有連結的,他們做出
了接觸。

（他們兩人自發地轉向治療師,帶著微笑。）

治療師：當你們聽到了彼此所說的話,也瞭解到了對
　　　　方的需要後,你們倆覺得怎麼樣?

Diana：我不知道,是不是都會這樣,但看起來如果
　　　　我重複說出John要的是什麼,我似乎就比較
　　　　能把自己擺在一邊,而且能回應John。

John：對啊!我也是。

在簡短地一起檢視他們的體驗後,這對夫妻瞭解到
怎樣能幫助他們去做出接觸,而且就像在往後都可以重
複這個成功的經驗般地做出同樣的行為表現。他們這整
個歷程的解決階段,就隨著他們共同慶祝的感覺而來臨。

治療師：很好!當你們傾聽彼此,而且清楚是什麼事
　　　　情困擾著彼此,你們就可以很快速地解套、
　　　　不再卡住了。現在你們對彼此就可以很慷慨
　　　　大方了。

總而言之,所有的夫妻和家庭都以他們自己的風格
來走過循環階段。有些進展得很快、有些很緩慢、有些
會在某一個或其他的階段停留長一點的時間。受苦的家

庭往往會有其特定的方式和地方出現流動的干擾。一個
健康的歷程有其組織性、秩序性和清楚的形式，而一個
不健康的歷程通常是缺乏組織、失序的，而且沒有清楚
的形象。

　　在完全的循環中有重複成功的經驗，夫妻或家庭成
員便能因而發展出一種幸福、成長的感覺以及成就感。
這些重複的成功協助夫妻和家庭建立了充滿容易達成之
圖像的一個穩固的中間地帶（middle ground）[8]。完形的小
型系統理論便主張，這個穩固且持續擴展的中間地帶提
供了系統支持的力量，使其能持續地前進、發展。

　　理想的情況是，夫妻或家庭學習聚焦於互動的歷
程，去形成清楚而且是共同的圖像，然後一起去完成某
個情境。以下所列的特定結果，乃是跟一些在互動循環
各個階段中，處理抗拒所必需的技巧有關。

1. 在個人、次系統和完整的系統中的界限必須是清晰
   而有彈性的，如此才可能會有優雅的接觸。

2. 夫妻或家庭中的成員會接受個體之間的差異。他們
   會欣賞這些差異，而且能鼓勵彼此為自己所見、所
   感與所思做充分的表達。

3. 夫妻或家庭成員會學著互相鼓勵，表達對彼此的欣
   賞，並且以各種不同的滋養方式來互相支持。

4. 夫妻或家庭成員會欣賞他們自己的努力掙扎，而且
   也會對他人的掙扎努力感到悲憫。他們學會對彼此
   的尊重與忠誠。

5. 他們會學到要停駐於當下，在開始新的事務之前要

先能完成原先的互動，而且也能指認出歷程中所出現的干擾。

6. 他們會學到耐心，在生活變得困頓時，仍然可以保有力量；而在必要時，也能夠放下。

7. 他們會很真實地表示對彼此的感覺和看法的好奇心，當需要有創意的解決之道時，他們也可以是大膽的、有實驗性的，有時還會帶著好玩的心態。

進行婚姻與家庭治療時治療師的角色

在互動循環的背景下，完形治療師觀察著夫妻或家人之間的互動。而某一個特定的階段往往就會變成治療師的圖像，因為系統特別容易快速地走過那某個階段而毫無自覺，或者是因為該階段出現了為夫妻或家庭所未察覺到的抗拒和干擾。治療師介入處遇的目標，即在於提供夫妻或家庭對於他們是如何在互動的覺察：包含他們的優勢、他們已經做得不錯的地方和弱點，以及他們還需要學習的地方。

婚姻或家庭治療師的首要之務，便是在引發系統對它自己歷程的興趣和好奇心，教導夫妻或家庭成員去注意他們是如何在互動。然後治療師再去協助解除抗拒，而因此可以為失功能的系統重建有利的功能。

完形治療師企圖教導夫妻或家庭成員去關心它的互動歷程，而且努力去改善在互動循環中的移動方式。治療師是參與—觀察者，但重點仍是在觀察者的角色。

在觀察某個婚姻或家庭系統時，治療師運用互動的循環來確認該系統的歷程技巧，以及其干擾或抗拒。治療師也會使用他或她對於系統的反應，而這乃是現象場資料極為重要的一部分。

做為一位參與者，治療師架構了一個具有治療性的情境，讓夫妻或家庭成員可以彼此直接互動，而不是讓他們把焦點放在治療師身上。這樣的架構，讓治療師得以自然地觀察和評估這些當事人彼此的互動方式。然後治療師把他們的觀察和反應加以組織，以便選擇出一個介入要點，讓該夫妻或家庭對於歷程中的某些方面印象深刻，因而促使其更加明白其所處的境況為何。所以，治療師創造出新的覺察，開放了人們的視野，並且給予他們更多的選擇。

治療師會建議一些適當的實驗，以創造新的情境來讓夫妻或家庭成員學習新的行為、體驗新的感覺，並且獲得新的洞察[9]。如此一來，這些當事人就學會使用他們新的覺察力，在此時此地，同時有治療師在場做為教練與見證者。他們學會拓展他們的能力。只要新的學習是必要時，治療師便會在任何一個循環階段引進一些實驗。他們可能會指出系統在何處的界線變得太過「模糊」（融合或混淆了），或是太嚴密（緊密且無法滲透），而且會接著建議進行一些實驗，來修正在兩人之間或是在系統某些部分之間的互動情形。

治療師或許會說出對於呈現在眼前的光景，其個人的經驗是什麼，此時使用幻遊、隱喻和幻想，也是能提

供夫妻一個新的覺察、新的方式來看待他們的互動。治療師同時也會注意並且處理兩極化的情況，通常會使用實驗的方式，盡力去教導夫妻或家庭在所面臨的兩難情境中，各自潛藏著哪些有創意的可能性。

最後，完形治療師是扎實穩固而又有關懷的在場，他們肯定、欣賞並且讚嘆所有的掙扎努力、所有的力量——所有令人感動或動容的部分。治療師是有悲憫心的人，而這也為夫妻或家人自己的所作所為提供了具體的模範。

結語

乍聽之下似乎過於簡易，但如此說也不為過的話是，有效的治療乃是立基於有效的介入處遇。當然，一個有效的介入則端賴企圖（intended purpose）的有效性，即治療師的意圖。意圖的基礎是治療師對於當下的覺察，以及透過互動循環經驗中的觀察，所篩選出來的現象場資料。但是每個介入的意圖究竟為何？這答案就在於我們所抱持的理論和技術的「邏輯」，亦即是去指引和支持系統內的正向改變，而這些要能實現就得要在覺察上先有所改變，不論是個人或是全體（collectively）（因為這些用語早就被互相含括在任何系統之內）。因此，我們的改變理論是完全立基於覺察，而這在下一章會有更仔細的探究。

附註：這一章原本是由 Sonia Nevis 所撰寫，之後由我們
　　　倆共同再改寫而成；此文最初以實務性的文章形
　　　式，刊登於 1981 年 Cleveland 完形機構出版的期刊。

本章註解

1. 經驗的循環是由 Cleveland 機構所提出的，基本上它是「本能的循環」擴展後的說法，首見於 F. S. Perls (1969), *Ego, hunger, and aggression*（New York: Random House）. 這個後來就又變成 F. S. Perls, R. F. Hefferline, & P. Goodman (1951), *Gestalt therapy: Excitement and growth in the human personality*（New York: Julian Press）一書中所說的「創意的適應」，即前接觸—接觸—最後接觸—後接觸序列。其進一步的應用與闡述則見於 J. Zinker (1978), *Creative process in Gestalt therapy*（New York: Vintage Books）。這個循環是一種存在的歷程，其中蘊藏著系統的思維，此部分在本書的第三章有做說明。

2. 舉例而言，覺察本身是由其自身的能量所啟動的，即便思考所需要的能量是遠低於行動所需的能量，後者通常會牽涉到肌肉的運作。

3. 我在別處已有提過，「抗拒其實是治療師自己的體驗，當事人只是一個他自以為如是的個人；他所經驗到的是要好好地照料自己的部分。」〔J. Zinker (1978), *Creative process in Gestalt therapy* (New York: Vintage Books, p. 24)〕。對於抗拒的討論請參見本書第六章。

4. F. S. Perls, R. F. Hefferline, & P. Goodman (1951), *Gestalt therapy: Excitement and growth in the human personality* (New York: Julian Press, p. viii, original emphasis).

5. Goodman 曾經為覺察、意識、幻想、夢、希望，以及信心等現象做了有趣的區別：

　　　覺察是一種單純的此時此刻（presentness），在知覺上

和行動上。經驗，就 Aristotle 對於歸納性真理的立場而言，則是當下的記憶與習慣。意識是將當下設限於無聲的（subvocal）以及安全的知覺場，而且是對於精心（the deliberate）與延宕（the delaying）的一種精細的行動反應，其中並不包括行動式的強烈激情。希望，大部分是幻想，再加一點意識的成分；而信心則是在希望之中具有無限存在（unlimited present）的成分，並且以帶有企圖心、決心、信任（confidence）和冒險的一種堅定態度〔P. Goodman (1966), *Five Years* (New York: Brussel and Brussel, pp. 19-20, original emphasis)〕。

6. 本書的第八章與第九章對於婚姻與家庭系統的介入處遇有更詳細的介紹。

7. 接觸，在完形理論中──如 Wheeler（1991）在其書 *Gestalt reconsidered: A new approach to contact and resistance*（New York: Gardner Press）所言──最早的概念是有點令人困惑且有些矛盾之處。接觸在 F. S. Perls, R. F. Hefferline, & P. Goodman (1951), *Gestalt therapy: Excitement and growth in the human personality*（New York: Julian Press）有不同的定義。(1)有機體與環境的接觸界線上的覺察以及朝創意的解決和同化／拒絕前進的行動，(2)一種有察覺的反應，以及(3) 有機體／環境之圖像形成的歷程。

8. 對於中間地帶以及其相對的概念，互補性，都會在第八章有更詳細的描述。讀者也可以參見 J. Zinker, *"Complementarity and the middle ground in couples," Gestalt Journal*, *6*(2), 13-27.

9. 對於實驗的創意運用可參考 J. Zinker (1978), *Creative process in Gestalt therapy* (New York: Vintage Books)。

覺察和改變

你可能無法在同樣的河流裡留下兩次足跡,對於其他或是任何的水流來說,它永遠是流動的。

——Heraclitus

　　生活事件的起伏衝擊著夫妻或家庭,而且會帶來改變。子女出生了、長大又離家;子女結婚和父母親再婚;生病或死亡都會發生;孫子女出生;失去工作或找到新的工作等。新的訊息不斷地在家庭內流動,如來自學校、新聞報紙、電視、書籍、新朋友,或某個剛造訪過的地方。一個健康的婚姻或家庭是隨時在變化當中的。

　　如果夫妻或是家庭所具備的技巧不足以將這些改變同化,或是家庭內的歷程是固著而沒有彈性的,那麼這樣的夫妻或家庭成員,無論是個人或整個系統本身,就會出現麻煩。他們會變得焦慮(能量由覺察中分離),

或會行為不當（行為無法與需求有所連結），或者會開始出現生理症狀（能量被阻斷了）。這樣的夫妻或家庭經常會來尋求幫助，或是被轉介以獲得協助。

在婚姻和家庭治療中，健康的改變是可以發生的，只要參與的成員對於其互動的歷程感到興趣，只要他們願意投入並且努力地做覺察，還有只要他們能做些事來化解朝健康的改變之路上的抗拒與阻礙。

決定論和理想主義

心理分析和心理治療的歷史源流，主要是立基於成長的概念以及透過覺察而產生的改變。也就是說，把未覺察的部分變得明朗，如此改變就有可能發生。覺察提供了做選擇的機會，而缺乏覺察就是無知、盲目地行動，而非出自意識的選擇。有機會帶著覺察來做出選擇，就是哲學家們所說的自由意志（free will）[1]。

我明白這樣的觀念：覺察和選擇可以改變我們的生活、我們的命運，是太過於樂觀的看法；但是我仍主張：理想的生活是來自於選擇，而這又是因為有深刻的覺察才變得可能。我有如下的假設：當人們知道了而且也察覺到自己和他人的需求時，他們就會盡可能地為自己、也為婚姻和家庭中的其他成員，做出最有利於彼此的選擇。

為選擇而做深度的覺察、意識的拓展，以及共存的責任，這些富含了哲學的意義；但它不是只有為完形治

療所強調而已，對所有的心理動力治療來說亦是如此。

　　如果說有因就有果，那麼是否所有的改變都是可以預測的？如果是的話，那我們需要做的就只是去找出對於某個現象的所有決定性因素，然後去影響那個現象就好了。我要提醒的是，在某個系統內，有些次系統的前置因素早已存在，但是在每個可能的互動組成中，各個次系統是否可能爲彼此帶來改變呢？爲了在人類系統中製造可靠的預測，這世界一直是以非常簡單而且線性的思維方式在被建構著[2]。

　　圖5.1呈現的是真正的系統，尤其是開放的系統，看起來是什麼樣子。因爲在經驗的場域內存在著巨大的複雜性，因和果只能是被有意指派（arbitrarily assigned）的結果。系統本身其實並不含有簡單的因—果特性，也不可能被化約爲行爲改變的決定論模式[3]。一個忽略覺察以及抗拒覺察的改變的決定論模式，看起來就像圖 5.2所描述的樣子。有些治療師——例如，行爲主義者——只提供改變，但卻忽略了要給予當事人選擇的這份職責。當事人或當事人系統要做出改變，但卻沒有主動參與如何做出改變的歷程。當治療師用直接排除抗拒的方式來避開覺察，他們就不會爲某個實驗去徵求當事人的同意，他們只是簡單地告訴當事人去做一些將會導致有更適應行爲的事情。在治療過程中迴避覺察的情況就是，當事人的潛意識狀態直接被說出來，或者是在遇到某個特定刺激時被指示去做一些事。催眠之後的暗示語也是如此：「下次你看見你的母親，如果她給了一些建

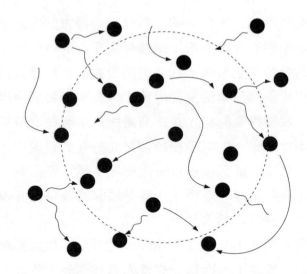

圖 5.1　典型的開放系統

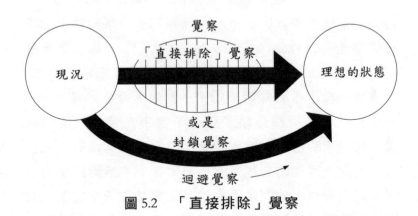

圖 5.2　「直接排除」覺察

議，那你就會感謝她，然後繼續做一些你覺得可行的事
情。待會兒你醒過來之後，你不再會去想或擔心這些事
情，而這些也只有在你跟你母親談話的時候才會發生。」

　　另一種沒有致力於幫助系統覺察的方式就是去消除掉原先存在的覺察，就好像是把它丟進溶劑裡頭，然後一下子就會變成所希望的覺察狀態。這個模式就像圖 5.3 所呈現的樣子。在這裡我們看到的一種技巧是，透過使用矛盾式的詮釋（paradoxical explanations）、說故事、特意地「假裝瘋掉」（crazy-making），或是令人迷惑的介入方法，來讓覺察「鬆動」（loosened），迫使當事人系統再次重新地檢驗他自己，然後以一個新奇的觀點或參考架構來看待自己；如此一來，就會達到覺察的理想狀態[4]。覺察被當成是達到目的的工具，其本身並不是治療的目標。這樣的焦點乃是在結果，而不是在於覺察自身。為了要以快速有效的行動達致理想的狀態目標，關於覺察的障礙或者想要理解一些事情的掙扎努力，就被忽視掉了。

　　人們通常在不知道為什麼的情形下做出改變。他們或許會覺得很滿意，但卻是無知的。當既定的程序一再地被重複，那些不被認可的行為通常會消失。我並不是

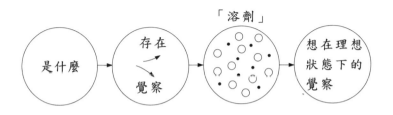

圖 5.3　覺察的消解（覺察度達致目的之手段）

在低估要幫助處於困境的當事人移除其痛苦徵狀的重要性。Milton Erickson 就曾描述過一個關於醫學院學生及其新婚太太的案例，他們兩人都有遺尿症[5]。他用了一個非常簡單而又巧妙的建議和矛盾技巧[6]，而這對夫婦就不再尿床了。我們會把這樣的方式視為解除減輕壓力的過渡權宜之計，之後是要伴隨著個別或婚姻治療，來提升這對夫妻的覺察力[7]。

此時此地的現象論

決定論可以成功地引發功能性的改變，但卻無法達致有意義的改變，究其原因乃是因為他們是立基於因果關係的歷史背景，而不是基於發生在眼前的「現況」（what is）為何。多年前在哈佛的一場演講，詩人 e. e. cummings 對他的聽眾如是說：

> 你們對於處在此時此地，或獨處，或是你自己，並沒有最小或最微弱的概念。為什麼（你們會問）任何一個人應該要在這裡，如果（只要簡單地按個按鈕）每個人可以同時在其他五十個地方出現的話？如果每個人可以扭轉按鈕就可以到自己所創造出來的地方去，那麼每個人現在會想要成為怎樣的人？……至於做你自己——在這地球上為什麼你是你自己，尤其是當你可以變成為其他一百個，或一千個，或是

上萬個的任何一個人的時候？如果在一個自我
是可以互換改變的新世代中，要做自己的想法
一定會變得極為荒謬、可笑……但是只要記得
一件事：這就是你，而不是別人——只有你才
能決定你自己的命運和結局。沒有其他任何人
可以替你活著，而你也無法代其他人而活。[8]

　　這個專有名詞「現象學」所指的是，個人所經驗到
的精神生理歷程乃是其獨特所有的；而加上此時此地的
特點，則賦予個人的現象一種存在的立即性。這些持續
性的現象（而且更多）建構了個人的世界。當人們死
亡，我們假定他們的覺察就完全終止，他們整個世界就
永遠結束了；而且以現象學的觀點來看，這個世界也就
到了盡頭。
　　現下，「此時此地」的用語幾乎已經成為一種陳腔
濫調。它曾經被曲解為去抓取出另外一個人的立即性覺
察，宛如其他人總是經驗到選擇要去分享他或她自己一
般。它也曾變成是用幾個形容詞就能把感覺榨取、呈現
出來的意思。Carl Rogers在很久前曾指出，現象學的世界
是一個被體驗到的世界[9]。那也就是說，我是我在這個
瞬間所經驗到自己是什麼；如果你問我現在的感覺如
何，而我說「沒什麼」（nothing），那你可以很確定地
認為：在這個瞬間裡我所處的世界裡是「沒什麼」的，
內在的我是覺得「沒什麼」，而且我在我內部所經驗到
的，可以解釋為在我跟你的溝通之中存有一個叫「沒什

麼」的價值。然而結果是，有些治療師或是團體領導者
總是專制地強迫他們再多說一點，就好像是當事人根本
沒有回答我們的問題一樣；他們所做的並不是尊重地瞭
解別人所經驗到的「沒什麼」。

經驗到此時此地乃是始於感知或覺知（sensation）。
在有機體小小的腦皮質層裡，感知每一個片刻的功能是
很原始的，因為其認知的歷程並無法用概念的方式被加
以詳盡地描述。而人類則不然。其知覺的經驗通常是被
自動化地命名出來，接著在認知的層次被加以描繪，並
且被修飾美化：「我看見一個亮亮的東西，那是一道黃
色的光，它的光線直接由下，再往上地從一個桌燈射
出，這個桌燈的燈座形狀很像是年節才有的威士忌酒
瓶。這檯燈被一片不太白的紙片遮著，我不喜歡它，很
想把它拿掉……等等。」

一般而言，我們忘記了我們所使用的語言中常存有
感覺的（sensory）字根，而且我們的語詞常是來自於具
體的事物。我們經常把語詞當做是最主要的經驗。這種
對於抽象語言賣弄式的操控，把我們從一個個人的真實
狀態所帶來的立即影響給排除和帶開了 [10]。而在愈來愈
自動化的世界中要進行直接的感覺接觸是很困難的，因
為我們會不斷地受無所不在的這種二手的認知喧囂所干
擾，而變得屈從、消極。

現象場的事實通常只是暫時存於當下。即便是用最
為深刻和清楚的覺察、記憶和預期的形式來說，要去體
驗活在昨天或是明天的生活，根本是不可能的。我們都

只是短暫地停駐於這個正在進行的瞬間而已。昨天的一些影像乃是被現在（nowness）所渲染而成——它們就像是黏貼在相簿中的明信片，也像是在每個人腦中的視聽文獻收藏館：僅是一種「彷彿、依稀」（about-nesses）罷了。我們生命中的當時（whens）是缺乏生氣與活力的，尤其是在我們試圖用語言去形容它的時候。我們可以為許多的當時注入生命，透過宛如它們正在發生的方式，在當下把它們重演出來。過往的回憶可以顯得栩栩如生，只要我們讓它復活或是把它帶到此時此刻。我們也可以用同樣的方式來讓某個幻想，或夢想，或是一個期待活起來。但是要注意的是，這些重演會成為目前的事件，而不應跟真實發生的事件或可能會發生的事件搞混了。這些重演在我們自己身上有著不可分離的關係。

　　現象場的事實往往就存在於此時此地的空間。我們所說「此地」的範圍乃是取決於現象的空間，也就是知覺的範圍以及可以擴充這些知覺的工具。在真實的經驗裡，我們允許事情被感知到，而且以具有互相影響的方式進入到我們存在的空間。假如我們是清楚地跟存在於空間的某個事物做接觸，那麼在這個人和該物體之間的距離就會在現象場上被縮小了；亦即在經驗上，這物體就在我們的身旁一般。我們和這個覺知相會的動力點就被稱為「接觸界線」（contact boundary）。而一旦某個物體被感覺帶有負向的能量時，我們便可能在空間上將其推開，而且在視覺上跟著變成：「我們之間是有距離的。」

　　因此，在現象場上的此時此地，代表了在這個時間

和地方的當下，一種非常個人的覺知經驗。

　　每個人所體驗到的真實是件私密的事。沒有人可以
爲我們體驗我們內在的生命。一些敏銳的人跟我們相處
的時候，也許可以表達出他們所體驗到的，而這些體驗
的表達很可能會碰觸到我們內在深處的一些感覺；但是
假如他們要對我行爲底下「真實的」意義做出解釋，那
麼我們在這個當下所具體顯現出來的純然經驗，就因而
喪失了。在這裡所強調的重點是，我們都是不同的個
體，我們都各自擁有與眾不同的自己現象場生命。因
此，所經驗到的此時此地並非是存在於一個真空狀態，
而是由一個自體（self）、一個人、一個我所擁有的。

　　**我所經驗到的內容對我而言是一份非常真實有效的
資料，正如對他或她而言，其所經驗到的亦然**。這裡並
沒有所謂「好的」或「不好的」體驗現象；事物就「僅
是如其所是」（just are）。

　　在描繪出我對於現象學的真實（phenomenological
reality）的概念之後，我就要來呈現我的互動覺察的現象
學模式，它是需要能量以及在這樣的現實範圍內的行動
才會發生的。

覺察、能量與行動

　　何謂覺察？覺察是如何發生的？它又是如何發展
的？「全然的覺察」如何帶出改變？改變究竟是橫向
的、直線性的，又或者它多少算是三次元立體式的？

Freud的覺察模式就像是部分浸沒於海面下的冰山（參看圖5.4）。這個模式強調出一些有關覺察的重要假設：我們的生活大都是在沒有覺察的狀態，覺察可能是三次元的狀態，它是一直在運轉中，以及我們必須要處理我們對於明瞭的抗拒。他的模式並沒有明白地描述，覺察是否會擴展或縮小，它可能會變得更爲複雜以及／或更加純粹而層次分明[11]。覺察無疑地絕不是線性的發展狀態，就如圖5.5所示。

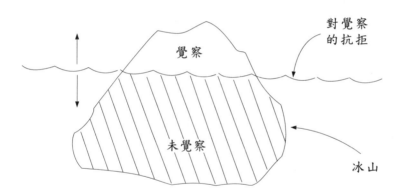

圖 5.4　Freud 的覺察模式

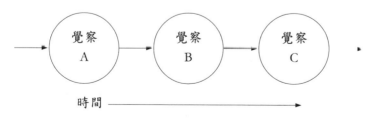

圖 5.5　覺察的線性模式

　　覺察是在一種持續性的動力狀態：它組織不同的刺激，形成一個最明確的焦點（圖像的形成），構築成為能量和行動（接觸），解散它自己（消退），以及接著再搜尋下一組刺激。這個過程的進行必須要再加倍相乘多次，因為我們很能夠同時去組織數個經驗，而一旦我們掌握聚焦一些東西，我們同時也要放棄其他的東西（圖 5.6）。

　　這個模式看起來像兩個平行排列的洋蔥，彼此的莖和根還互相連接著。這個洋蔥的概念是頗為適當的，由於洋蔥由中央到表皮是層級式的排列，意味著豐饒的成長是隨時間累積而成的。而當原本豐富且具分析性的基礎變窄了，那就代表想法變得純粹、有焦點和整合性──此時就準備有所行動了。

　　覺察會縮小，也會擴展。其結構圖看起來是由複雜且各式各樣的帶狀所組成，然後又變成突然緊縮而較純淨的樣子，潛在的行動很可能會從中孕育而出。接著擴展又隨淨化而出現，我們組織經驗、行動等等，這個過程就是在這樣的韻律節奏下進行著。

　　如果覺察是薄弱的，在深度與變化上是受限的，是單方面且是單調的，那麼此時做出的行動就會無法確定、奇怪，而且是不夠斷然的。行為就會是來回搖擺或曖昧不明的，就好像是一個小孩感覺到有強烈的衝動，但又不確定可以做什麼，於是就兩腳輪流動個不停以稍稍緩和不安的感覺。同樣地，如果夫妻或家庭成員並沒有盡力去傾聽彼此的想法，還有他們所在意事情的感

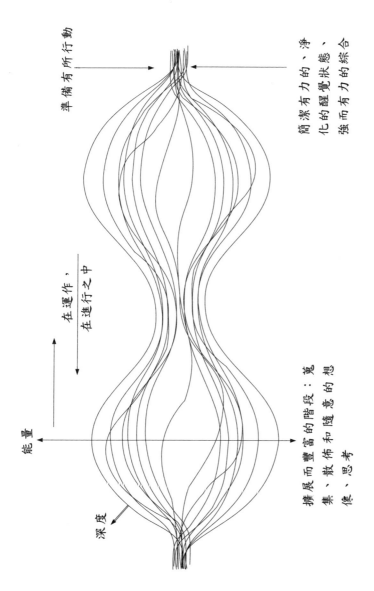

準備有所行動

簡潔有力的、淨
化的醒覺狀態、
強而有力的綜合

在運作，
在進行之中

能量

擴展而豐富的階段：蒐
集、散佈和隨意的想
像、思考

深度

圖 5.6　覺察的動力狀態

覺，而且此時又沒有產生出足夠的共同覺察，那麼帶進系統內或自系統所散發出來的行動都會是無力的。這些行動無法得到整個家庭的全部支持，它們也無法好好地被執行，而且也只有一點點的愉悅或熱情。

當系統的覺察是淺薄的，而且不是所有的部分都投入時，團體的能量就會顯得微弱，而其中某些成員就會承擔比他們自己所該分擔的還要多，好讓一些事情可以發生。舉例來說，有些人推動並且做得非常認真，其他人則拖拖拉拉、一再抱怨，其行動是帶來干擾而且也不合作。整體的影響就是這樣的夫妻或家庭成員並無法感受到什麼愉悅感，他們難以做出決定，而且可說是一個差勁的工作單位。系統內覺察無法全然地發展時，就會出現一種骨牌效應。淺薄的覺察並無法帶出足夠的能量，來完成所賦予的任務。而能量之所以是薄弱的，乃是覺察並未充分地被豐富起來。而行動力也是無力的，因為並沒有足夠的能量投注其中而使其前進。

假如覺察是暢通無阻的，那麼它就會隨時改變。在心理治療中，見證這個歷程可以協助當事人完整且清楚地說出他們在此時的覺察（回饋）。他們接收到這樣的訊息：「你對你自己和這個世界的覺察，是好的而且是有用的。這樣對你很有用處，它協助你生存並且往前進。」如此當事人學到了：「我的想法和感覺是有效力的，我這個有機體協助我瞭解了我的世界，並且把我的經驗加以組織，讓它變成許多有意義的單位。我覺得有能力而且很好。」當事人可以持續檢視他們的生活，清

楚地說出他們所瞭解到的事物。一旦他們瞭解自己，就
會馬上開始對接下來會發生什麼感到好奇，就好像是他
們讀完一本好書的某一個章節，就會很急切地想翻到下
一頁，看看接下來的故事情節一樣（圖5.7）。

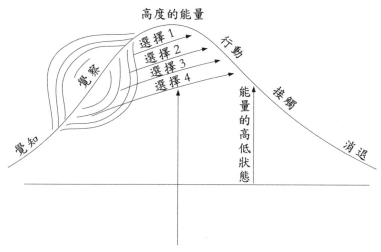

擴展的覺察形成了較廣闊的地帶，其中對於某一個行動會
充滿許多選擇性。夫妻或家庭可以自由地做出他們認為對
的事。他們的行動是較有力量、清楚、更為堅決、更為扎
實，且更為持久。其中有充裕的能量去支持系統的行動

圖 5.7　以覺察為焦點的經驗循環

John 和 Nelly Mathienson：
同時且同步地得到覺察

　　年輕的 John 和 Nelly Mathienson 夫婦總是質疑傳統對
於性的信念和價值觀點。John 的父母是來自於傳統愛爾
蘭的天主教徒，他常常掙扎於因手淫所衍生的罪惡感，
也氣憤學校的修女常灌輸他們有關「射精」是邪惡的、
骯髒的行為。Nelly 則來自於新英格蘭無神論的家庭，他
們並不太在意做愛的方式。

　　John 一旦意識到在做被禁止的事時就會收回他的熱
情，而 Nelly 則是比較會反應出他們定期做愛後的感覺。
「所以，我今晚沒有高潮」，她會告訴她正為此煩惱的
年輕丈夫說，「這也沒有什麼大不了的。」可是 John 知
道，在反覆的性愛過程中沒有得到性高潮，讓 Nelly 覺得
意興闌珊；而且她在達到感覺高峰的時候，她的高潮會
打開她的肌膚、她的毛孔、她的喉嚨以及她的靈魂深
處。而且在那樣的時候，她就變得熱力四射。

　　John 和 Nelly 花時間去討論這個性喚醒的議題，他們
發覺在 John 真正要和 Nelly 做愛之前，他就會開始花幾小
時甚至幾天的時間在做一些性幻想。Nelly 對 John 的分享
感到有趣且吸引人，她要求 John 在第一時間出現遐想的
時候就跟她分享。跟她丈夫不同的是，Nelly 之前並不會
有什麼性幻想，通常是她的丈夫開始撫摸她時才會出

現。John 開始向他的太太報告他的性慾、遐思，偶爾也會打電話到她工作的地方，悄聲地告訴她，他是如何地想她。這樣的對談挑逗著 Nelly 內心的興奮，而且直到他們結束工作回到家中，這些刺激和興奮感還一直逗留在她的腦海和身體裡面。

　　幾個星期之後，換成 Nelly 打電話給 John 說，她幾乎可以「聞到你臂彎裡充滿男性的氣息」。這樣的性能量在他們之間擴大，而且他們也試驗性地使用一些暗語來讓對方知道想和他（她）做愛。通常他們在靠近彼此之前會等個幾個星期，而在這些時間裡，就算只是互相碰觸，他們就已經覺得幸福無比。

　　他們發覺到，不僅是他們一起進行的對話、想像和幻想可以喚醒刺激他們彼此，而且他們一起體驗了多采多姿的感官能量，這些都讓他們在性愛之後淋漓盡致而且非常滿足。通常，一方顯得切合另一方所期待的，以新奇的方式來碰觸另一方。Nelly 不再需要對 John 給予英雄式的保證，「你不用太在意勃起（coming）這件事了！」而 John 也不用覺得自己像個「猥褻的男孩」，而能夠去體驗他興奮時的能量，並且和 Nelly 一起獲得滿足。

　　在一開始的時候，這對夫妻很有可能陷入一種刻板關係的危機——一位遲疑的先生想接近一位不太情願的太太，後者會出自善意和義務而配合丈夫，但卻沒有太多的歡娛感。對於彼此性幻想愈來愈多的覺察，造成他們互相強烈的期待和興奮感。他們兩人一起發現到同時結合性趣與原始慾望能量的藝術；而且也找到了，不論

在床上或任何地方，各種取悅對方的方法。

矛盾（paradox）和改變

　　Beisser 在 1970 年所寫的關於改變一文中，他將改變的矛盾理論（paradoxical theory of change）定義爲：「改變乃發生在一個人成爲他原來自己是怎樣的人之時，而非在他企圖成爲他所不是的那一種人。」[12] Edwin Nevis 也定義了治療師在改變過程中的角色：「改變並不是透過個體或其他人的強制企圖來改造他自己，唯有當個人願意花時間並且努力去成爲如其所是（what he is）的時候——即全心投入於他目前的處境，改變才會發生。透過拒絕掉改變代理人（change agent）的角色，我們才可能做出有意義且具層次的改變。」[13] 當我們說我們看見夫妻或家庭的「所是」（what is）時，它指的是什麼意思呢？我們給予夫妻或家庭一個機會去檢視他們所經驗到的、所做過的、所採取的行動、所感受到且表達出來的情感，還有那些一直被隱藏壓抑的部分 [14]。在檢視他們自己時，我們鼓勵夫妻或家庭去看看並且去體驗他們的長處，以及他們發現到的有用之處與創造力。通常夫妻和家庭成員無法看到在他們目前的處境上有何長處和能力。他們眼前所見的常是因困境所帶來的不安。

　　一旦夫妻或家庭成員可以開始去體驗他們就算在困境中也有的能力和創造力，他們就經驗到了之前一直未被覺察到的肯定感和尊嚴。如此，這就又給了他們勇氣

去看清楚在他們的系統中所遺漏的部分，亦即他們在另一方面的力量。然後他們就能說出：「我們在這部分做得很好，但我們付出很大的代價。或許我們可以試著用另外的方式，這樣我們才不會跟以前一樣感到孤單或是被孤立。」邁向更全然的「所是」，讓這趟旅程能持續進展到更為理想和適應較為良好的婚姻或家庭生活。

矛盾的是當夫妻或家庭愈能經驗到它是什麼，以及它是如何進行的（而非它「應該」是怎樣），那就更有可能朝更好的生活，或是更滿意的方式生活在一起（圖5.8）。從另一方面來說，家庭愈被迫去改變其思考和行事的方式，就愈會引起其抗拒去做出改變。接納「所是」乃是我在治療處境的基石。身為治療師，我們在好奇和覺察的層面將自己置入於某對夫妻或某個家庭的生活之中。我們試著去激發他們對於他們是怎樣的、是怎樣發揮功用的、什麼對他們來說是重要的好奇心。一旦他們可以看著彼此，開始去檢視他們是什麼的時候——在此刻，他們即進入了改變的過程。他們共同的覺察程度也跟著改變了。更大而豐富的覺察帶給他們更多的選擇，且因此有更好的機會去過更好的生活。

覺察和抗拒

改變常是讓人覺得不愉快的。一個人的自我概念或是對其家庭的構念往往跟自我（ego）息息相關而且是根深柢固的：「我是這樣的一個人」，或是「我們是很親

…

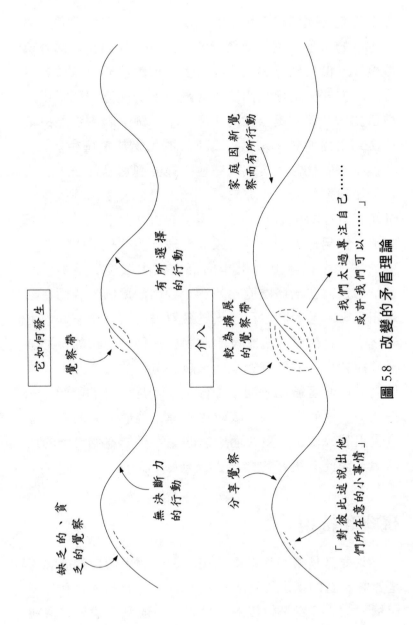

圖 5.8　改變的矛盾理論

密的家庭」，這些乃是歷經長期而被建立起來，而且有著發展上深刻的理由才被建構出來的。對於一個家庭或配偶的自我形象，乃是從初始彼此的相遇，與祖父母、父母和社區的相遇所演化發展而來的。

Madiar 一家人：
對於改變中的界線有所覺察

　　被孤立在工業和社會貧窮城市中的某個住區，Madiar 一家人目睹了他們的鄰居被討債者、社工人員和地方警察強行闖入。祖父母來自於歐洲，即使在美國已生活了好幾年，他們仍說著家鄉的方言，為自己的自給自足、努力工作，以及為了維持家庭的完整性，而拒絕其他人的幫助，感到自豪。父母──Gregor 和 Dotty──經常用匈牙利語交談以便維持他們的隱私，而兩個小孩也學到了在學校裡絕不對外提到家庭裡的私事。

　　Gregor 是個勞工，Dotty 則是位家庭主婦。他們常對於家庭的貧窮和身為父親但卻定期發作的酗酒行為而感到羞恥。他把自己酗酒的行為當做是秘密，而母親為了保護他而對小孩說──至少是在小孩還小的時候──因為父親生病了。這兩名青少年子女──Mike 和 Theresa，常要負擔很重的家務工作，如花許多時間刷洗地板、更換床單、吸塵、協助購物，以及飯後清理等。學校的作業常要拖到很晚的時候才能進行。他們都是「乖孩子」。

　　因爲家裡充滿著秘密，Mike學會不告訴家人他在學校發生的任何事。有一次母親發現他參加冰棍球隊，她在晚飯的時間將這件事告訴了父親，Mike在那晚就受到處罰。父親在責打完Mike之後會說，「我會這樣做，是因爲我不想你變得跟那些Mairowitsky的男孩一樣。」

　　家庭的牽制帶給他們一種處於安全堡壘的感覺。其他小孩很少被允許來找Mike和Theresa，而即使他們從未停止抱怨覺得被隔絕了，他們仍是用他們的父母是「這條街上最好的父母」這樣的信念來安慰自己。

　　這是他們所界定的好家庭──許多年來，由他們最能覺察到的自己所支持的一個構念。雖然在早期的處境中，這樣的「緊密」對於Madiar一家很有幫助，但是隨著生活變得比較好過，他們成爲了中產階級，而彼此對待的方式卻一直沒有改變。他們持續對外在的世界保持警戒，且習於彼此依賴、共生。他們現在的街坊鄰居是比較安全、和善的，父親當上了工廠的主管，而母親也有新的休閒活動。Mike和Theresa即將成爲高中生。然而舊有的主張「要緊靠著堡壘」仍持續保持著，儘管事實證明這主張是陳腐的、不適用的。對於可能增添更多趣味和多樣性的生活仍被他們所忽略。「緊密」的持續就有如傷口爲了避免感染而自行封閉一般，儘管它適應的目的已經過時了。這樣的情況就很像所有的家人都很努力地要把自己擠進同一件夾克裡一樣，即便事實上他們每個人早就已經各自擁有一個夠大的衣櫥。

　　當治療師質問或說明系統建構它自己的意義時，健康的抗拒就隨即出現了：「難道你們沒有看見這種緊密並不完全是那種要在一起，而是……」用這種方式來抨擊問題，或是診斷和解釋它，就很容易啓動家庭要去努力地抗辯和防衛這個就他們來看是一直有助於他們的特殊方式；儘管付出很多代價，這個方式在多年以來卻是最好的行動選擇。這個家庭的反應只是要去保護它的完整性。基於病理詮釋的介入方式會刺激並且啓動家庭的抗拒。家庭看到這就是他們的樣子，因此覺得受到威脅或被輕視，自然就會對所知覺到的侮辱進行抗爭和防衛。治療師努力要催促他們對於系統的新覺察，就會遇到頑強的沉默和看似尊敬的點頭反應，但其中卻沒有熱情的感激。

　　爲什麼沒有？其中到底少了些什麼？畢竟這個家庭前來尋求協助，而治療師也提供了看似有用的解決方法。但是，這個家庭並沒有被給予機會以一種可以欣賞他們自己調適的智慧、他們長期以來運用自己富創意的努力來面對困境，來檢視他們自己——在那種困難之下，使得「緊密」成了最重要的生存法則，那是一個有凝聚力、活生生的，且具有功能的單位。

　　完形的婚姻與家庭治療師，首先會給予系統機會，帶著尊敬和尊嚴，去看看他們在一起生活這種方式的本質與特性；同時也給予足夠的空間，好讓成員探索他們對於緊密的體驗，看看他們自己是個有能力的人，並且讓他們察覺到他們的稟性是良善的。唯有當家庭共同的

覺察開始顯露或展開來時，他們才會感到夠自在去質問他們自己較爲困難且較具挑撥性的問題：「我們到底做了什麼——或是沒有做到什麼——讓我們陷入這樣混亂的局面？」「爲什麼我們的緊密沒辦法讓我們更和睦相處？」「我們如何可以找到我們自己的解決之道？」

這種對於改變的推動力、能量和好奇心，必須來自於家庭。當治療師要求系統裡的成員去彼此談一談他們都很關切的話題，這樣的能量就會被激發出來。在此時此地談話的經驗，讓成員比較能在支持他們的見證者的陪同下，開始做自我的檢視。當這樣的問題「什麼是你們大家所最重視的？」被提出來，而治療師也篩選出許多「緊密是最重要」的回應後，Madiar這一家就豎起他們的耳朵，開始用心地傾聽。完形治療師在一開始或許可以做下列的介入：

治療師：我注意到你們對著彼此說話的時候，每個人都會說一些你們認為對方會怎麼想的看法。你們互相問了許多問題，而其中一人若表示不太贊同時，你們看起來就像自己受了傷一樣。對你們來說，有一致的看法是很重要的，可以使大家相挺在一起。我能夠瞭解在遇到困難的時候，這種一家人的感覺可以讓你們更加堅強。你們真的很善於把彼此緊緊地拉在一起。

　　這是一個在家庭的覺察層次工作並且支持「所是」的例子——支持這個家庭對於它自己的覺察。用這樣來回應家庭，每個人都鬆了一口氣，每個人都感到他們一直以來所因應的方式被肯定了，每個人也都覺得被接受、看見、尊重、欣賞和瞭解。

　　治療師因支持 Madiar 一家真實的樣貌，接觸到這個家庭之前看自己時所未覺察到的核心議題，並且將它帶入覺察狀態，而獲得滿意的回應。不論它所呈現的是怎樣的毫無組織或失功能，在每一個婚姻或家庭中仍然有真正的能力和優點存在。

　　家庭成員開始去體驗這種特殊的關注，並且對治療師感到敬重，他們信任這位臨床工作者的初始觀點及其所支持的家庭歷程。他們也感到被鼓勵帶著興趣和好奇來繼續探索彼此。治療師已經「勾住」他們了。那麼抗拒怎麼了呢？Madiar 一家人沒有什麼好去抗拒的。他們經由治療師對於現象場域的觀察，聽到了他們自己隱藏的心聲被揭露出來。他們覺得被讚賞，也被瞭解。而治療師只是描述了是什麼、所呈現的是什麼，並且用簡單的語言說出來，讓當事人的系統能夠有新的理解。治療師是和系統歷程一起移動，而不是催促對抗它。放棄了做改變代理人的角色，治療師僅是當個慈悲的見證者，投注心力去觀察和瞭解Madiar這一家彼此在一起的方式。治療師跟著家庭一起「滑行」（glides），而不是飛進風裡。

　　一般說來，假如 Madiar 感到有外來者企圖要接近他

們，尤其是以他們發展的歷史和他們結合式地自成一體的方式，或許他們會退縮保留，而用一貫的尊重式的感謝或沉默來對待陌生人。在這個案例裡，抗拒的情況是很少發生的，因為治療師讓 Madiar 一家體驗到支持、肯定的感覺；治療師能夠瞭解他們如此堅定而很有道理的努力，乃是要「維護其家族的傳承」。治療師在美學上（aesthetically），並未說出什麼觸犯或威脅到他們的話。

這只有在稍後的晤談期間（或是在同一次晤談稍晚的時候），治療師才可以提出鼓勵，讓 Madiar 一家看看事情的另外一面，即他們緊密的另外一面：「你們每個人付出了什麼——為了每次所有的人或是大家都要贊同彼此、且緊密相連在一起，付出了什麼樣的代價？是不是有代價？」提升覺察代表著我們不僅看看發生了什麼，同時也要看看有什麼是沒有發生的；不僅是注意到「所是」，還包括「所非」。

這位父親看起來並沒有聽到治療師的問題，而且會要求再說一次。治療師再將問題說一次，之後有一段不安的沉默，然後 Theresa 大膽地做出回應。

> Theresa：我不能去 Mary 她家（斜睨著、偷偷地看著她的父母）。
>
> Mike：媽媽，為什麼我在幫你做完家事後，我還必須要留在廚房？

如此之後，由治療師處得到了鼓勵和支持，Madiar

一家開始自己提出一些關於他們的緊密是缺乏遠見之類的困難問題。治療師此時要避免兩極化，要非常謹慎地同時支持孩子和父母。

治療師：聽起來，為了要互相關照彼此，這會讓你們在跟家人以外的人在一起時少了許多樂趣。是這樣嗎？還是我聽錯了？（為了給他們機會去對抗，治療師再加上此問）或許是我看錯了。

Gregor：我有一次曾經和 Dotty 一起出去看電影，若孩子們要一起來也可以。

Dotty：（提高微小音量）我總是擔心 Theresa 會和鄰近行為不良的孩子混在一起而變壞。

一旦遭逢抗拒，那意味著這個家庭需要更多時間去同化新的覺察，而且在挑戰他們的構念和繼續前進之前，需要給予更多的支持。感覺到他們對於支持的需要，同時也辨識出青春期子女和父母的需要兩者之間微妙的平衡，治療師做出了回應：

治療師：我很清楚知道，你們是很好的父母。你們真的很關心孩子們的福祉。但是，以另一個角度來說，Theresa 和 Mike 也同樣有兩難的情形。他們怎麼樣才能夠也在外面遇到好的孩子？他們已經到了社交接觸對他們來說是很

重要的年齡了。

到目前為止，雙方都得到認可，而介入也是平衡的。因此治療師繼續：

治療師：再對彼此多說一些。試著想出辦法來，你們
　　　　如何可以一直留意著彼此，同時，也讓彼此
　　　　都能稍稍走出這個家庭一點點。

非常簡單，我們的方法隱含了乍看似是簡單、但又非常有力量的三步驟介入公式；而且也在上述跟 Madiar 家庭的晤談中略做了示範。這個公式還會在接下來的章節中重複展現。我現在扼要地重述在我的治療策略所使用的「什麼、如何，以及為什麼」。

1. 治療師從鼓勵家庭成員去對彼此說一些什麼對他們而言是重要的開始。這樣給實務工作者一個機會好去觀察這個家庭在其界限內的覺察層次。在蒐集到足夠的現象場資料之後，治療師提出了一些觀察。這是第一個介入。這些觀察乃是基於實際的資料。它們的目的乃是用以支持這個家庭本身的能力、優點和創造力的感覺；將原本具有的帶進家庭的覺察範圍。
治療師讓系統有足夠的時間來做回應，發現例外，改變意義，並且充實他們對於自己原來所是的覺察。治療師在系統所引發的能量中「滑行」，而不

是跟那股能量抗衡。一旦家庭感覺得到支持，那就容易受吸引而進入治療歷程之中。

2. 然後，治療師聚焦於家庭另一方面的能力，也就是他們對自己的優點所付出的代價。這是系統運作較爲負向的一面；它涉及要揭開家庭無能的一面。這是第二個介入。通常，它會帶來一個主要的困境，而治療師也要預期會遇到一些潛在的抗拒形式，如否認、羞愧、罪惡感、氣憤，或只是完全無法覺察。這是一個微妙的轉折點，系統對於自身的覺察很可能在此時有所擴展；這時治療師會遇到許多的質疑和討論。

抗拒，如果出現的話，總是被支持的。整個家庭被鼓勵去充分咀嚼所出現的訊息，而不是全部將它們吞下。有經驗的實務者非常瞭解如果夫妻或是家庭馬上就接受他們的看法，那麼學習和改變就不會發生了。系統的每一個部分都平等地受到支持，所有的介入都是均衡的，這個方式也在盡量減少系統內部的極化 15，對於系統的每一部分和治療師之間亦是如此。父母的小心謹慎受到支持，同時青春期子女得走進外面世界的需求也同樣得到支持。唯有在每個人的需求都被合理、正當化之後，系統才能放手，並且對外在的世界加以開放。

3. 治療師接著可以進入開始詢問有關他們可以做些什麼的問題（實際操演所學到的），以便將原本是糾纏不清的家庭規則轉變成明確的行爲，如此才足以

支持去鬆動家庭和環境之間的界線。完形治療師使用
實驗來達到這個目的。而這就是第三個介入策略[16]。
只要家庭的覺察是在自己的能量之下豐富起來的，
他們就會有更多的選擇和可能的行動。如此一來，
家庭產生自己的能量，以及針對子女自由需求的終
極決定，都獲得了所有人的支持。Madiar先生參加
他公司內的足球隊，而Madiar太太則選修一門社區
的成人教育課程。

結語

總之，什麼是我們在改變的矛盾理論？

1. 假如你支持「是什麼」（所是），而不是「應該是
   什麼」，那麼改變就會發生。
2. 假如你支持對於改變的抗拒，那麼你會遇到的是小
   小的抗拒，而改變也會發生。

豐富的覺察讓系統，無論在其界線之內或是面對所
接觸的社區時，可以更流暢地發揮功能。成員可以他們
的所需繼續發展，而且可以在不減少關心其他人的情況
下走入世界。由於處理抗拒和界線的管理是在我們這個
取向裡內部的主體部分，我們在下面兩章會繼續討論這
些主題。

附註：這個章節是由英屬維京群島托爾托拉國際完形組
　　　織（International Genter Center in Tortola, British Virgin

Islands）在1985年1月贊助而完成的。我很感謝Edwin
Nevis的諮詢和財務上的支持。

本章註解

1. 我並非如此有勇無謀地讓自己陷入哲理爭論的混亂中，尤其是自
   從 Aristotle 和他的老師 Plato 有過歧見之後。在這個段落，我只是
   試著去陳述我對於覺察的重要性這樣的立場。如果有人對於更進
   一步相關的討論感興趣，我推薦下列的書籍：A. Castell (1965), *The
   self in philosophy* (New York: Macmillan); L. A. Pervin (1978), *Current controver-
   sies and issues in personality* (New York: Wiley); P. Young-Eisendrath & J. A. Hall
   (Eds.) (1987), *The book of the self: Person, pretext, and process* (New York: New
   York University Press); A. Wandersman, P. J. Poppen, & D. F. Ricks (Eds.)
   (1976), *Humanism and behaviorism: Dialogue and growth* (Oxford, England: Per-
   gamon Press).

2. 參閱第三章系統理論的探討。

3. W. Buckley (1967), *Sociology and modern systems theory* (Englewood Cliffs, NJ:
   Prentice Hall); M. Shaw & P. R. Constanzo (1970), *Theories of social psychology*
   (New York: McGraw-Hill); E. Laszlo (1972), *Introduction to systems philosophy*
   (New York: HarperCollins); R. Becvar & D. S. Becvar (1982), *System theory and
   family therapy* (New York: University Presses of America).

4. 這讓我想到了禪宗裡頭禪師提問學徒參話頭的故事。這些問題並
   沒有所謂的「對」或「錯」的答案。

5. M. Erickson (1982), *My voice will go with you* (New York: Norton).

6. 在這裡使用的「矛盾」正是婚姻與家庭治療的技巧策略之一。

7. 對於目前在這個領域的觀點，請參閱：C. J. Kershaw (1991), *The couple's
   hypnotic dance: Creating Ericksonian strategies in marital therapy* (New York: Brun-
   ner/Mazel).

8. e. e. cummings (1971), *Six nonlectures* (New York: Atheneum).

9. C. Rogers (1961), *On becoming a person* (Boston: Houghton-Mifflin).

10. 這並不是在抨擊所使用的概念，若沒有這些概念，這本書根本無法完成。沒有概念存在，我們就無法記載我們的歷史、發展數學、書寫文學作品，或是發明相對論。我們之所以成為人類，乃是因為有概念的存在；但是若只有概念而缺少基本的感官探究和評估，那麼我們充其量只是個電腦機械人。

11. 這些論述以精神分析學、生物學和物理學的角度，來討論了覺察之非線性的複雜性：J. Winson (1985), *The biology of the unconscious* (New York: Anchor Press/Doubleday); M. F. Reiser (1985), *Toward a convergence of psychoanalysis and neuro-biology* (New York: Basic Books); F. A. Wolf (1985), Mind, *consciousness, and quantum physics* (New York : Macmillan).

12. A. R. Beisser (1970), "The paradoxical theory of change," in J. Fagan & E. L. Shepherd (Eds.), *Gestalt therapy now* (New York: HarperCollins, p. 77, emphasis added). 我同時建議參閱 L. Selzer (1984), "The role of paradox in Gestalt theory and technique," *Gestalt Journal*, *7*(2), 31-42, 和 K. J. Schneider (1990), *The paradoxical self: Toward an understanding of our contradictory nature* (New York: Insight Books).

13. E. Nevis (1987), *Organizational consulting: A Gestalt approach* (New York: Gardner Press, pp. 124-140).

14. 我們立基於「是什麼」，字面意思即為系統「如是」（"isness"），我們的方法在哲理上就回歸到 Husserl 的現象學（至「事物自己本身」），以及 Heidegger 對於 Dasein 概念的實體論（「在那裡」）。從這個角度來看，完形治療，就如同 Fritz Perls 常喜歡說的，即是「關於顯明的哲學」（"the philosophy of the obvious"）。讀者也可以參閱 L. Binswanger (1963), *Being-in-the-world: Selected papers of Ludwig Binswanger* (J. Needleman, Trans.) (New York: Basic Books); H. L. Dreyfuss (1991), *Being-in-the-world: A commentary on Heidegger's being and time, division I* (Cambridge, Mass.: MIT Press); M. Heidegger (1962), *Being and time* (J. Macquarrie & E. Robinson, Trans.) (New York: HarperCollins).

15. 對立和兩極化是完形治療的主要概念，但也是自古就存在於傳統

哲學、心理學和神學中的一部分。極端的本質在人類內在心理中跟 Hegel 的立論─反立論的對話有些相似（心理得整合產生綜合體）。極化的定義可以參閱 I. Polster & M. Polster (1973), *Gestalt therapy integrated: Contours of theory and practice* (New York: Vintage Books). 他們主張：「看到一個人內心同時有兩極存在並不新奇，在完形治療中什麼觀點才有新意，那就是每個人自身乃是一個從未停止對立的形態。只要一個人辨識出自己的某一部分時，其對立的另一部分，或者說是對立的特質，就隱微地浮現了。如果匯集夠多的力量，那原本停留在背景，但能提供現有經驗另一面向的部分，就足以成為圖像。一旦這股力量得到支持，那麼不論先出現且固著的是哪一極，整合就能開始發展」（p. 61, original emphasis）。我同時建議參閱 R. Fantz (1973), *Polarities: Differentiation and integration* (Cleveland, OH: Gestalt Institute of Cleveland).

16. 關於進一步使用完形治療實驗的實務，可參閱 J. Zinker (1987), *Creative process in Gestalt therapy*, Gestalt Institute of Cleveland working paper, Cleveland, OH.

6

抗拒接觸

所有快樂的家庭都有類似之處，而每一個不快樂的家庭都
各有其不快樂之處。

——Leo Tolstoy

　　每個人似乎都知道快樂的婚姻或家庭是什麼樣子
的。對於一個快樂的婚姻或是家庭，我們都可以輕易地
指出而且也同意它具有什麼樣的特質。而那些特質究竟
是什麼呢？就我們的定義，快樂的夫妻和家庭成員通常
擁有下列一些特徵。它們是

・彼此傾聽。

・擁有他們的感覺和想法。

・能夠互相交換意見，因而達到對彼此有益的協議。

・可以互相詢問，而不是互相猜測。

・不害怕彼此有不同的意見，並且可以接納差異。

- 互相協調。
- 可以彼此爭論各自所認爲是「對的」和「好的」事。
- 可以開始、發展和結束一個爭論或事件，然後就放下。
- 能夠一起分享痛苦、好奇、遺憾、忿恨、溫柔——各式各樣的需求和渴望。
- 學習感恩地接納一個「許可」（yes），同時也優雅地接受「拒絕」（no）而不會心存忿恨。
- 可以從一個體驗自然地移轉到另一個，其中沒有阻礙。
- 能夠放下完全不可能達成的願望。
- 能夠自我解嘲。
- 彼此互相影響。
- 互相支持彼此的興趣和計畫。
- 爲彼此的成就感到驕傲，也爲彼此的挫折表示憐憫。
- 尊重彼此的隱私，但也能在另一方感到痛苦而退縮時積極介入。
- 在事態變得嚴重時，就會「管閒事」。
- 容忍彼此有奇怪和新奇的想法，而且能一起追尋夢想。

　　無可否認地，要實踐這些行爲是頗爲困難的。首先，良好的功能是需要練習的——往往要非常努力地練習。其次，夫妻和家庭成員通常在家庭生活這門藝術上

並未獲得適當的教育。教育下一個世代乃是上一代的功能之一。不良的功能常會以一種「無法安適」（dis-ease）的形式由一代傳至下一代；那就像是家族中「有缺陷的特質」一般。由於這些不良功能的模式大部分是未被覺察的，我們發現到：即使傾我們內在的所有力量，都渴望在這對夫妻或這個家庭內會有「良好的」功能產生，但同時也會有一股同等且未被覺察到的力量與之抗衡，來「對抗」夫妻彼此或家庭成員之間的良好接觸。第三點，有一些覺察是過於痛苦而令人無法承受，而有一些行動則困難到無法執行。

無法承受的覺察以及過於困難的行動

我們通常無法彼此傾聽：因為太過痛苦而無法知道一些可怕的、尷尬的、羞恥的，或是我們一些美好的部分，甚至是一些跟我們有關的事物。要聽進去是困難的，而要說出口也是困難的。

我們無法承認自己有對於諸如忿恨、嫉妒、氣憤、愚蠢、羞怯、自卑、自私的感覺和看法，對於小事物太過修飾，對不感興趣的點子則又意見太多，心胸不夠開放，笨拙等等。這些都太難而令人聽不進耳。

而且我們也不會彼此交換意見，以獲致對彼此有益的協議；也許是因為我們並不想放棄我們自己的意見，或者是因為在我們小時候每當我們試著去融入他人時，我們得到的不是被打擊，就是感到羞愧、被迫妥協、被

拋棄、被羞辱、被取笑、被看輕爲愚蠢或笨蛋，然後落到獨自一人品嘗痛苦的下場。要讓這樣的痛苦再度留在我們心裡（或是遠離我們），都是非常困難的。

我們不互相詢問，因爲我們也許以前就被批評說太過突兀、無禮，或者是因爲我們害怕自己的問題顯得太過愚蠢。我們或許會聽到一些使我們覺得自己很糟糕的回應，或是會讓我們發覺一些關於我們自己的秘密而讓我們非常不舒服。我們也許會發現我們是多麼不善於跟他人相處，或者我們提出來的問題也許會完全受到忽視。這樣的覺察對我們的思維與心靈來說都太過痛苦，而無法承受。

我們或許不願接受彼此之間的差異，只是因爲自己的配偶、父母、兄弟或姊妹竟然會是「這樣想的」，或是這麼地遲鈍、天真、理想化、愚蠢、卑鄙、器量太小，或是毫不關心，這些都令人無法接受。所以爲什麼我們還要有意識地包容這樣不同的觀點呢？對於那樣的覺察它可說是一個詛咒；所帶來的傷害太大了。

爲什麼我們要爲過去我們一直未曾得到的事情奮鬥呢？尤其是在我們太軟弱或是太笨拙而無法面對我們的配偶、父母或兄弟姊妹時？爲什麼在我們被認爲是自私的人時，還要強迫自己去面對其他人？既然我們早就被配偶或家人認爲是「另類」，那我們還有什麼事好跟他們爭論的呢？而且如果過去我們的意見從未被聽見、被瞭解或被欣賞，那我們爲什麼還要努力去做表達呢？

對於這些理想——來自於年輕時的夢想和樂觀主

義——所未察覺到的反對意見（unaware objections）清單是很長的。我們有太多被拒絕、被深深傷害，以及覺得失望的經驗了。而且我們缺乏覺察的自我也一直帶著這些傷害。

　　把成長形容為一個美好、自由和擴展心胸的歷程是很容易的。但事實上，要看得到真正存在的是什麼並不容易，而要擔負起一個人所應做到或沒有做到的責任也不太容易。跟失落、我們自己或重要他人所造成的不可避免的錯誤共存，明瞭這個世界的現象並繼續走下去，往往是令人痛苦而難以忍受的。而要能對這些所有的事情保持覺察，更是沉重的負擔。能夠知道是一種福氣，然而隨著明瞭而來的則是已知的苦難[1]。毫無疑問地，大多數的人是處於半夢半醒之間。這種半夢半醒，乃是對於世界上諸多痛苦的一種創造性的調適，用我們的語言來解釋的話，就是抗拒接觸以及抗拒覺察。如此一來，抗拒其實算是接觸的一種，因為它讓我們逃避某一種立即性經驗，而繼續跟其他事物保持接觸；而毫無覺察則成為其運作的機制。不過，在接下來的討論裡，我將介紹的是在多數傳統概念中，抗拒乃逃避接觸和覺察的一種失功能的形式[2]。

　　在抗拒的過程中，我們從不孤單。抗拒的發展乃是自童年時期與我們的家人合作開始，然後再擴展進入我們目前的重要關係之中。通常需要有至少兩個人才有所謂的對抗可言，而一整個家庭也能夠參與進入此阻礙之中。抗拒通常具有適應生存的目的。它們在家庭環境

中，透過有意識或無意識地調適與發展，所以同時算是先天的（inherent）和繼承的（inherited）。最後，它們自系統向外傳達進入所處的世界，進入其他的關係系統。

抗拒的現象學理論

所有的行動皆會產生抗拒。由於經驗是在持續的流動狀態，而它也會產生反應來對抗內在的抗拒。我們內在的抗拒即是一種我們勉強自己改變做事情方式的經驗。它只有在不變恆常的情形下，才能使我們很自然地覺得舒適。對於我們的經驗時時在流動之中，我們也會覺得舒適，但是這種持續性的內在改變乃需要以一種安全而流暢的步調來進行著：即改變要能提升自我的體驗。

不幸的是，抗拒常是意味著對於一個人其勉強或不情願狀態所做的外在觀察。雖然我們可能看起來在抗拒一些行為、看法、態度，或是一些看待事情的方式，但是我們自己所體驗到的常是我們正在透過某種行動去保留、維持並且增加我們自己以及心理上的完整性。就你看起來，以你所觀察到的表面而言，好像是不願改變的結果，但對我來說，它或許是個內在的危機，一個威脅到我生命本質的戰鬥。這是一個以現象學觀點來定義的抗拒——這個界定強調了對個人內在經驗的有效性，一個內在的生命。

在此，讓我先提出一些基本論點或許會有幫助。我們生存和體驗的歷程經常是持續受到需求和挫折—滿足

循環所影響。身為一個具有高度複雜性但也容易運作的有機體，我們可以學到如何去阻斷我們的需求滿足。這種阻斷可以發生在各個層級的攝取和同化過程，其中包括知覺訊息的輸入、腺體和其他內部器官、肌肉，以及各種不同維持生命所需的機能，如呼吸。阻斷也會發生在腦皮質層上，例如以沉思、著迷，以及重複的刻板化思想等形式出現。這就是所謂的「固著」；固著會阻礙有機體的持續發展。所有的精神病理學也許會認為這是一種廣泛的、而且經常是對於時空歷程（temporal-spatial process）的慢性干擾，而這種干擾致使有機體無法適切地行動以實現其所有的需求。事實上，個體的完整性並未失去；其所經驗到的僅是為了調適這樣一個暫時性狀態而做的改變。活動力降低的行為有其特定的特質，而就我們看起來是「有問題的」，其實是一種面對另一個心有阻抗者的調適狀態罷了。

儘管人類有機體是複雜的，它的硬體設備（hardware）——即神經元和其他細胞——常是分散和有限的。就某種程度而言，人類的硬體設備是可操控的、可調節的、有能力可以永久儲存訊息的，也因此它是有能力保持自己功能的穩定性。有機體保有其運作的特定方式。因此，我們存在的主要兩個極性之一即是穩定對上改變；需要去瞭解對上害怕去瞭解。人類有機體基本上是一個受習慣約束而行為又有重複性的生命體，一直努力要去改善現狀並且修正其未來。我們許多的精力都耗費在這兩股力量的拉扯之間。任何要修正行為的計畫必須要能

處理這些兩極的抗拒現象，將之置於行為的前景之中。它所持有的理由是，不論我們是處理有機體其「合作的」或「抗拒的」任一面的問題，我們都要順勢朝向其具動力的核心（motivational center）。所有在有機體內的各部分和力量都是連結在一起的，不論是在結構上或功能上，因此每一個微小的部分皆能形成更為完全的整體感。

抗拒的類型

在第四章對於互動循環的討論中，我曾描述一旦人們最終能夠體驗到、經歷過、而且完成任一件事務，那時人們會是怎樣的狀態。那時我也提到關於抗拒這個主題，而現在我要更仔細地介紹，尤其是強調抗拒在互動的部分與其功用。互動的抗拒會在互動循環的階段之前或過程中產生干擾，而導致夫妻或家庭無法開始做一些事情，無法一起合作去發展對話或計畫，即使完成某事也毫無滿足感，且無法放下再朝新的方向前進。讓我們來看看在循環的每個階段中，各種未覺察到的阻抗是怎麼發生的。

在一開始的覺察階段，感知是由在兩個人之間所確認出的經驗所組織而成的。當兩個人靠近的時候，人們聽到了彼此的聲音，感受到彼此的皮膚觸感，看到並看著彼此，還有聞到甚或嚐到彼此。覺察是被下列這些刺激所引發：需求被喚醒並且確認出來，有時候跑到前景成為圖像，然後想法出現了，之後才有所行動。

　　在循環的感知階段所發展出來的抗拒稱為去敏感（desensitization）3。在這樣的現象裡，人們幾乎無法專注地看著彼此，他們假裝有在聽彼此所說的話，或者根本就不想去聽。他們會避免去碰觸到對方，或者即便他們有所接觸時，他們也會阻斷其感官知覺的「所有通道」，包括他們的身體、心思和心靈。即便在之前是有機會去感受彼此是可以互相瞭解的，但是微妙的接觸還是消失了。

　　卡在這較早期的互動循環裡，夫妻和家庭成員都會覺得厭煩、無法投入、愚昧的，或者根本就不願出席來會談。夫妻或家庭成員無法彼此激勵，他們過著死氣沉沉、乏味而無趣的生活。他們接受了無聊是彼此生活在一起的方式，卻無法辨識出無聊本身就像那些「灰色」一樣，被彩色電視機所填滿，或者是被一些分散注意力的事務所替代；他們避免用其他的活動或智性的互動來接近彼此。他們的系統並不重視感官和思想的刺激。他們過著愚鈍無趣的生活，而且被他們戒慎的個人界線所包圍著，因而覺得安全。

　　去敏感的夫妻或家庭成員藉由不去感覺，而避免傷害對方或是被傷害。他們往往可以成功，但付出的代價卻是不知道在他們的生命裡少了些什麼，或是錯過了什麼。

　　在覺察階段，逃避接觸的主要抗拒乃是一種投射作用。當一個人並未經由詢問他人就得到關於這個人的所有訊息，那就是投射。而另一方既不給予訊息也不糾正

所投射出來的訊息。舉例來說，一個有投射的人會說：
「你肚子一定餓了，我來準備東西給你吃」，或是「你
一定很冷，我把溫度調高一些」。這必須是要有另外的
一方一直沒有給予任何的訊息，而且也允許這一方自行
臆測。他或她並不會回答說：「不是，我並不冷」，也
沒有意願清楚地回答問題。

　　投射型的婚姻或家庭通常可以很明顯地看出其中的
不協調：有投射的一方經常是手腳較快，而承接投射的
另一方總是慢半拍。投射者通常是缺乏耐心的。假如我
問你，「你餓了嗎？」而你需要多花一些時間來想一
想，那我就會失去耐心，而不等你的回答。假如你花太
久時間還不知道你內心裡真正想要什麼的時候，那我就
會用我想要的方式來幫你回答。比你快半拍對我是個有
點難熬的過程，但會讓我很謹慎地等待並且說，「好
吧，看起來你還在想。這樣吧，我慢慢等，等到你做好
決定。」從某個形式來說，投射的語言是，「來吧，我
們乾脆就這麼做好了！」

　　當你在投射的時候，你做了一些假設，而且也冒了
可能會在某些事情上犯錯的險，然而你就是這樣放手去
做了。當這個猜測是對的，雙方都能再繼續往下走，而
且也會感激這樣的結果。假如有一方開始詢問：「你餓
了嗎？」而另一方還不太確定自己是否餓了，此時為了
對方而開始準備餐點或決定外出用餐，那可能是很貼心
的舉動。但是假如猜測變成一種習慣，而每個人都困在
自己的世界裡，那麼在他們之間就不會再有什麼新鮮事

會發生了。

投射本身會有一再重複的現象，因為貢獻者會自行加上他或她所想要的，結果在家庭成員之間的關係就會變得刻板、缺乏變化，因而死氣沉沉。一個支持投射形態生活的婚姻或家庭，通常會有個「快，去做吧」的領導者，以及被動而漠不關心的跟隨者，其中缺乏討論或是有朝氣的辯論。那些經常沒有說話的人往往會累積許多的憎恨，而整個家庭所付出的即是，縱使是跟導火線事件幾乎沒有什麼關係，但卻會爆發出比它大上好幾倍的忿怒。

在家庭成員間的「協議」，充其量仍是不好且缺乏生命力的。其行為結果僅是敷衍式的感激與輕視。所以這對夫妻或這家人到了餐廳，就會變成其中有一個人並沒有很餓，另一個人並不喜歡這些餐點，而第三個人則是想要去看電影。這時候預期中的餐會，充其量變得很無聊，而最糟的情形就是會變成一場災難。相似的情節和結果可以被推論到任何一個家庭所做的決定或行動上；而這其中問題的所在並非關乎一個內容的議題，而是一個失功能的歷程。

當一個婚姻和家庭中的覺察開始集結能量，此時內攝便是系統抗拒覺察的一種怠惰方式。事情的點子或解決之道乃是由其中某一個人所強力提倡，而其他人則是全盤接受。內攝僅需要投入極少量的能量就好了，而不需更大的會引發質問或爭論的能量。為了達到對全體皆有利益的討論和努力，是要花費精力和時間的。內攝

即是藉由絕對的贊同（arbitrary agreement）而逃避掉能量
的擴張。整家子都同意不需對事情再詳加討論，因此毋
需投入太多精力來讓每個人表達意見。

就像投射一樣，內攝逃避了面對面的討論。家庭所
看重的就是一如往常，做該做的事，依照慣例而不必要
發明什麼新的、合乎時代的方法來行事。漠不關心和缺
乏警醒，在這種類型的婚姻或家庭中是很明顯的。整個
群體裡維持著窄化、固定和無可改變的覺察，因而造成
一種假象的安全感。對於規條的順從造成了一種「眾人
皆醉」（communal slumber）的狀態。不僅是主要的系統
如此，內部的次級系統也是如此。出身這類家庭的人往
往需要順從權威——例如，不斷複述從媒體或具影響力
之管道所散發出來的訊息和意見——而且如此也很容易
讓他們在高結構的、不需要有太多創意與獨立判斷力的
環境中把事情做好。他們通常是照著教科書所說的來行
事，而且非常看重所謂的「標準操作程序」。每當進入
一個新的職場，他們通常會很焦慮有什麼樣的規則——
直到他們完全掌握瞭解為止。他們通常比較關切「老闆
會怎麼想」，而不是要怎樣做出一個好的決定，因為一
個「好的決定」，在他們的心目中乃是取決於「老闆會
怎麼想」。他們助長了各種官僚、軍隊以及強迫性消費
者的體系。

迴射是另一種家庭在不知不覺的情況下，用來逃避
覺察和接觸的方法。它發生於互動循環中的動員能量和
行動兩個階段之間。此時，個人必須釋放出能量，將其

投注於婚姻或家庭的共同目標，以便精力充沛地進行某一個計畫、行動，或是任何集體的行動。在迴射系統中，人們將原本要對家庭中其他成員做的或得到的，轉而向內，變成做在他們自己身上。夫妻或一家人常是抑制著憤怒、敵意和性愛的表達，而不是去尋求支持、安慰和碰觸。每個人多少都覺得自己是孤單的，同時，在面對其內在的矛盾掙扎時又感到安全。

這樣的衝突常會積壓在肌肉、發聲部位，或人類身體其他具有表達功能的部位裡頭。個體承載著僵化的能量，在他們緊繃的肢體上，因而發展出各式各樣的生理症狀。他覺得讓其他人「擁有它」、注意到他人正處於痛苦之中，或是提供他人協助以遠離困境，這些都是危險的。人們常會覺得轉移到工作、喝酒或嗑藥是比較安全的，而不會轉向尋求父母、兄弟或是朋友的支援。

在迴射婚姻或家庭內的成員常是彼此孤立隔絕的。他們從不分享自己的生氣或痛苦，也不提供安慰或給予對方慰藉。他們的界線通常是過度僵化的。過度尊重個人的隱私，因而成員總是深陷在他們自身的孤單裡。自給自足常比跟別人產生連結還來得重要。

迴射的家庭其整體的特質，和它一些內部的次級系統有相似之處，它的界線是很厚實而且很難跨越，它不輕易向鄰居、朋友或治療師求助。這類型的家庭也從不會進入朋友的世界，跟大家愉快地在一起；像是邀請一些人來共進晚餐、舉辦個party，或是和大家一起同樂。家庭成員總是將自己隱藏起來，躲在他們自己所建構的

心理防禦的城堡裡。

我們很容易去想像,這類型的系統是如何把他們的能量壓制住、不向外流露,而一些表達性的行為又是怎樣地令人挫敗。這些家庭成員之間的接觸只限於基本而必要的事,而其中幾乎沒有什麼有意義的交流。整個家庭也與其周遭的社區隔絕。它不但在自己的系統內,也在這世上隱藏起來。母親會說,「從現在起,不要告訴你們的父親。」而兄弟姊妹之間也會保留著自己個人的秘密。成人不會跟孩子分享他們的觀點、感受、關心或領悟的道理。孩子也不太敢去問大人問題。其智性的氛圍是枯燥、了無生氣的。或許個人會寫一些豐富的紀錄和日記,但他們卻很少彼此分享。疾病、內疚以及其他各種自我毀滅性的行為,在這樣的家庭是很常見的;但是這些家庭成員在外面的世界又往往表現得非常「正確」,或是非常得體。這樣的家庭裡經常有一些莫名的痛苦,而為了擁有安全和安定的感覺,他們付出了極大的代價[4]。

這些人是屬於「堅強而沉默」的類型,非常看重自主權。身為團體的一分子,他們很少參與什麼活動;但是他們依然會讓自己成為很棒的團隊成員,因為他們幾乎不會說出他們的擔憂或忿怨,而且常是一副堅毅不拔的樣子。他們經常擺出一張「撲克臉」,而這又讓人很難瞭解他們到底在想些什麼。他們執導著自己的生命,彷彿是「我孤軍與這個世界對抗著」(me against the world)。

偏離(deflection)是夫妻或家庭在互動循環的接觸

階段，逃避其豐富性的另一種方法。此時，人們用轉換連結到其他的主題來逃避跟人的接觸，如此可以減低焦慮[5]。以下是我自己的原生家庭裡兩種主要的互動類型，而這兩種類型在本質上是非常偏離的：

> Joseph：（在長久的分離後，問候他的父母）這次的旅行好像永遠不會結束，哈囉！哈囉！我好想念你們。
> 　父親：哈囉！你的頭髮看起來好亂，為什麼你不去理個髮，整理一下？

還有⋯⋯

> Joseph：（在他母親的手術後）你現在覺得怎樣？我非常擔心你。
> 　母親：我這裡還有些痛。所以，告訴我，你這個週末要不要留下來？

　　上述的對話所傳遞出的訊息不但沒有達到堅實的連結，反而把彼此之間的距離給拉開了。透過這樣不經意的偏離，整個系統共同合作地接受了未竟的事務。偏離型的夫妻和家庭無法為達致讓所有人滿意，而建立一個實質的主題來加以探討。某一個體驗跟另一個消融在一起，而彼此就這樣消失不見。對於某一個議題幾乎沒有什麼發展或實質的解決之道。人們之間的界線是模糊且

缺乏清楚的界定，因此所造成人際間的不適也跟著要加以避開。

　　偏離是會讓人頭暈目眩，而且會「讓人抓狂」的，因為家裡的成員沒有根的感覺，或者彼此並沒有完整的連結。聲音是「周遊」在彼此之間，話才說一半，又換了另一個話題。最極端的狀態是，偏離型的家人同時都在說話，但沒有人感覺得到有歸屬感或被瞭解。

　　融合也是婚姻和家庭之中的成員用來逃避彼此不自在的另一種方式。融合通常出現在循環的覺察階段，以及解決與消退兩個階段。它是忽視差異的一種基本方式。在循環的覺察階段，人們在還未真正用各自的心思和意見來檢測議題之前，就很貿然地達成共識。類似的現象也發生在循環的解決階段，此時分離與分化是有益於健康的，但卻無法達成；於是人們為了繼續往前走，便不得不「破壞共識」（jump out of agreement）。

　　融合的家庭也會有迴射的傾向。他們通常不鼓勵去「咀嚼」彼此的想法，並且誠實地去給回應。這此中有所謂智性的怠惰存在，人們並不會費心去認真思考他們所討論的內容是什麼。他們很快就會跳到共識，往往是不成熟的看法；如果再仔細檢視，這樣的共識其實是很不合理的。其實，互愛（loving）的功課總是會涉及互不贊同，還有積極地將眼前的問題給解決掉。融合經常是在預防這樣的事情發生，因而減少了存在於系統內愛的體驗與分量；因為能量被抵銷了。

　　融合和偏離的家庭並沒有完成能夠導致親密互愛的

功課，而這樣的互愛親近是衍生自互相對抗、堅持自己的話要被聽到、激起忿怒或同情、為某個看法爭辯，或是贊同或反對用簡單的方法來解決複雜的問題等事情。偏離和融合往往造成了對愛的一些刻板、且讓人覺得不可靠的表達方式，因為這些方式從未經過檢驗。在這些家庭的人們完全無法彼此依賴，也無法感覺到他們是個團結一致的整體。

在循環的消退階段，融合型的夫妻或家庭成員是很難放下彼此的。他們依賴著彼此、他們緊靠在一起，深怕分離在最後所帶來的經驗是失去來自彼此的支持。這樣就像是一些服務人員，諸如售貨員和帳戶管理代理人等，他們是用錢被雇請來討人歡心的，這些人是屬於「聽命的人」（yes people）或「機構的人」，他們以有外交手腕和懼怕衝突而著稱。事實上，融合經常會出現在那些缺乏安全感或是對他們所擁有的內在力量毫無自覺的人身上，而他們對於任何外來的力量又是如此地驚惶。

當我們看著這些各式各樣被稱為抗拒的產物，我們會一再地發現它們有防護的作用，是為了對抗諸如心理上的痛苦、傷害、不自在、困難的對質、拒絕等所帶來的危機。同時，我們也見證了其中所付出的代價：漠不關心、缺乏智性的火花和色彩、耗盡能量、沮喪、失去幽默和歡樂，以及一種無法盡如人意的失敗感（參見表6.1對於各種抗拒及其影響的摘要表）。

許多的婚姻和家庭治療師皆聚焦於這些未覺察到的

表 6.1 定義摘要：抗拒、來自他人的合作、系統的支持

A 階段／抗拒的形式	B 抗拒在循環階段發生的時間	C 來自他人的合作（共謀）	D 系統的支持
感覺／去敏感	經由不敏感的接收器阻斷知覺，包括選擇性的傾聽、不敏感的觸覺、沒有能力去區辨他人的隱微的，或甚至是顯著的特質。結果：無聊和興趣缺缺。	維持一個減少刺激的環境；接納無聊的結果。	缺乏來自系統文化特質中的刺激；貶抑／害怕醒覺感（arousal）。
覺察／投射	將個人自己所察覺的部分（思考、感覺、信念等）歸因於其他人。結果：個人所經驗到的現象如是屬於別人的。	(a)投射者；(b)可能的接收者：(1)提供些微的個人資訊，而且不鼓勵對方嘗試去取得；(2)毫無異議地接受投射。	有限的溝通和口語表達；不屑把事情談開並做討論；分享個人的覺察。
能量／內攝	純然地接受，而沒有產生不同的觀點、價值觀、信念等；以「應該」來行	(a)內攝者；(b)強制餵食、指導等的提供者。可能會拒絕想要去解構和同化的	重視照著行事，而不要求現在的系統價值要去符應目前的情況。缺乏用不同方式來做

表 6.1　定義摘要：抗拒、來自他人的合作、系統的支持（續）

	抗拒	來自他人的合作	系統的支持
			……事的能量。
行動／迴避	事，而不曾質疑結果；對環境認同以反，蕩然無存的自我。把能量反轉向內；透過「把本來要對環境中表現出去的，改做向自己」：明顯地逃避攻擊性，給自足可能的失望，維持「自給自足」的狀態，以及會有物質濫用的情形。結果：自我毀滅的行為、疾病和罪惡感。	努力——例如，透過「討論」事情開談並做討論。理所當然地接受，而沒有搞清楚對身心症狀（例如因為生悶氣而造成的頭疼）。成員沒有向任何人提供任何協助，沒有人提出任何需求。	過度重視自給自足和人際間的界線；系統支持目增強了用生理徵狀來做為內在情感的表達。
接觸／偏離	用轉移注意力的方式把個人自己的或是別人的感覺或說話題轉離掉；減低某個互動的壓力或能量。	接納或援解；對「未完成的事務」感到滿意。樂意在完成有舊事務的事務之前，開始投入新的事務。	特別關切對外來的，需要接觸的事情；而使系統界線不清的接觸的歷程，看輕系統文化內所出現的衝突；系統缺乏諸如爭吵、口角等等關於衝突的詞彙。

表 6.1　定義摘要：抗拒、來自他人的合作、系統的支持（續）

解決／融合	在自我和他人之間或跟環境之間，存有模糊不清的界線；不允許分離和自我的分化。	無法容忍分離；和其他人緊密連在一起。	系統只有稀少的成功解決議題的歷史；系統的機制或儀式反對攻擊性和異議；有著「不要曬自家棚子」的價值觀。
消退／融合	難以放下——超乎接觸經驗內可用的能量之外，還一直要緊緊靠在一起。	伴侶對於放手、分離和分化感覺到焦慮是電影中兩人彼此牽手太久，而變得麻木不仁了。	系統裡出現的無力活動以及沉默的片刻，都會被一些儀式和過程所縮短或填滿，例如透過持續不斷的談話，直到大家都同意且達到完全一致的結果為止。

資料來源：Lester P. Wyman 博士於 Cleveland 完形機構 1981 年的版權。我非常感謝 Wyman 博士以及 Cleveland 完形機構同意我引用這個資料

影響力。治療的目標主要是要把這些抗拒帶進覺察的範圍，這樣一來，夫妻或家庭就能夠選擇將其自身轉化成為更能相互接觸的整體。治療師的工作就是去邀請或誘使夫妻或家庭成員，對於他們是如何管理這些現象、什麼是在他們面對困境時所逃避的，以及為了感到安全他們付出了什麼代價，而感到好奇。因為我們是樂觀主義者，所以我們總是希望這樣的覺察可以使事情變得更好，而我們也往往很高興能看到這樣的改變。

Franklin 一家：一個家庭的抗拒

用一個實際的情境來討論抗拒會是比較有幫助的。讓我們來看看在某一個特定的情境下，治療師如何處理抗拒，並且避免在家庭內激發更多的抗拒。在Franklin這個家庭裡，看起來似乎沒有什麼明顯嚴重的抗拒出現。彼此的接觸是被鼓勵的，而且所有的成員互相問問題，或對彼此的事感到好奇，都是很自然的事。然而，成員是否就可以因而假接觸之名，任意地侵入其他人的界限呢？舉例來說，如果太多的問題被提出來，而讓人覺得被轟炸、侵犯了，那麼他們是否能自然地拒絕回答一些私人的事情？對健康的家庭來說，答案當然是可以的。

在Franklin這一家，父親是一位四十三歲的教師，母親是四十二歲的內科醫生。他們有三個男孩：Matt，十七歲，正準備離家上大學；Les，十五歲，就讀高中；而Jerry是十二歲。

Matt ： 我不想任何人再丟出一些卑劣的打擊（low blows）了。

母親 ： 我也不喜歡卑劣的打擊，但是我一直不清楚什麼事是卑劣的打擊。當你提出這樣的擔憂，表示你似乎擔心那會再發生，這讓我覺得好奇而且關心你何以有這樣的感覺。

父親 ： 任何提出來的事情對我們來說，幾乎都是很重要的。

Matt ： 我並沒有說我不想談論任何重要的事。我只是說，我想你們應該瞭解這是有界線的。

父親 ： 那好，我尊重你的看法，但是我真的不清楚什麼會是卑劣的打擊。

Matt ： 我想你們都知道什麼是卑劣的打擊——就像你說了一些話，然後覺得「我為什麼會那樣說？」一樣。有一個卑劣的例子，那就是在聖誕假期到島上度假時候的事情，我和Chris一起，而你告訴了某一個人，說你覺得你很失望之類的話。

父親 ： 謝了。你沒錯，你認為不要把那樣的事情跟別人提出來，是比較明智的做法。話是說得不錯。但我認為要有管道可以打開心房，談一些心情感覺的事。你不能因為那些是心情感覺的話，就表示那是卑劣的打擊。

Matt ： 好吧！

在家庭成員之間的抗拒發生在覺察的階段。因為「卑劣的打擊」是很難去界定，或被家庭的成員所承認的，對於這樣的現象會有一種難以理解、如謎團一般的感覺——謎團會引發投射，因為此時對於定義並無共識，而不確定性是普遍存在的。

內攝也是可能發生的，如果有人被別人取了綽號，而未提出質問；又或是有人被告了狀，而默默承受，沒有去跟父母或兄弟姊妹挑戰，這些都是。

有幾個方式可以自然輕鬆地來解決問題：你可以否認自己有給別人「卑劣的打擊」，或者你可以把事情解釋清楚。你也可以承認是因為有某個人促使你做出「卑劣的打擊」，來否定對方跟你表達的話；或者就單純承認那的確會讓他們覺得很不爽。

治療師：我正要說的是，我對你們的表現印象深刻。你們很快就發現對大家都感興趣的話題，然後開始認真地討論起來，而且理出結論。這是很積極的。我看過許多的家庭，其中很少有跟你們一樣這麼地積極或快速地在進行。我很高興看到這樣的情況。這對你們是稀鬆平常的嗎？一旦有事情出現，你們似乎不用太費力就把它給解決了？

在聚焦於家庭的優點和能力時，治療師對家庭提供了支持：「看看你們有多好多棒！看看你們所擁有的技

巧——這對你們來說真是簡單啊！真是讓我印象深刻啊！」其中所要表達的是，並不是每個家庭都能讓每個人加入，而且還這麼快地參與對話和討論。

另外一個可以回應家庭的說法如下：「我知道你們這一家真的很棒，而且也頗有能力。而假如我們在未來遇到意想不到的障礙時，我們會一起來面對、處理，因為『我跟你是同一條船的』。還有，在你們家裡，有光明的一面，或許也有較為灰暗的另外一面——也就是有一些連你們自己也不喜歡自己的部分——但是我仍然可以去面對它。」治療師同時有特權以及承載家庭系統裡光明和灰暗面的重擔，而其中覺察的重擔則帶給治療師一個成為家庭見證者的特權。

這樣的介入方式顧及全面，讓抗拒不會愈來愈多。它提升了家庭成員之間正向的感覺，而不是去分化他們。意思是，「你們到這裡來想看看你們的問題，你們或許有些焦慮。假如我一開始就加入你們，一起去探討我所看到那些卑劣的事情，那當然，你們一定會覺得自己很糟糕。你們或許會和我對抗並反駁我說，『嗯，我們也沒有那麼多卑劣打擊的問題啦，基本上我們是個相親相愛的家庭。』」透過參與家庭他們有哪些能力的方式，治療師就能真正降低家人之間對於接觸的抗拒，以及家庭對治療師的抗拒。治療師因而跟家庭建立了工作同盟的關係。

介入策略，一般來說，也要提供正向的增強作用。它可以這麼說，「繼續加油，你們做得很好。」之後，

治療師可以問他們，如果他們是「這麼容易地就解決問題」，那接下來就是要鼓勵家庭對他們的互動歷程感到好奇。

　　治療師支持了家庭本身就有的長處，而就如同在上一章結語所提及的，這是第一個介入策略，而不只是個單純的讚美。這是一個提醒，讓他們瞭解他們這一家能力所在的基本樣貌，而且這也是讓他們得以指出問題，很快地去做討論的能力所在。通常，家庭並不知道要去欣賞他們做得好的部分。相反地，他們總是會聚焦於他們的「問題」、內容，和他們卡住的地方。

　父親 ：Les，還有Jerry，你們有沒有想過，當Matt明年離家之後那會是個什麼樣子？

　Les ：Matt曾經出外旅行過，所以我不覺得他的離家會帶來很多改變。

Jerry ：以前Matt去旅行，我們都知道他時間到了就會回來。但是這次是完全不一樣的情況，我不知道會怎樣。

　父親 ：我也是這樣想。Matt，那你對於離家有什麼感覺呢？

　Matt ：我覺得很好——但這並不是說我很喜歡離家。我所關切的是，如何回復正常——因為要花一點時間才能在事情擺盪之後回復正常。我很確定的是，我在剛開始的幾個星期一定會很想家，但我知道我可以處理得很好。

母親 ： 我為你感到驕傲，你自己計畫如何去學校的
整個行程，你自己確定好往返的班機，還有
安排約好你的朋友一起用餐。

Matt ： 媽媽，我發現你並不常和你的兄弟聯絡。看
起來你和爸爸跟你們自己的兄弟姊妹好像沒
那麼親近。我對這有點好奇。

父親 ： 我對此也覺得有點納悶。我常在想，當你們
兄弟都離家之後，你們的關係或者跟我們的
關係會變得怎樣？

Les ： 你是怎麼知道你們是不是還很親近？

父親 ： 我會希望我們可以保持聯絡。

Jerry ： 對啊，這倒是真的。

父親 ： 你怎麼界定親密？我和我的姊妹們在我們長
大後就不常玩在一起，而媽媽大概也不常和
你們的舅舅Jim玩在一起，我猜。而你們兄
弟之間倒是每天都在一起做一些事情。

母親 ： 我也常常在想這樣的事，也很納悶你們每個
人以後會變成怎樣。

Les ： 我以後要到亞利桑納賣珠寶，有空可以來看
我。

父親 ： 所以，我們不是依舊很親近，就是會變得不
是這樣；但是在目前這個階段我們還無法預
知。

提出問題就像是兩面刃一樣。就其正面的部分，它

可以澄清到底發生了什麼事，而且可以避免誤解發生；因而增進了家庭成員之間的接觸。一般來說，問題可以避免掉投射和內攝。而在任何時間自由地提出問題其負面的部分就是，可能會侵犯到個人的隱私，那是一種有侵略性的舉動；而且假如是這樣的話，那麼家人之間的接觸就會受到干擾和忽視。

治療師要審視家庭一再卡住的地方。例如，看看是否問題都是由大人所提出？他們像不像在審問孩子，或是被孩子審問？是不是有成員從不問任何問題，就只因為他們害怕，所以從來不放任自己去提出任何問題？從另一個極端來看，治療師必須考慮到傷害性的問題。每個人所問的問題是不是太過私密性，或是太具侵略性了？這家人是否尊重個人的隱私權？

治療師：我想我現在要中斷你們一會兒，告訴你們我所看到的。就像我之前所說的，如果我看到一些你們可能會感興趣的事，我就會這麼做。我剛剛非常注意看著，是誰對誰提出問題，而哪個人會說出有關自己的事，以提供更多的訊息給對方。每次在我看到一個模式時——舉個例子來說，大部分的問題都會來自某一個方向——然後它就改變了，這時候又換到另外一邊提出問題。或者是，當我認為我看到了大部分的訊息都來自某一個地方時，突然間，它開始又從另一個方向出來。

這令我非常訝異，似乎你們每個人都可以自
在地互相提出問題。但我還不太確定，因為
它還沒完，不過看起來你們每個人都覺得能
自由地提出問題以及提供訊息。我不知道那
是不是完全真確，但對我來說，看起來就是
如此。所以，我希望你們現在可以稍微想一
下，每個人都想一想，你覺得你自己是不是
能夠自在地去問任何人任何問題，還是你無
法如此。或者你是不是覺得能自在地去對任
何人說出你所想到的事，還是你不能如此。
我不知道你們是否願意試試看，彼此核對一
下，還有你們對這樣的提議是否也同樣感到
興趣。

治療師如何可以在語言的使用和意圖上，讓抗拒降
低，並且讓互動的歷程有所提升呢？讓我們來看看這到
底是怎麼說出來的。「我想要打斷一下，」治療師對家
庭如此說，「我尊重你們正在做的事情。我知道這是你
們所關切和掙扎的所在，而我也尊重和欣賞你們的努
力。」在指出一些家庭成員可能感到興趣的話題時，治
療師再提醒他們，「這是你們的工作。而你們對於整個
家是如何運作的好奇心和能量，對我是很重要的。我會
持續支持你們去引發好奇心和自我檢測的能量，以及你
們可以用來自我觀察的能耐；如此一來，到最後你們就
不用需要我，而能夠自行檢視你們在做什麼，還有是怎

麼卡住的。」

治療師發展出一些主題，在家庭中是如何以及有多少訊息可以互相交流？交流的過程是如何簡單？或是有多漫不經心？還有，另一方面，在分享較敏感的事情時有多困難，是否跟「卑劣的打擊」有嚴重的關聯？治療師如此告訴他們，「我非常訝異，似乎你們每個人都可以自在地互相提出問題，也可以彼此提供訊息。」下一步就是去提出在覺察階段進行實驗的可能性，那就是，去看看他們是否可以「對任何人問或說出任何事」。治療師帶出這樣的主題，其中涉及了延展家庭的限制，看看這家庭有多鬆散，以及探究在他們之間緊緊打結的地方，還有潛在的恐懼與傷害。

Matt ：我比較能輕鬆自在地問 Les 和 Jerry 一些較私人的問題，問媽媽和爸爸私人的問題較不容易。

母親 ：我一直在想我可以問誰問題。這個夏天，我試著問 Les 許多問題，我也告訴他許多關於我自己的事。我會比較小心謹慎地去問 Matt 問題，但我不認為有什麼困難，你認為呢？

Matt ：還好。

父親 ：我在想，有好一陣子，我們都不太能夠問彼此問題。我會很猶豫要怎麼向你們這幾個男孩子提出問題。我想這跟你們已經長大了以及你們要自己努力才行有關，但有時候一些

無心的問題卻很快就會變成爭論。

母親：你們是不是有問過我什麼問題？我想不起來
　　　了。

Matt：我想，當我們在看相簿或照片之類的東西
　　　時，會提出一些問題。但我想你現在是在說
　　　比較大而重要的問題。

父親：我想跟自己有關時就很難去說了——我可以
　　　看見你們常常問媽媽問題，但卻不見你們有
　　　來問我。

Matt：有時候你們兩個都想要幫忙，然後你們還會
　　　一直說一直說。有時候，我只需要一個答案
　　　就好了。

　　藏著想要問的問題或是不願把情感顯露出來，是一
種把自己包藏起來，而讓自己跟其他人隔絕的方式。從
另外一方面來說，經常「無意中洩漏出秘密」也可能是
種處罰的方式。將問題保留著以及不回答問題，可以說
是一種「健康的」迴射，尤其是提出來的問題會引來批
評、憤怒或處罰時。而保守一些事情會產生一種隱私
感。自在、不受約束的提問可以促進討論與接觸。然
而，提出一些個人隱秘的問題，就會讓人覺得受到侵
犯，因而可能造成互相報復的結果。健康的家庭會在好
奇心和侵擾之間追求一個平衡。還有，我們把話說出來
是為了要被瞭解，但也有可能說出話來就傷害了別人。
這家人和治療師接下來就要一起來探討這些議題。

治療師：讓我繼續剛剛我所說的。雖然我並不太確定我會走到哪裡，但我注意到你們似乎都很自在地來回對談著，不論是提出問題或是回答問題也好。還有，我想我聽到你們在說的是，「對，對，我們是很自由，但是……但是……但是……」而且有許多的猜測圍繞在這些「但是」底下。所以，讓我給你們一些建議，然後告訴我你們是否同意可以從中得到一些啟發。

現在你們每個人想一個你從來不會想要問的問題，或是你從來不會想要說的話。在這裡，只是想一個你們不想問或是不想說的。我保證，你們待會兒不必要問或說出來；你完全不必要說出來；甚至在你離開這裡之後也不需要。想一想，你想要問任何在這裡的一個人，但你卻沒有問的一個問題；或是想想你可能想對某個人說的話，但是你卻一直沒有說出來。然後，試著看看能不能用一些詞句來描述為什麼你不想。接著告訴那個人為什麼你會或你一直沒有如此。不要說那些問題或話是什麼。舉個例子，你可以這麼說，「我有一個問題，但我不會問你，而我不想問你的原因是……」

也許這會給我們一些想法，就是關於讓事情無法很順利的一些小事情──而且在這裡，

聽起來就是一件小事而已。這樣可以嗎？這
樣你們瞭解嗎？我說的是不是夠清楚？試著
去想想有多少問題或是話題是你不想提出來
的。也許你們每個人，你們全家五個人，可
以想想兩個對兩個不同的人說的事。如果運
氣不錯的話，或許我們就可以從每個人身上
得到一些什麼。

　　在許多傾聽和重新界定發生了什麼事之後，這第三
個介入策略為實驗奠立了基礎。用這樣的說法，「我不
確定我會走到哪裡了」，以及「告訴我你們是否同意可
以從中得到一些啟發」，治療師就突破了這家人嚴密的
心防。治療師彷彿是在告訴他們，「我和你們一起旅
行，我在跟你們一起探索，而且這也許是僅有的可能
性，它對你們會有用。」所有的抗拒、懷疑和疑問都是
可以被接納的。然後，實驗就以一種新奇而大膽的形式
被帶進來，它處理且支持了個人的界限，以及對於家庭
成員來說是太痛苦或是太困難去問或者去說出來的探索
之旅。

　　這個實驗本身即是一個大膽的陳述：保有秘密是沒
有關係的，沒有透露出來也是沒有關係的；而且在某些
案例當中沒有說出來也許是有作用的，因為他們可能會
說出一些嘲諷的話，叫出別人的綽號，不然就像是在執
行會傷害人的「卑劣的打擊」。在這裡，並沒有那麼可
怕；它很單純地就發生在家人之間而已。同時，這裡也

提供了「體認安全」（safety realization）的空間，例如：
「嗯，我可以問這個，他或她可能（會）用愉悅的態度
來告訴我。」這項實驗，促使他們去和困難情緒奮鬥的
同時，也讓家庭有個自由度能暫時不去處理困難的議題。

> 父親：你要我們表達出為什麼我們不說，還有它可
> 　　　以是一個問題，也可以是對我們自己的揭露。
> 母親：為什麼我們要把它當成秘密。但是，然後我
> 　　　們必定會去猜測為什麼這個人不能把它說出
> 　　　來，或者，「喔！我的老天！我從來都沒想
> 　　　過。」
> Matt：假如我提出一些事，然後我說我不能告訴
> 　　　你，因為這個或因為那個；那就表示之間缺
> 　　　乏信任了，因為對方可能會想說，「為什麼
> 　　　他不對我說出來？」我想有人會因此而受到
> 　　　傷害。
> 父親：就像打開一個裡面滿是蟲子的罐頭，突然之
> 　　　間，你發覺到──或許有人應該對你感到失
> 　　　望，或會對你失望──而這就是一種傷害
> 　　　了，即使沒有把特定的事說出來。

　　假如你不分享一些令你不愉悅的事情，沒有人會對
你「沒來由地」或「瘋狂地」感到失望或生氣。假如你
不提出困難的問題，你也不會困擾到任何人。但是，你
就會把你的痛苦自絕於他人之外，而且會覺得在家裡跟

人沒有接觸與感到孤單。所以，在不迴射自己個人的情緒並放下它，你可能會付出一些因為不贊同和「卑劣打擊」的代價。迴射情緒會產生內在安全的感覺，或是內在的鎮定舒緩；但它同時附帶了可能會跟你的家人隔絕的代價。

> 治療師：我很確定，在你們家裡，會妨礙你們的其中一件事是，有一些人可能會受到傷害或是失望。它或許不見得出現在每個家庭裡，但在你們的家庭裡是存在的。刻意不說，如此反而造成某人感到失望，這就是一種阻礙了。這是個很好的例子。可以嗎？

　　這個介入策略支持之前一個策略。治療師暗示著，「在你們這個家庭裡，或許去問一些問題或是做一些陳述，是不安全的。所以這個實驗讓你們有機會不去問問題本身，而是去分享如果把這個問題或陳述提出來之後所會產生的困擾情緒是什麼：『假如我對你說出這個（陳述），你可能就會覺得受傷……』」

> 父親：所以，你不用問一個你會害怕得到你不想要的答案的問題。
> Matt：那我可能會覺得是可笑的答案。因為有些問題我會覺得太愚蠢了，根本不必要去問這些問題；而且我也會自己找到答案。

父親 ：當你說那些問題是很愚蠢的時候，是因為你
　　　害怕被取笑；你是不是有想到其他什麼人會
　　　覺得你是很愚蠢的？所以，你不是直接問我
　　　問題，而是會想說，「嗯，爸爸會怎麼說
　　　呢？」

Matt ：嗯，你可能會想，「我才不會坐在那兒表現
　　　得和你一樣可笑！」

父親 ：這是不是一個卑劣的打擊？

母親 ：我會有這樣的感覺，每當我說一些話的時
　　　候，我就覺得每個人都會取笑我。

Les ：每個人都會這麼想啊！

母親 ：這兩種情況都發生過。每個人都會笑說，
　　　「媽呀！」不然就是你們不再聽我說，而我
　　　就一直被打斷。這是讓我閉嘴非常有效的方
　　　式。而我所做的就是把它當做是個笑話，然
　　　後就沒了。所以我試著用開玩笑的方式來繼
　　　續參與，可是我放棄了我真正想說的話。

父親 ：我有同樣的感覺。要去分享一些擔心你們會
　　　受到傷害對我是有些困難，或是可能會被你
　　　們拿來當笑話看的事情。有時候我會打斷
　　　你，但是我印象很深刻，你很快就兜回來、
　　　重新進入談話。這對我來說是很困難做到
　　　的，當我告訴你們一些我嚴肅以對的事情
　　　時，而你們竟然覺得太迂腐；然後我的話就
　　　會被中斷，原本的對話也會轉到其他的地

方。這時候我會有點沮喪地說，「啊！你們
到底怎麼了！」所以這讓我會遲疑去分享一
些事情。

　　抗拒在這樣的方式下是自相矛盾的：訊息的交流通
常是可以促進接觸，也因此能減低抗拒；但過度簡化和
經常性地隔絕對其他人而言是痛苦的訊息，也會造成一
再的傷害。彼此的接觸會被避免，因為傷人的舉動，或
者借用這家人自己的語言，行使「卑劣的打擊」，會將
其他人推開。訊息的分享，原本是一個明顯的美德，如
果使用過度，就反而會妨礙了彼此之間的接觸。

　　在上一段的交流裡，幾乎所有的成員都覺得自己活
像個被嘲笑或是在某些方面被貶抑的受害者；而沒有任
何的自願者站出來重新肯定別人。當父親就差點能夠明
瞭Matt所感覺到的痛苦是什麼時，母親打斷了，開始說
起她自己的抱怨，然後每個人就擱置在那裡。他們所分
享的就是一種感覺，他們都是脆弱而容易受傷的。

治療師：讓我來告訴你們，在我傾聽的過程中所浮現
　　　　的是什麼，而你們可以看看，那跟你們所聽
　　　　到和所說的是不是一致。再次地，我要告訴
　　　　你們，我對你們真是印象深刻。我懷疑是不
　　　　是所有的家庭都可以像你們一樣，這麼自在
　　　　地彼此交談。你們說了一些事，你們也提出
　　　　一些問題。你們說出一些我有一、兩次認為

可能是「卑劣的打擊」，而你們稱它為互相開玩笑。你們都知道要在「太糟」時說出一些玩笑話並不太容易。但它看起來似乎進行得如此順利，真是令人驚訝。所以，我在猜，假如你們在這裡可以做得到，那你們在家裡對彼此也同樣做得到。而且我想這樣能讓你們全家人相處融洽，讓事情也能朝一個好的方向來進行。

然而，除此之外，我也聽到了，即便是這麼一個非常好的風格，但它有時候也會傷害到每個人；而你們或許有、也可能沒有多談一些關於這方面的話題——也就是說，你們如何去互相送出訊號，告知別人你感到受傷了。所以，從傾聽你們交談的過程中，所凸顯出來的是：你們並沒有真正去阻止彼此所說的或問的、而且有傷害到你自己的事情。這是多令人訝異的事實。不過，也許你們彼此想要去互相談一下，有哪些時候這樣的方式並沒有用。

Les ：媽媽，我認為你要我們的家是很完美的。我想你快要達到最理想的目標了，而那對任何一個家庭來說都是很困難達成的。我想如果你能不再催逼得太過認真，那或許會平衡一點。但你總是會努力試著要再達到另一個層次，而不是停在那兒就好，接著你就會爆發

出來。你會說，「我不是這個家裡的一分子
……等等。」你知道我們家裡是有四個男
生，只有一個女生，但你仍佔家裡的百分之
二十。

母親：我在之前聽過這樣的話。

Les：那並不是有意在打擊你。我只是說或許你需
要去看一看這部分。也許那就是我們覺得受
傷而無力溝通時的問題所在。有時候，我對
於我們必須要隨時能夠做溝通，會覺得有壓
力。有時候，這樣似乎是不太能夠尊重我們
自己的空間。當我需要做決定或做一些我覺
得有壓力的事情時，你或許會給我空間；但
你仍要求我在家裡也要堅強。所以，我並沒
有真的得到空間，因為那是不可能的，我不
可能做所有的事且同時還能夠付出那麼多。

母親：讓我看看我是不是瞭解。就你的感覺來說，
我好像是努力要把家裡的一切都弄得很完
美，而沒有太注意到你們的需要，是不是這
樣的？

Matt：不是。我認為你想要的是太快、太多了，你
會在時間明明不夠的情況下，還想深入每個
人的私人情感。我想你只是催逼得太過頭了。

一旦傷害到其他人，原始的抗拒就發生了——然後
就把那個人推開了。對於接觸的次發性抗拒則是不說出

來，不分享別人說了什麼讓自己感到受傷。迴射受傷的
感覺並且把它藏起來，可以讓人覺得安全；但是所付出
的代價則是無法與其他家人有所連結。這裡出現一些對
母親的斥責，但母親並沒有抗議或是要求支持，而這樣
的抨擊則持續著。

治療師：讓我打斷一下。就是這個時機。你們怎麼知
　　　　道你們的母親有沒有受傷？或者你是如何表
　　　　現出你受傷了？

　　在這裡，治療師是很溫和地催化出一些清楚的覺
察：「你們如何知道母親受傷了？」以及「媽媽，你為
什麼不告訴他們：『嘿！我不喜歡你們對我說話的方
式，那讓我很難過耶！』」父親在哪裡呢？他退出對話
了嗎？他能不能看出來媽媽正受到傷害？小Jerry怎麼了？
所有的家庭成員持續覺得從治療師處得到支持，同時，
也能夠更深入思考他們是如何製造傷害，以及他們是如
何無法有技巧地去阻止傷害，免得這些充斥在房間裡？
他們或許甚至會開始思索，「這是不是我們所付出的代
價，讓每個人都可以如此地互相坦白？」

Matt：如果媽媽她覺得受傷了，她應該會告訴我們
　　　　的。而且她臉上也會出現這樣的表情。有時
　　　　候她很難接受我們所說的內容。也許我有點
　　　　太過誇大她所做的事情。從某個程度來說，

我想我是對的；但從另一個程度來說，我是
錯的。我想她瞭解的。但或許我說得太多了。

母親：有時候，我覺得受到傷害時，我會變得沉默
好一會兒。而且我會覺得我自己根本不到那
百分之二十。然後，我會突然跳出來，向大
家揮揮手說，「我們來開個家庭會議吧！」
之後我就表現得神采奕奕。

Les：但是之後你在家庭會議上會試著去支配所有
的事；你會說，「事情就是這樣，就是要這
樣做。」那並沒有任何幫助。因為我們要散
會時會說，「喔！是的，好吧！」可是回到
房間之後，我們就會說，「喔！我的天！她
剛剛到底在說什麼！那有多愚蠢啊！」

母親：我現在搞迷糊了！並不是對你剛剛說的，因
為我聽到了你所說的。我想我是害怕我得放
棄做一些我經常在做的事，因為百分之二十
的票數並不能有太大的作用，尤其是你們每
個人所關心的和我的不一樣時。

Matt：那並不是因為你票數少的關係。而是你在處
理事情的方式。它就像，「喔！我覺得好糟
糕！」然後如果你想要做什麼事，那你說的
就會多於百分之二十；可是我們三個就不
行；這根本不是我們在否決你。在做重大決
定時，你所握有的幾乎是百分之九十的支配
權。

　母親　：九十——哇！

　Jerry：是啊！我們都這麼想。

　　一種使他們保持距離而無法變得親密的方式是，他們會告訴對方自己所想要說的話，但卻以英雄般的方式（堅忍不屈地）在表現。他們並沒有分享出在做交流的過程當中所受到的一些影響與傷痛為何，以及它對每個人的影響是什麼。它較像是一種任性的分享，不計任何代價地說出事實。這樣的結果，或者說是危險，是受到傷害的家庭成員就會緊抓著他們的痛苦，並且暗自地從每個人身邊退出。以最低限度來說，這樣會造成了潛在的困難。

治療師：我現在要打斷你們的理由是，因為你們又開始回到原點，你們的對話很容易、很自由，可以來來回回地談論著事情；就是這樣的談話方式，讓你們成為一個很了不起的家庭。你們為你們自己所提出來的話題也做了許多努力，這也是毫無疑問的。

　　　　不過，我們要開始談一些比較負面的部分，尤其是你們超越了那條界線的時候。你們稱它為「卑劣的打擊」或是「傷害」。我們下星期還會再會面，我建議你們在這一星期裡，把注意力放在當你覺得受傷的時候，你不需要去做任何事或是去改變它。我想在這

個階段並不重要。但是請集中注意力。或許，我們之後會明白而有一些體會，對於有多常——或者從來沒有——你們彼此越過那條界線。我們可以來看看，你們對它能夠讓你瞭解一些事情或許也會感興趣。我不清楚你們會有什麼發現。所以，每個人請用心留意什麼時候出現了卑劣的打擊或傷害，而且要去留意它是怎麼發生的，以及你的反應是什麼。聚焦在你自己身上。不論你對它有沒有做任何的事都沒有關係。之後，我們回到這裡時再來看看，好嗎？

　　治療師要能很細心的和家庭成員對話，而且不能暗指出任何做錯的行為或誰是「壞人」。治療師要能遠離家庭的會議，且不給予母親或其他任何人忠告。治療單元的主要目標是要能保存他們日常生活中現象場域的現實，而且所賴以進展的是要能激發起他們的好奇心。就算我們並沒有明確充分的資料顯示如此，但卻必須是這樣：在他們結束晤談後，即使認知到他們多少有互相傷害，而對於那樣的傷害彼此之間並沒有完全的連結，但是他們都還能承受。用我們的術語來說，這就像是一種迴射和去敏感。或許，這就是「英雄式」交流所需要的吧！

　　抗拒就是在逃避接觸。但是它們是否對家人之間的接觸有自我毀滅性的阻斷，還是它們也能提供多重性的

功能？

　　當你是個青春期的子女，而你家又非常重視要提出問題、討論、分享訊息，以及想法解決各式各樣的議題；這時如果你想保有自己的秘密，或者你一點兒也沒興致去聽你父母對於你的人生目標或白日夢的意見時，你會怎樣呢？又假如，你同樣是那個青少年，你或許會害怕被譏嘲或受到卑劣的打擊，就算你在家裡並未經驗到這些，但如果這些是發生在學校呢？如果你的父母希望你成為一位醫生，而你卻只想要在跳蚤市場當個販賣珠寶的商人，那你會怎麼辦？還有，若是身為父母，你該如何維護你敏感的青少年子女，不受到某些特定價值的壓力；或者你對子女未來的職業可能有一些自以為是的見解，那你又如何保護你的子女，把他從這樣的壓力中解脫出來呢？你該如何對你已經長大的子女說，「拜託，當你說我在做一些愚蠢的事情時，你讓我感到很傷心？」

結語

　　在這章的後半段，我們檢測了在一個實際的家庭裡，抗拒接觸在不同層面所發生的情況。迴射是否都是「不好的」？不是的，迴射是文明社會的一個基本價值，而家庭也帶著這些價值。迴射可以避免抨擊和傷害他人，或是對其他人揭露出不堪的「實情」。當我們預期父母會給的批判（或是兄弟姊妹，或是學校老師），

我們是否就失去了跟現實的接觸呢？在這個案例裡，我們是否把我們自己的懲罰性給投射出去了呢？

在上面的晤談單元中，治療師從容不迫地跟這家人來探究這類的問題。或許，在家裡覺得能自由地在任何時間、問任何人任何的問題，這是一種矛盾的福氣。也許，Franklin這一家子都需要學習在何時和如何提出問題，還有在何時和如何不要提出問題。而同樣地，問此事也適用在給出訊息一事上。每個人都需要自問：「我是不是需要說出關於我自己的事，或是說出我對其他人的看法？」假如其他人將會失望或受傷，或者對我的分享，別人反而會感覺到是一種羞辱、背叛，或是「卑劣的打擊」。

治療師在一開始，是協助Franklin一家去探索他們彼此共同關心的議題，或是對於失望或者讓別人失望的憂慮。所以，在我們和這樣的家庭工作時，我們開始瞭解到，各種抗拒可能是家庭過濾和調節成員之間接觸的方式；如此一來，他們對彼此就不會太嚴酷、太批判、太坦率、或是太過大膽。而Franklin這一家才剛開始探索他們是如此地過於敏感，他們很容易因被互相侵犯、對彼此感到失望，或是傳達出「不當的事」（wrong goods）之類的議題而激動。

我在此章介紹了在婚姻或家庭中抗拒的正式定義，以及在實際的家庭中調整其接觸的一些細節範例。我示範了治療師如何可以謹慎而尊重地來探究一個家庭的現象場，並且將所浮現的團體主題轉變成為一個可行的實

驗。像這樣對於特定晤談單元的詳細分析，對於治療師在處理家庭的抗拒，應該會有幫助。由於所有的抗拒都是來自於接觸界線的干擾，所以很自然地，我們的討論要轉到如何處理及管理個人和系統的界限。

本章註解

1. 這跟 Sartrean 的自由—責任—苦惱三元素組合有些類似。參閱 J.-P. Sartre (1957), *Existentialism and human emotions* (New York: Philosophical Library)：「當我說人是生而自由的，那正是我所要試著去傳達的。我用註定是，因為他並沒有創造出他自己，但是，在其他某些方面來說，他是自由的；因為一旦人被帶進這個世界之後，對於他自己所做的任何事都要負起責任」（p. 23）。這裡也有一些相關的言論：「我們稍早的論述有一個重要的結果，那就是，人由於是生而自由的，因此肩負了全世界所給予的重量；他對這個世界有責任，也對他自己身為一個人有責任」（p. 52）。

2. 有一些完形的理論學者認為抗拒並不是全負面的，失功能的阻斷要先被移除，接觸才可能產生；但它們本身也算是另類的接觸方式。這種認為抗拒是當事人「立足」於這世界的觀點，開始引起我的注意是來自於 1981 年 Missouri 的 St. Louis 的 Edwin S. Harris 所寫的手稿，題目是〈一個新修訂的完形抗拒理論〉，還有跟他通話的過程。這個觀點認為抗拒就如同接觸的功能一般，其基本假設是有意識的覺察不可能脫離接觸之外——也就是說，人是一直跟某事物有接觸的。這樣的立場首次被正式詳載於 G. Wheeler (1991), *Gestalt reconsidered: A new approach to contact and resistance* (New York: Gardner Press)。Wheeler 提出：

> 我們在這裡所要說的是，事實上並沒有所謂理想的、柏拉圖式的、純淨和理論上的「接觸」，因為在「真

實的」情況下，很不幸地都為「抗拒」——如融合、
投射、內攝、解離等等——所污染了。相反地，在界
線上這些形式或這些變項的運作，我們會稱之為「接
觸的功能」。而這些是可以被描述、分析和可能被歸
類到特定混合形式的功能之中——但是少了抗拒，這
些就完全不存在了。拿掉所有的抗拒……所剩下的就
不是接觸了……（p. 113）。

某個程度而言，我完全贊同這樣的觀點。但在這一章中，我仍依
據傳統對於抗拒的觀點，視其為接觸運作的干擾，來做討論。

3. J. Kepner (1987), *Body process: A Gestalt approach to working with the body in psychotherapy* (New York: Gestalt Institute of Cleveland Press); L. Wyman, Lectures and personal communication with the author, Gestalt Institute of Cleveland, 1980-1989.

4. 在第五章和第七章所描述的 Madiar 家庭，是典型的迴射家庭。

5. 在第八章，我有舉出跟解離型的夫妻做治療會談的例子——Jim 和 Loretta。

7

界限與界線的管理

界線界定了事物。

——Fritz Perls

　　在第三章我們討論了系統的界限以及婚姻與家庭的次系統。界限的形成賦予了一組事件或經驗的意義，並且將夫妻或家庭與其環境區分開來，就如同系統內的界線賦予次系統意義並且將其區分。

　　當你在任何時候去觀察一對夫妻或一個家庭，你其中的一項工作就是去看那些界線。你應該能夠隨時撤回客觀的位置，並指認出那些界線。完形治療認為界線就是你經驗差異的地方——此處有一個「我」和一個「你」，或是一個「我們」和一個「他們」——而且成長就發生在界線之上互相接觸的時候[1]。在你能夠做出接觸之前，差異必須先受到重視：亦即在我們得以在一

起之前，我必須知道你和我是不同的。

界限不只是觀念，它們確實存在。雖然我們看不見界限，我們可以「實際地」且「真實地」體驗到它們。僅僅只是因為我們的感覺器官沒有直接地看到它們，並不意味著它們就不存在。事實上，它們是能量場（energy fields）[2]。當人們對你講話時站得太過靠近，你就會體驗到一個界限：他們似乎侵犯了你的私人空間。你想要依你自己的步調及韻律來傳遞你的思想。當你傳遞一個想法時，而另一個人又跟得太近，那麼就意味在你準備好之前，它就碰觸到了另外那個人的界線。

正如我在第三章中所指出的，界線的性質可能不同。迴射是透過維持一個「厚實的」界線，讓能量場保持小小的而且被包覆著。投射則是把能量遠遠地向外拋出，讓「界線」變得令人困惑地「細薄」。如果你能夠把界線的現象視覺化，那麼一對夫妻或一個家庭之間的交流就會變得更有意義。當你學著去體驗不同的界線，你就會注意到它們變化多端的存在與本質：它們在哪裡，有哪些不見了，有哪些是從未形成的，誰卡在非他們所屬之處，以及誰或者什麼是從未被允許存在其中的。

Madiar 一家：辨識並且參與界限

讓我們以界線的方式來檢視 Madiar 這一家。如我們在第五章中所見，這個家庭包括了父親，Gregor——一名後來升任經理的工廠工人——以及母親，Dotty，她是

一位家庭主婦；此外，還有兩個青少年子女，Theresa（十六歲）和Mike（十四歲）。稍早，我們也注意到這個家庭已經自行建立了一個安全天堂，在這個不安全的世界中的一座城堡；它將其集體的能量都轉向內部，如此一來就少有能量被投射到這個世界。這個家庭的界線是厚實而嚴密的。他們跟世界的接觸是非常稀少的──主要是為了完成工作與學校中僅有的及運作上之所需。

跟拒絕接受這個世界另一個吻合之處是，Madiar 一家人也鮮少對治療師透露他們自己。他們傾向跟他們自己在一起，而不讓他們自己受到治療師所影響。首先，在被指示要跟彼此做交談時，他們就有點抗拒接受「他們必須彼此談論是這種治療的一部分」的觀念。然後他們會以僵化的意志力來做，即使在走到了死胡同而且路面變得崎嶇不平的時候。

在我們進行討論治療師跟這個家庭的界限關係之前，先觀察 Madiar 這一家領土之中的內在界線會比較有幫助。基本上，他們被分成界線不良的兩組：父母與小孩。圖7.1假設性地顯示了四個家庭成員之間的界線，以及把他們跟治療師分開的較為厚實的界線。Gregor和Dotty這對父母，用電報式的語言彼此交談，通常是私下地，且是關於諸如金錢之類的基本事情。Theresa和Mike姊弟之間，傾向於互相支持並且秘密地討論他們為了打破家庭堡壘的戰略。然而，因為他們父母強調男女之間的角色差異，對Theresa而言，又有一個跟她母親成為一組的拉力，而Mike則跟他父親一組。後者不常發生，因為兩

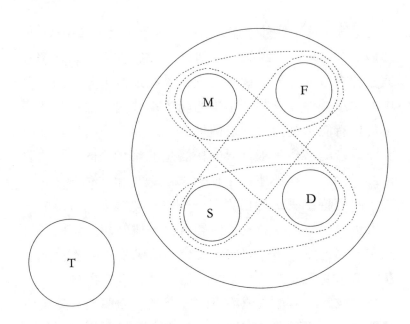

圖 7.1　Madiar 一家：起初的界線

個男人不知道在沒有女人在場與鼓勵之下，要如何交談或是要談些什麼。女人的談話通常是表淺的——關於家事、衣服等等——而且很少關於像是男朋友或者性發展等親密的話題。Theresa從她母親身上獲得一種關於女性身體的羞恥感，而比較是轉向一位她所喜愛的教授文學的女老師，跟她詢問關於男人及性的問題。父親偶爾以一種帶著輕鬆的方式，嘲笑關於Theresa她的男「話友」，對他兒子亦然。母親傾向到處嘮叨 Mike（如同父親一樣）；父母都很少跟他談到感情、問題、學校功課，或是關係。

正如你可能會推測，次系統之間的流動性幾乎不存在這個家庭裡。在父女之間或者母子之間，少有輕鬆的交流；大多數的接觸幾乎是正經八百的，跟待執行的工作有關，而且是由採取權威姿態的父母所發動的。他們之間的溝通常是被角色所束縛，而很少流轉自如。

在第六次會談中，治療師以靜靜地坐著開始，等待Madiar一家人的全神投入[3]，那界限的劃分就像在一場決鬥中一開始就被掏出來的手槍。Gregor和Dotty坐在一起。坐在Dotty這邊的是Theresa，正緊鄰著她母親；而Mike，則坐在Theresa旁邊。

治療師：哈囉，哈囉……那這禮拜有什麼新鮮事發生嗎？你們能將我們上次會談的任何事派上用場嗎？怎麼樣，Mike，有什麼不同嗎？你有注意到你因為我們所談過的而有所不同嗎？

（Mike搖頭，「沒有。」）

治療師：沒關係。我只是想知道而已。你呢，Theresa？

Theresa：爸跟我談了一點關於學校的事，我提出一個觀點，問了他某些事，沒什麼特別的。

治療師：好的，謝謝你跟我分享，我很高興你在跟你父親的日常談話上做了些努力，很好。

這是父女之間，在這個家庭中較弱的次系統之一，一個重要界限形成的開端。治療師針對每個人逐一地做

記錄。

> 治療師：你呢，Gregor，你有因為我們上次會談而有
> 　　　　所不同嗎？你記得上週我們所談的嗎？
>
> Gregor：不多，真的。
>
> 治療師：沒關係。我只是想知道事情進行得如何而已。
>
> Gregor：我覺得不錯。事情很平靜。
>
> 治療師：你呢，Dotty？
>
> 　Dotty：是的，我注意到某件事。我注意到孩子們想
> 　　　　出去的時候，我真不想讓他們走。我是有讓
> 　　　　他們走，但卻是心不甘情不願地。我記得這
> 　　　　裡所發生的，所以我就答應。我讓他們走
> 　　　　（她驕傲地昂首，並短暫地瞥過Gregor）。
>
> 治療師：我很高興你能夠那麼做。我知道它對你而言
> 　　　　是多麼地困難，而且我很感謝你記得告訴我
> 　　　　這件事。

　　Dotty 所顯示的是她正在鬆綁她對子女的緊緊掌握
──把父母與小孩之間的界線放鬆的一個潛在的重大成
就──而且因此能使這個家庭對社區更加開放。當治療
師巡視他們的臉，Gregor 看來嚴肅，Dotty 安靜，而孩子
們則互相微笑。

> 治療師：那麼如果沒有其他事情，我要你們都轉向彼
> 　　　　此並再次彼此交談──就像在上次會談中我

們所做的那樣。記住，如果你們需要幫忙或
卡住，務必問我，我會很樂意幫助你們走出
來。我會看著你們並且傾聽，還有一旦有什
麼顯現出來時，我會告訴你們我看到了什麼。

　　治療師從之前的幾次會談下來，心中已擁有這一家
是如何形成界線的連續影像：哪些界線是固著的（如父
母之間），而哪些已經改變（如父女之間）。治療師很
好奇地想看看 Madiar 一家在此次會談中會做些什麼，而
且也要找出他們有什麼改變——尤其是家庭的界限是否
有變得較為多元、且更有彈性。

　　現在治療師向後傾並準備看 Madiar 一家如何形成次
團體。家庭成員被准許「重新結合」，並且重新形成他
們的界線。截至目前為止，治療師已經跟家庭在它的界
線上相會；而現在，在撤退之際，治療師自行形成了一
個分離的實體。這樣做是讓家庭成員不會從他們正在做
的工作中有所分心。一旦治療師已經給予清楚的、明快
的指導，讓他們每個人都知道，也許不是用說的，他或
她已經準備好分離並冷靜地觀察，是恰當的做法。一個
達成此目的的做法是，藉由向下看、看窗外，或者其他
變得抽離的方式。

Theresa：（轉向她父親）你有聽到媽所說關於讓我們
　　　　　出去的事嗎？你知道的，她真的是正在學習
　　　　　放開我們。我不知道你是不是。

　　有個意外的變化馬上引起了治療師的興趣，因爲直到這個禮拜，父女是這家庭中最沒有界線的系統。他們很少討論正經事。當他們試著這麼做時，母親會變成Theresa的保護者，並且打岔來向Gregor解釋事情。這個嘗試接觸代表著這個家庭的內在界線有一個重大的改變。

　　最安全且最輕鬆的對話是在Theresa和她母親之間。列爲次安全的是在父母監聽範圍內，Theresa與她弟弟之間的對話。Theresa可能會對她弟弟說：「我注意到她更容易放手讓我們出去。你也注意到了嗎？」最困難的聯結，就是現在這個Theresa跟她父親之間所正在嘗試的。

　　　　（Gregor正在想著他女兒挑戰性的評論。他看
　　　　著她但有點越過她，好像聚焦在空中的某一點。）

　　他可能被誘導而變得防衛，並且藉著向Theresa說：「Theresa，你現在是要教訓我嗎？你好大的膽子！」來重新建立在這家庭中一個堅強的、毫不退讓的位置。但是他沒有說話。他可能覺察到一種胸口的痛，一種痛苦、一種傷害——或許是一種被背叛的感覺，他太太在沒有得到他的同意之下，就讓這一切開始了。

　　Gregor：（將他的視線移到Theresa身旁的空間，並向
　　　　　　　Dotty說）你怎麼沒跟我討論就這麼做？

　　這可能是Gregor第一次向他整個家庭顯示他的傷痛

——任何傷痛。不知怎地，他覺得在他的子女面前顯示他的脆弱是夠安全的。

　　Dotty：Gregor！我們花了好幾次會談，來談孩子們
　　　　　　怎樣需要更多一點自由來和其他小孩交往。
　　　　　　記得嗎？

　　治療師在此介入，目的是要強調出夫妻之間這種開放交流的重要性，以及這個新界線如何地有價值。事實上，在完形取向中，在未來跟其他次系統工作之前，我們總是傾向先支持並加強主要的成人關係。

　　治療師：稍停一下，你們兩位。我只是想要讓你們知
　　　　　　道，子女應該或不應該做什麼這件事，對你
　　　　　　們兩位來說都是非常重要的。你們想要一起
　　　　　　討論這件事是很棒的，而我要確定的是，這
　　　　　　些孩子不會插上一腳，好讓你們現在有足夠
　　　　　　的空間來做這件事。

　　父母透過互相討論，即使有別人在場，已經形成了他們自己的界限；而且要讓這個界限繼續維持下去，以便他們交談，是很重要的。預期Gregor可能沒有反應因而終止了接觸，治療師非常看重且依賴這對夫妻練習去真實地討論這件事。目標是把那可能是短暫的、且非常貧乏的面質——在過去幾次會談中已發生過的——「延

展」成一些更深刻、更完全、且更多接觸性的東西。孩子們似乎已經抓到了治療師的訊息，而整個家庭掉進了某種緊張的沉默，等待著 Gregor 如何回應 Dotty。

> Gregor：我知道，我知道。你是對的。之前我們的確
> 　　　　討論過，我只是非常擔心這些孩子會讓他們
> 　　　　自己跟那個一直在附近強迫推銷禁藥的傢伙
> 　　　　Markus 惹上麻煩。
> Dotty：我跟你一樣擔心那件事，Greg，但是遲早我
> 　　　　們都一定要給他們一個機會，而且信任他們
> 　　　　懂得分辨好壞。

　　孩子們有點被他們父母之間這理性的討論嚇到了，他們也克制不去打擾，而是尊重包圍著他們父母的這個界線。這個被動的、靜靜的舉動，是他們有能力一起成為一個次系統，享有成為這家庭中一股真實力量且靜靜發光發熱的象徵。

　　沉默持續著。治療師看著 Mike 和 Theresa，他們開始有點坐立不安而準備開口說話。治療師感覺到了這點，因此轉向他們。

> 治療師：我知道對你們而言很不容易，因為他們正在
> 　　　　談論你們。然而，置身事外並讓你們的父母
> 　　　　去努力，你們才是尊重他們。這點很重要！
> Mike：謝謝。

（Theresa用非語言表示，主要是她的眼睛，她瞭解。
Gregor 和 Dotty 談了一會，然後停止。他們顯然在他
們的沉默中結合了。）

治療師：你們需要幫忙以繼續交談，或者你們希望我
　　　　等一下？

　Dotty：我想我們已經盡力了。還有什麼要說的嗎？

　　瞭解到這是典型的，在孩子在場時，父母之間——
一個迴射性的次系統界線——簡略的、斷斷續續的交
流。治療師試圖擴展他們的接觸，因而指出：Dotty並不
知道 Gregor 已然向她展現他受傷的情感了，而 Gregor 也
未瞭解到 Dotty 那種雖然害怕但仍允許子女外出所展現
的勇氣。這對夫妻現在抓住機會並交換他們對彼此的欣
賞、感激。治療師並沒有忘記 Gregor 還沒有回答他女兒
對於「讓孩子們外出」的挑戰。他做了一個戰略上的決
定，先支持父母兩人在孩子面前所做的一個公開的努
力，而那個目標已經暫時被完成了。而這也可能是個可
以幫他們把界限轉移到父—女這個次系統，並且結束最
先被提出之話題的好時機。

治療師：就我所記得的，Gregor，你剛剛沒有機會去
　　　　回應 Theresa 的問題。我想你們倆如果可以
　　　　結束原先的對話，那會是很好的一件事。

Theresa：沒關係，爸。

　Gregor：不，Theresa，博士是對的，我從未回答你，

而我想這麼做。既然你母親跟我剛剛有做一
些簡單的討論,我可以告訴你關於你和Mike
外出拜訪朋友,我的感覺是怎麼樣。我不介
意告訴你我會擔心這件事,但是如果我太過
緊張的話,你母親會握著我的手,然後我們
會一起看看到底怎麼了。

Theresa : 這樣讓我感覺好多了,我很高興你展現了對
我們更多的信任,而且我很為你和媽在我們
面前談得那麼好而開心。

Gregor : 這個嘛,Terri,我很高興能讓你開心。

Mike : 我也很高興你和媽在我們面前談話。

　　良好家庭運作的一個條件是,能夠形成、解構以及
重新形成輪廓清楚的次系統。家庭成員知道在什麼情況
下他們是比賽者或是旁觀者,以及他們是否滿意這兩種
狀況。他們有信心,不同角色或次團體的界線可以一再
地移轉;還有,做為家庭的成員,他們總會被包含在不
同的角色或者次團體中。在健康的、有功能的家庭中,
這個過程是優雅的。那是一種「好的形象」(「圓融」)。

　　在這次跟 Madiar 一家人的會談中,我們看見了父母
正在形成一個與彼此更堅強的聯結,一個子女們看得見
的聯結。這個更強的父母聯結使得子女們——現在是國
高中學生——覺得更安全且更自由地考慮打破跟他們父
母的強力聯結。在接下來的會談中,父母再度延伸他們
短暫的相會,而變成更為完整的討論。他們一度迷失在

自己的對談中，而孩子們顯得無聊。在一個短暫的停歇當中，孩子們問他們的父母及治療師，他們可不可以「出去買瓶汽水」。這，就某種意義而言，是一個象徵性的試探，看看家庭的界線究竟變得有多鬆散。父母與治療師交換了個眼神。

Gregor：好，如果博士說可以的話，就去吧！

治療師：這對我沒問題，你們已經有你們的事要做，而他們有他們的。從這兒一直走過去有一台販賣機。

　　在Theresa和Mike離開之後，另一個戲劇性的突破發生了。父母轉向治療師，而且問了一個問題。

Dotty：那，我們應該要怎麼辦？你會對這些小孩做什麼？我們會擔心他們。

治療師：嗯，小孩需要去探索世界，而且那是重要的。我瞭解這對你們兩個而言有多麼困難，還有你們會擔心。當然那很可怕。世界上很少有父母不擔心的。然而，你們兩個必須互相幫忙渡過這一關。當然，你們會想知道他們去哪裡，他們計畫做些什麼，還有他們什麼時候回家。我瞭解你們的感覺。

　　當Gregor和Dotty轉向治療師的時候，第一次，他們

形成了一個把一個外人包含進來的、新的次系統。治療師是外在世界的一部分，而 Madiar 一家正自由地邀請這個「外人」來幫助他們。有四、五次會談，他們只是對著彼此講話，而禮貌性地回應治療師的觀察。現在他們正在把一個外在環境的代理人，合併到一個家庭的事務中。這意味著他們已經漸漸準備要與外在世界形成新界線，而且正在拿治療師做練習。他們現在能夠打電話到學校，並且詢問他們的子女表現得怎麼樣，或是他們能夠打電話到圖書館或者其他附近的機構，去打聽一些關於課後的活動課程。這個家庭的外在界線慢慢地，正在變得更具有流動性及可滲透性。

讓我們倒退一點，回到會談中 Theresa 和 Mike 離開去買飲料的時間點上。他們帶著他們的飲料回來，坐下並繼續傾聽，而且稍後參與了一個有關他們在「外在限制區」冒險的討論：他們被允許去做及不能去做什麼，什麼時候他們必須在家，在離開前什麼時候功課必須做完，諸如此類的話題。父母以維護子女尊嚴的方式來對待他們，代表一種相互的尊重；而且所有的人似乎都很滿意這樣的結果。治療師做了一個最後的介入：

治療師：我可以打斷你們嗎？這次會談即將結束，而我想要和你們分享我所觀察到的，可以嗎？很好。我想從我今天所看到的，你們都準備好要嘗試新的事物，新的方式——即使它對你們所有人而言，都有點可怕。你們，Gregor

和Dotty，你們會互相幫忙，讓小孩走出去，並且找出什麼時候是可以如此，而什麼時候不可以。我想你們需要去問問看別人，他們怎麼做；學校建議外出的時間大概有多長；還有別的父母做什麼以及怎麼做——就像你們今天問我的那樣。Theresa和Mike，我想從我今天所看到的，顯然你們準備要走出去進入這世界，並且回來，而且，你們會繼續那麼做。你們都準備要做某種好的、建設性的改變，而我很高興你們能夠這樣。

　　圖7.2顯示了在這次治療會談之後，Madiar這一家的界線。外在的家庭界線更具有滲透性，而且這個家庭自己變得更能夠從治療師及一般外在的世界獲得幫助。父母親覺得他們能夠討論事情，而不受小孩干擾。圍繞在他們周邊的界線更加強化了。就發展上而言，他們準備要對他們的配偶關係做更完整的重新許諾，因為他們的子女會採取適當的行動，終究會離開家庭、上大學，或是有了工作並且變得更加獨立。對於轉向跟其他的成人求助、找伴及找樂子，父母會覺得更為自在。子女們大部分時間彼此會覺得很好，並且對於搬進、搬出房子也開始覺得自在。

　　治療師預期在未來的會談中有什麼挑戰呢？Theresa和Mike可能會發現，他們比他們所預期的更加害怕這世界所潛藏的危險。他們原本以為他們是準備好要離開的

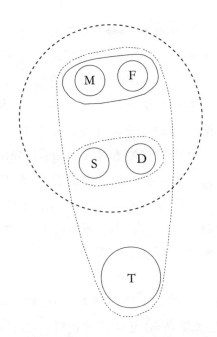

圖 7.2　Madiar 一家：治療後的界線

人，而他們的父母是扯他們後腿的人；但是他們可能發現他們自己內心的衝突（或許是內攝的恐懼，還有真正的危險），他們會擔心他們自己週末旅行到附近朋友的家裡。Gregor 和 Dotty 可能會發現，他們自己為了他們該不該讓小孩去做什麼而交戰，卻忘記去找人來幫忙，以解決他們的衝突。他們可能會發現，他們自己對子女發出混雜的訊息，關於什麼是可接受的、而什麼是不可接受的訊息；然後對 Theresa 和 Mike 生氣，因為在他們跟這個世界的往來中，並未預期到某些結果或併發症。簡單地說，當家庭界線變得更具流動性時，將必須面對、並

且解決問題和挑戰；但是我們希望他們會體驗到這些都
是寶貴的機會，讓彼此有更深入的接觸，以及跟外在世
界有一種創意的適應。

　　在討論界線時，我們不是在談論什麼神奇的事情，
而是某些會使生命更清楚的事物。治療師應該努力在界
線上工作，以清楚界定圍繞在次團體上的界線；如此一
來，他們才能夠把他們所有的能量投入他們所正在做
的，而沒有一點外漏。

治療師的界限：創造在場並管理界線

　　當治療師跟一對夫妻或一個家庭坐下來時，有一陣
子他們從旁觀者轉變成為了其他人而在場（presence）的
人[4]。治療師的在場創造了一個前兆，而且加強了那條
圍繞著夫妻或家庭的清楚界線。在那一刻，他們知道他
們正在做婚姻或家庭治療。少了在場的意義，治療師就
只是提出評論的目擊者。

　　字典提到「靈魂或鬼魂」的定義都會跟在場有關。
雖然這絕非在場的一個恰當定義，但是它暗示了在那種
特殊的狀態下，一個人全然的自己本身，一個人的身體
及靈魂，完全都在此。它是在一起（being with）的一種
方式，而非做了什麼（doing to）。在場暗示了完完全全
地在此——向所有的可能性開放，當治療師的本質存在
於此，激發了人們自我內在更為深處的悸動。治療師的
在場是背景，襯托出其他人的自我，也就是那些可以活

躍、發亮，且完全而清楚地凸顯出來的圖像。

當我經驗到另一個人的在場時，我覺得能夠自在地去表達我自己，做我自己，去揭露任何溫柔的、脆弱的部分，不帶著判斷或評價地去信任我所將接受的。由於治療師的在場，讓我得以跟我自己內在的衝突、牴觸、困擾的問題，以及矛盾繼續地掙扎、奮鬥，不因引導式的陳述或過度斷然的質疑而感到分心。由於治療師的在場，讓我得以面質我自己，因為我知道我有一位有智慧的見證者。

或許在場這個詞可以用「它不是什麼」，來做更好的說明。

- 在場不是在別人面前裝模作樣或自我意識的展示或走秀；其中沒有任何誇飾、戲劇性或矯揉造作。
- 在場不是一種風格。
- 在場不是所謂的天生魅力。天生魅力要求注意、羨慕。天生魅力是把注意力放在它本身，而在場則是注意他人。天生魅力是一個跟其他圖像競爭的圖像，而在場是一個「要求被寫些什麼在上面」的背景。
- 在場不是因宗教而有的謙卑（那其實是一種不為人知的驕傲形式）。
- 在場不是辯論，它不選邊站，它是看全部。

能夠純然在場的治療師是很少見的。那些少數的天才似乎生來就是那樣。而我們大部分則是從不斷的歲月淬煉中，才能做到在場——時間一再地提醒我們還有很

多要學，而我們知道的卻是這麼少。在場是在面對一個
無限複雜且不可思議的宇宙時，所獲得的敬畏狀態。唯
有我們已經接收到贊同與肯定——當我們的杯子裝滿，
而我們不再需要別人提供過分的施予時——在場才變得
容易些。唯有我們學著單純地與他人的痛苦及失望在一
起，而不是一定要去拯救或解救他們時，在場就比較容
易被人體驗到。在我們變得老練或年老時，我們的熱切
渴望已經冷卻，變成一種溫暖而柔和的光與熱時，就比
較能做到在場。

　　當我們談到治療師的在場，我們指的是他們在超越
口語介入的另一個向度上的溝通——例如在跟 Madiar 一
家的會談中所見到的。治療師的視野，於在場的狀態
下，是遍及四方的。以一種沉靜而微妙的方式，他們是
扎實而緩慢的，而非輕浮草率的。在這種狀態下，我們
的呼吸是深沉的、完全的、平均的。我們的時間感是慢
而規律的。我們軀體的自我（body-self）是被支持且有所
覺察。從我們不過度依附於案主故事的內容這個角度來
說，我們並不「在意」。例如，當家庭卡住的那一刻，
治療師安住在沉默中，直到房間裡的張力成熟到足以做
強力而清楚的進場。家庭如釋重負卻不感覺被拋棄。在
開始的時候，這些適時的、認知清楚的，以及有技巧的
進場會增強案主對於治療師的角色及個人力量的信心。

　　在適時往前踏入、進場去清楚表達一個想法，並與
房間內的每個人做出聯結，治療師同時也要為家庭互動
留下很多心理上的空間。案家覺得被認可與支持，每個

人都覺得被完全地聽見和看見。在他們傾聽及參與時，治療師的沉默對於會談的所有衝擊跟他們所說的話，都是同等重要的。在場的沉默引發了系統中的活力。

這意味著一旦會談開始進行了，治療師不會竊竊私語，否則會讓家庭對主要的工作分心，即無法讓它對於自己的過程有更完全的覺察。每次的介入都是強烈而大膽的，而介入之間的空間則完全屬於家庭，治療師既不打斷、也不逗留去把更多的注意力拉到他們自己身上。在場和時機構成了每次介入的力量，它支持了治療師的角色，即在過程中某個重要的圖像。在那個時候，案主覺得被治療師所尊重（看見）及支持（包圍）。

當治療師因頭痛、未預期的生活事件，或一個他們覺得被迫捲入這家庭的「特別」想法而分心時，他們為這個家庭的在場與效果就會打折扣。這或多或少都會發生在我們身上，只因為我們是人。

正如婚姻或家庭系統，你，治療師，也有一個必須被管理的能量場，你必須建立覺察的韻律，這是藉由身體前傾並進入系統以開始會談或做介入來完成的；然後重點是退出，靜靜地坐著以及自由聯想。要從系統撤退並建立一個乾淨的界線，你必須能夠管理你自己的能量以建立一種富創意的漠然狀態（creative indifference）：一種警醒的、開放的、不動的狀態[5]。

你在做介入時內在心理能量的多寡，就跟你只是參與時的量是一樣的。主要的差別是在於你如何使用能量。保持冷靜及「不感興趣」，意味著能量水準從那對

夫妻或家庭系統的接觸界線退出了。能量水準仍高，但是它並不被引導朝向任何地方。你就是處在一種富創意的漠然狀態。有些時候在考慮系統界限時，你會經驗到你自己和那對夫妻或家庭的差異；然後那差異淡化了，而你為了對某些發生在你眼前的新鮮事變得有興趣，而開始做一些幻想（daydream）。

治療師應該覺察到他們何時正在打破案家的界限，而變成他們覺察的一部分。重要的是，要知道什麼時候成為那婚姻或家庭場域的一部分以施展影響力，而什麼時候只要做觀察就好。在觀察時，你不會想要把能量往你自己這邊拉，不論它是出自關切、興趣，或只是旁觀而已。你應該只在你需要案家所有注意力的時候，才把能量拉向你……然後你又再挪開。

假設一個家庭正在談話，就像 Madiar 一家在他們會談一開始那樣。這一家人都在他們自己的界限之內；治療師是在一個不同的界限內。治療師是與之分離的，因為他並未送給這個家庭任何能量。

現在治療師想要影響這個家庭，治療師必須要先把這一家子帶進他或她的界限，同時走向他們的。這一家的成員首先必須從彼此脫離，然後，警醒而專注地轉向治療師。在治療師說話之前，他與家庭必須在界線上相會。在界線處一定會有一種張力：家庭準備聽，而治療師準備說什麼。如果沒有那麼做，家庭的注意力及關心是在別的地方，其中沒有交會點。

其他時候你可能不想以這種方式介入。也許你已經

做了介入，但是希望提醒家庭或者增強那些他們正在努力表現的「長處」。你不想要讓他們停頓下來，但卻應該是用一種無形的聲音悄悄地說：「你們現在做的就是了。」治療師應該持續地對他們之間所正在發生的感興趣，而不是對你自己所要說的。

以下這些例子，每一個都是界線管理的一種形式。第一個例子——與家庭界線相會並且獲得他們的注意——是一種介入。最有力的介入總是在界線處進行的。在第二個例子中，治療師暫時踏進家庭的界限內。它就像是越過界線把某件事物拋進去。常常，只是一個不同的聲調就可以在剎那間進入家庭的場域之中。第二個例子只涉及增強，一個提醒。這是一個非常重要的區別，因為即使治療師是從系統之外來管理界線，全副的注意力還是在家庭之內。

在自我的覺察上工作時，也是同樣的運作過程。注意力保持在自我的不同部分。身為治療師，我不想說：「注意你的胃裡面有什麼正在發生」，因為那樣你就得從注意你自己轉成來傾聽我的話語。但是如果我能拋進去，而不是超越那條界線，那麼你就可以留在你自己的界限之內。

這就是界線管理，而在跟個人、夫妻，或家庭工作時，我們就得這麼做。治療師常常必須決定是否要在界線處與夫妻或家庭相會，並且以接觸的方式來加入他們；或是將他們的能量維持在他們的系統之內，而不擾亂了他們進行中的能量場。治療師也必須能夠在不打散

這對夫妻或家庭的注意力之下，從他們的界限中退出。
有些治療師藉由閉上他們的眼睛來這麼做。一旦給了清
楚的指示，而他們還是對於要去做的事猶豫不決，你就
可以閉上你的眼睛。這個簡單而有意識的退出，還是保
持著在場的狀態，同時你所創造出圍繞著案家的支持性
場域也保留著。

　　我曾經跟一對剛生下小寶寶的夫妻一起工作，那是
一段頗有意思的回憶。當他們在談話時，我們的一位工
作人員抱起小寶寶離開。二十分鐘後小寶寶回來了，那
對夫妻剛結束了他們這段工作，才驚訝地發現小寶寶一
直都不在房間裡。他們一直都這麼清楚地在「裡面」，
以至於「外面」所發生的任何事情都變得無關緊要。

　　某件事可以被拋進去的唯一時機，就家庭成員付出
最少的注意力而言，是在他們的注意力已經完全投入的
時候。資訊不能是全新的，因為那會太過引發興趣。資
訊必須是熟悉的，是一個增強或提醒；不足以攫取注
意，但卻足以讓他們稍微提神。如果新的資訊被拋進
去，它將會被全部忽略，因為它太困難了，或者這對夫
妻或家庭會停下來去注意它。這兩者都是有干擾性的。

　　這樣的「拋入」（lob）把覺察提升到另外一個程
度。因為資訊已經在系統中出現，它不用花費許多能量
以生起對它的覺察。當覺察降低了，你把它提升一點，
然後當它再掉下，你再把它提高一點，如此一直下去。
你只是輕聲地說：「它來了，就是它。」你提供必要的
支持，並且讓他們的覺察維持一點點的昂揚。可以悄悄

地說「非常好」。如果你真的很想用力地說「非常好」，
你就必須讓他們停下來，再說：「我必須告訴你們一件
事。你們剛剛做得真是太棒了！你們何不再如此做一
次？」那是一種強力的介入。每一種方式各有不同的適
用時機和場合，而兩者在治療師的行事目錄中都是很重
要的。它只是跟選擇如何管理界線有關。

結語

在前面的章節中，我已經討論了很多「圓融」（「良
好形式」）以及基本系統理論的概念，並且也示範了在
觀察夫妻或家庭的時候，這兩個概念性的立場如何幫助
我們聚焦。互動的循環被介紹了，包括它的許多應用部
分。覺察，做為我們工作的基石，我也花了很長的篇幅
去討論了；我也示範了一個簡單的、甚至是很小的轉
變，它可以促進人類系統的改變。我也在第五章結束
時，強調出三步驟的介入公式其中的優雅與力量。然
後，我回顧了各種不同的重要抗拒，而且示範了在系統
中它們如何既是生病的象徵，又是一種力量。在此則涵
蓋了界線的確認和管理，而且也穿插了詳述治療師在場
的概念。在建立了這些理論架構之後，我們準備轉到實
務上的應用──即第二部分的主題。

本章註解

1. 見 F. S. Perls, R. F. Hefferline, & P. Goodman (1951), *Gestalt therapy: Excitement and growth in the human personality* (New York: Julian Press). Perls、Hefferline 及 Goodman 說：「成長是在有機體／環境場域中接觸—界線的功能；它以創造性適應、改變和成長為手段，而複雜的有機體單元乃是依靠著場域中更大的單元而存活。那麼我們可以如此定義：心理學是研究創造性適應的學問。它的主題是新奇和慣常之間不斷更新的轉變，導致了同化和成長」（p. 230, original emphasis）。

2. 當然，在此我指的是人類能量場還有個人及心理的空間。見 I. Bentov (1988), *Stalking the wild pendulum: On the mechanics of consciousness* (Rochester, VT: Destiny Books); B. A. Brennan (1988), *Hands of light: A guide to healing through the human energy field* (New York : Bantam Books): F. Capra (1991) , *The Tao of physics: An exploration of the parallels between modern physics and Eastern mysticism* (Boston: Shambhala).

3. 治療師創造在場的任務，在本章稍後會有所討論。

4. Donna Rumenik 最先向我介紹在場的概念，那是完形治療中「以自我做為工具」的一個重要觀點。Rumenik 在她未出版的手稿 *"Gestalt principles for working with dysfunctional couples and families"* (1983) 中討論了在場。我們曾有許多的交談，關於治療師在場的意義與重要性，以及它對於那些我們跟當事人工作的療癒效果。Rumenik的工作啟發了我對於在場的想法，它對於我的著作 *'Presence as evocative power in therapy," Gestalt Review, 1*(2), 1-2, 1987，以及本章在場的那一段，有很大貢獻。

5. 「富創意的漠然」的討論，見 F. S. Perls (1969), Ego, *hunger, and aggression: The beginning of Gestalt therapy* (New York: Vintage Books).Perls 說：「S. Friedlaender 區分了冷淡的分離——『我不在乎』的態度——與『富創意的漠然』。富創意的漠然充滿興趣，向分化的兩端延伸。它

與完全的零點（zero-point）絕對不同，它會有一個平衡的部分」
（p. 19）。亦見 G. Wheeler (1991), *Gestalt reconsidered: A new approach to contact and resistance* (New York: Gardner Press). Wheeler 對這個觀念做了以下的評論：

Salamo Friedlaender（1871-1946）是德意志第二帝國後期一名相當隱晦的，現在幾乎完全被遺忘了的評論家、詩人、尼采學者，並曾是諷刺小說家（筆名為 Mynona）。在他 1918 年的著作 *Schoepferische Indifferenz*〔從未被翻譯，但在英文中翻譯為「富創意的無分別」，或「前分別」（predifference）比較好，而不是「漠然」，它的英文帶有缺乏投入的意涵〕，他主張：⋯⋯「好」的性質在價值上並非是固定或絕對的，而是端賴它在內含的意義中比另外其他的東西——就其相對的另一端，也就是「不好的」——「比較好」的假設上⋯⋯（pp. 47-48, original emphasis）。

第二部分

實務

8

介入婚姻系統

「你—我」（I-Thou）這個基本的字，構築了關係的世界。
——Martin Buber

與日俱增的覺察為我們生活的每個層面帶來改變。在完形婚姻治療中，過程的覺察是產生有意義改變的基礎。

通常，夫妻不會覺察到他們的過程：包括過程中的流動（flow）、過程中彼此認知的固著性（cognitive solidity）、過程的能量，以及過程中潛在的接觸。他們致力於他們所說的內容，而這也是他們最感到興趣的部分。當整個過程進行順利，他們的確不需要注意到它（過程）。夫妻雙方若是能從不同的地方出發、聚集、一起做些事，然後感到結束與滿足，那麼這對夫妻的互動過程是平順的。任何過程中的阻斷（interruption）將導致殘

餘能量，而感到不滿足或是不對勁（malfunction）——
「一定有哪裡出了差錯」。當互動的過程是不佳的，他
們會感到痛苦，此時他們會期望紓解這痛苦而來尋求治
療。

　　一對運作功能良好的夫妻不需要去注意他們互動的
過程，只有當功能被阻斷或卡住的時候，此時來檢視一
下過程是很有幫助的。舉個例子，開車的時候不需要注
意開車的整個過程，只需要注意你要去的地方就可以
了。但是如果你是一個很差勁的駕駛，而且經常磨損掉
離合器，那麼你就要把變換離合器的過程從背景中取
出，進入到你的覺察之中。你必須注意你是怎樣以及何
時變換離合器。一旦你學會如何正確地變換離合器，此
時變換的過程就會退回背景；而你只要開車，不再需要
注意到你是如何變換了。

　　只要過程運作順利，它就會停留在背景。當過程發
生障礙而變成前景（foreground）時，你就會被迫去檢視
它。當夫妻前來治療時，他們暫停目前的生活，並且將
他們的注意力從生活的內容轉移到生活的互動過程。他
們從生活的內容面（what），轉移到他們的生活是如何
發生的過程面。當生命又變得平順且滿足時，過程就會
再次成為背景。

　　一對夫妻應該做些什麼來修正互動的過程呢？他們
需要說說他們身上發生了什麼事，他們的想法、感覺以
及經驗。他們必須停留在過程之中，直到抓住一些他們
感興趣、關心、或有能量的事情上，然後雙方達成一個

「圖像」是彼此都能參與且關心的，然後他們就同它在一起、消化它、完成它，然後抽離（pull apart）[1]。

　　身為治療師，我們也一同經歷了當事人所經歷的過程。我們觀察這對夫妻，但卻還不知道我們關心的是什麼、什麼會引起我們的興趣、或什麼對我們是重要的。我們允許過程中的某些部分成為圖像，然後告訴這對夫妻[2]。我們稱這樣的分享為一個「介入」。這介入擴展了夫妻的覺察，然後從背景中擷取某些東西成為圖像。如果這對夫妻能夠咀嚼這份覺察，從中獲益，並且選擇改變他們的行為，那麼我們就感到滿意了。

　　如果這對夫妻無法做到我上頭所描述的，我們就會創造一個實驗，在具體的框架中提供一個結構，讓夫妻能在其中嘗試這新的覺察。這實驗向夫妻展現新的行為、經驗或頓悟；然後他們可以選擇是否要將這新的體驗納入他們的生活之中。當我們向他們展現以新的方式看待他們自己之後，我們就結束這次的會談。

　　本章使用書中第一部分的理論與原則，敘述治療過程的基本原理，並描述如何創造與呈現介入，以引領夫妻更能對過程有充分的覺察以及改變這過程的機會[3]。

如何設定婚姻治療的情境

　　做為治療師，我們必須觀察足夠長的時間、傾聽足夠長的時間，然後體會一下這對夫妻之間正在發生什麼事，如此才能夠得到足夠的資料，瞭解其過程，然後創

造適用於他們困境的介入。爲了達到此目的,我們必須
在這系統中建構出我們的在場,並且引領這對夫妻一起
參與對過程的檢核[4]。

我們要做的第一件事是要開始一段寒暄的對話(small
talk),以建立我們治療師的在場,並且開啓跟這對夫妻
的接觸。這是一般的社交歡迎詞,我們必須確定跟每個
人都形成接觸,並且提供溫暖的氣氛,以便啓動後續私
密的談話。

接著,我們討論治療的原則。我們讓來談的夫妻瞭
解,我們能幫助他們最好的方式就是觀察他們,也就是
說,我們會要求他們互相對談任何他們覺得重要的事
情,而我們則扮演觀察者(witnesses)的角色。當任何事
凸顯出來,而我們相信他們會覺得有興趣或是對他們有
用時,我們就會打斷他們。

我給這些說明的時候,從來沒有不遭遇當事人抗拒
的。以下是我老是聽到的一些意見:

「但是我們已經在家裡談過了啊,所以在這裡
再談一次不會有什麼用的。」
「談這些沒有用的,因為他們根本就不會聽,
所以我們才會來這裡。」
「我沒想到會是這樣。」
「我想說的是……難道你不會想知道任何關於
我們的事嗎?難道你不會想知道我們的過去或
是我們如何搞成這個樣子的嗎?」

「我們來這裡是要聽你的建議，不是要來這邊
說一些已經在家裡都說過的事。」
「這樣很難為情耶。我不知道我有沒有辦法在
你的面前只是說話，而你只是坐在那裡聽。」
「這樣做感覺假假的。這並不是真的情境，所
以我不覺得這樣做有什麼好處。」

在這裡，我們凸顯這個抗拒的方法（就像我們進行
所有好的治療工作一樣），就是與它相處（staying with
it），直到所有的人都表達了他們對此情境的抗拒[5]。例
如，假設個案說他們覺得這樣非常假，而且覺得要在你
的面前「演出」會不舒服，你的反應可以是：

治療師：我很感謝你們告訴我你們的不舒服。沒錯，
　　　　你們說得對，這不是真實的情境。但是，觀
　　　　察你們的互動對我而言是非常重要的，如此
　　　　我才能瞭解你們如何溝通。我知道這是假
　　　　的，而且令人不自在，但是我希望你們能夠
　　　　試試看，因為我相信這是我能幫助兩位最好
　　　　的方式。

我同時會向他們說明，當我們覺得有些事情想要告
訴他們的時候，就會打斷他們。所以，當他們覺得需要
協助或是卡住的時候，或是當他們想要告訴我們或詢問
我們的時候，也都可以隨時轉向我們。

一旦我們的說明夠清楚後，我們就從這個系統退出，然後畫下一道界線⁶。當他們互相談話時，我們就觀察他們互動的過程，直到某些事物變成圖像。而當這些東西凸顯出來時，我們就打斷他們，然後進行一個介入。

當所有的事情都設定好後，與這對夫妻的治療情境就是一個實驗。我們以一個實驗開啟了這個情境，而所有的實驗都是人為的、戲劇化的，或是人造的情境。然而，這些也是生活的片段；不同的是，你可以看到正在發生的事，而且是清清楚楚、明明白白。

一旦我們有了一個好的介入，我們就從那裡開始工作。夫妻可以從此開始探索或是由我們創造一個實驗來咀嚼這過程，進而從中獲取一些東西。

最後，我們又返回談些瑣碎的事情來結束這次的晤談。我們從一個人為的、結構的情境中返回到一個比較社會化的、輕鬆的，以及比較自然的人與人之間的接觸。我們祝福他們，並說再見。這次的晤談就像一架飛機的旅程：起飛、達到一定的高度、飛行一陣子，然後降落。

如何選擇一個介入

新手也許會問：「在談話時我該做什麼呢？什麼會凸顯出來呢？我該把注意力放在哪裡呢？」

讓我們想像你正坐在一對夫妻面前，而無以計數的

事情正在發生。所以，如果沒有描述人類行為的理論，你就無法看到任何事情。這會讓你覺得迷惑。只有當你使用「認知地圖」時，資訊才能被組織起來，凸顯出來，然後變成一個介入。我們說的這些在完形中稱為「濾鏡」（screens）、「視框」（eyes），而我們透過這些來看這個世界。其中有四個主要的「濾鏡」，你可以用來檢視你的所見與所聞。

夫妻互動過程的長處與弱點。首先是第三章所描述的互動循環圈。這對夫妻是如何經歷這循環圈的？他們是如何互相加入對方？如何不加入？他們如何在某件事上工作然後達成一個良好的解決方法？如何無法達成良好的解決？如果這對夫妻有一個良好的循環圈，他們就會有一個好的心理經驗。

治療師應該觀察的不只是互動過程中的阻斷，同時也要觀察其長處。大部分的夫妻無法覺察到他們所擁有的能力。所以陳述出他們的能力是一個很有力的介入，有時候比指出他們如何打斷自己的互動更有力。如此有力的原因是人們並不知道他們做得好的比做得差的來得多。

Jim 與 Loretta：一對夫妻的互動過程

以下的例子顯示一對夫妻良好互動的過程。Jim 與 Loretta 談論關於他們二十二歲的女兒 Marilyn。

Jim ： 幫助 Marilyn 付房租，你覺得怎麼樣？

Loretta ： 我覺得很好，但是如果今年我們把錢存入我們的退休基金的話，我們就沒有多餘的錢了。

Jim ： 但是一開始她可能無法適應。我很擔心她。

Loretta ： 我也是。但是我們必須讓她努力，這樣她才能學會長大。

Jim ： 真希望我們是有錢人。

Loretta ： 這不是重點，Jim。Marilyn不是個孩子，她已經是個有能力的年輕女性了。

Jim ： 我猜我們必須讓她學習如何照顧自己。你覺得這個想法如何：如果她付房租有困難來找我們時，我們就試著幫她檢核她的財務狀況，看看她能怎麼辦。

Loretta ： 而且如果她看起來需要我們的幫助，我們就幫助她。以她現在的薪水，她應該沒有問題的。

Jim ： 沒錯！她終於可以靠她自己了，你有沒有覺得很高興？

Loretta ： 有啊！她真的很棒。我很為她感到驕傲。

　　指出你所看到的當事人的長處，將它們帶入當事人的覺察當中；如此做，可以讓當事人在卡住的時候，提醒他們使用他們的長處。當他們遇上困境的時候，他們能取出他們做得很好的部分，然後使用這些長處來解決他們的問題。我們可能會告訴這對夫妻有哪些能力呢？

治療師　：我想告訴你們，我對你們能夠在問題上努
　　　　　力，並且不會被其他一般的財務問題分散你
　　　　　們的注意力，感到印象非常深刻。你們真的
　　　　　很關心Marilyn的狀況，而且能夠專注在這個
　　　　　問題上，並且達到一致的看法。當你們兩人
　　　　　都感到放心而且滿意時，你們就能夠放下這
　　　　　個問題。做得好！

　　用互動循環圈來說，Jim與Loretta能夠將他們的能量
全部放在維持一個清楚的圖像，並且達成解決之道。夫
妻的失功能就是在這樣的過程中有干擾，特別是在互動
循環圈的干擾。讓我們再看一下 Loretta 與 Jim 的例子。
這次看他們卡住的時候如何處置。

　　Jim　：幫助 Marilyn 付房租，你覺得怎麼樣？
Loretta　：我覺得很好，但是如果今年我們把錢存入我
　　　　　們的退休基金的話，我們就沒有多餘的錢了。
　　Jim　：但是一開始她可能無法適應。我很擔心她。
Loretta　：我也是。但是我們必須讓她努力，這樣她才
　　　　　能學會長大。
　　Jim　：真希望我們是有錢人。
Loretta　：那不是重點。你又開始做白日夢了。我們必
　　　　　須看看現實是什麼。
　　Jim　：那現實是什麼？
Loretta　：你現在應該知道的啊！

Jim ： 再說一次。

Loretta ： 她每個月需要一千美元才能活下去，而她現在也不過就賺這麼多錢。

Jim ： 那如果她想去旅行呢？

Loretta ： 那麼她就必須犧牲其他的東西來存錢。

Jim ： 對一個已經長大的孩子，我們的職責到底是什麼？

Loretta ： 每個人的方式都不一樣吧。Donoghues 他們家在Mark畢業的時候給他一大筆錢。

Jim ： 哇，那太令人吃驚了！他們的收入甚至沒有我們好呢。

Loretta ： 也許我們應該跟他們聚聚，問問看他們的意見。

Jim ： 我們應該能夠自己解決這個問題的。

Loretta ： 我那天在超市看到 Les Donoghue，他看起來好極了。

Jim ： 我們好幾個禮拜沒看到他們了。

Loretta ： 我的頭開始痛了……。

　　在第二例的對話中，Jim與Loretta無法完成他們起初開始的話題。沒有一點完成與滿足的感覺。他們一旦談論到Donoghue的收入就開始離題，並且偏離他們原來的目標——處理他們女兒的獨立問題。

　　用循環來說，我們可以說他們卡在覺察之中。他們覺得需要蒐集更多的資料，以確知他們正在做正確的

事，但是他們無法在他們之間聚集足夠的能量來決定最好的行動方法。因此，一個良好且穩固的接觸無法成形，而其中的一方就已經在開始破壞這樣的接觸。他們無法做一個暫時的決定：與朋友見面，所以他們卡住了。然而，我們還是可以告訴他們做得好的部分，因為即使如此，我們還是可以看到他們的能力。而且要在告訴某人的困境之前，先告訴他做得很好的地方是不錯的方式。治療師可以說：

治療師：我很喜歡你們對待彼此的耐心以及試著去回答對方的問題。我喜歡你們的好奇心以及有些哲學的品味。

然後，再告訴他們：

治療師：因為你們花了很多的時間來討論所有的可能性以及關聯性，你們在達成結論並完成這個討論上，似乎有些困難。

　　如果你看到一對夫妻會互相分享訊息、詢問並回答問題、試著影響對方、允許能量建立起來，以及讓興奮能夠流動並且鉤住對方，如此表示他們做得很好。相反地，如果你看到過程中有任何中斷──詢問但沒有回應、咨嗇或完全不給予訊息、很長的停滯、討論離題了、對對方說的毫無興趣卻什麼也不說、一方說他或她

想要對問題盡點力，但一點能量也不投入，而且一點也不試圖跟對方有所聯繫——如此這般，表示這對夫妻有了問題。

任何在你面前凸顯出來的情境都可能變成一個有力的介入。即使你目前只有這個濾鏡來觀察，你也將看到許多個案需要學習的事物。完形的循環模式給你一個可以瞭解人類互動過程的語言，同時它提供你方法去傳達你的所見和所感給這對夫妻。

內容議題。到目前為止，我們假設你是過程導向的。當這對夫妻的對話如此吸引你並引誘你去評論其內容時，你要如何不屈從於這樣的引誘呢？有沒有可以藉由你的身體、你的頭、或是環境中的任何東西，來避免追趕著內容呢？我的答案是注意內容並不是你的工作。我們的工作是觀察過程——個案如何說，而非說什麼。這是個挑戰，只有在我們變得懶惰時，我們才會跟著內容一起打混。想想看，所有在第二例對話中潛在的內容議題有多少，這些內容可能讓治療師落入陷阱而對這對夫妻毫無助益。

「二十二歲了，你不認為 Marilyn 已經大到足以照顧她自己了嗎？」

「在現在的世界，一千美元是不夠養活自己的。」

「對一個年輕人來說，每個月一千美元很夠用了。她需要的是你教她怎麼用。」

「為什麼不鼓勵 Marilyn 找一個室友呢？這樣她

就有更多的錢了啊！」

　　一旦我們與內容糾纏在一起，我們就停止「工作」了。我們的工作是去觀察這對夫妻的互動過程，並且協助他們改變它。而他們的工作則是與他們的內容在一起。如果我們只是加入他們的內容之中，我們就不再能給予這過程適當的諮詢。

　　我們的假設是不管夫妻之間所說的是什麼，系統的失能會一再地重複發生。他們處理的問題可以是性、金錢或是搬家，但是所產生的阻斷則是相同的。他們所卡住的不是內容，而是過程。這並非說某些內容不比其他內容更有問題，但是過程則是最常發生問題的所在。

　　夫妻也可能因為處理過多的覺察，但沒有足夠的能量喚起（arouse）來形成強力的接觸而卡住。例如，如果他們試著解決財務問題，他們可以談很久關於錢的問題，但是只要他們沒有投入足夠的能量讓某些事發生，那麼他們所有的努力都是白費的。又例如他們討論搬到另一個城市，但是如果他們沒有產生能量喚起或振奮（excitement），那麼他們的對話就無法達成任何的解決方案。

　　無論內容為何，卡在覺察而沒有振奮將會駑鈍我們對事物的體驗。在覺察中，能量的投入相對而言是低的；也就是還沒有振奮。我們並不試圖去鉤住任何人，只是讓事情自己出來。覺察本身是一種低能量的形態，而讓這種形態維持在低能量是很重要的，因為它是實驗

性的。我們希望能夠丟掉一半我們的想法，因為如果不
這麼做，那麼每件事都會變得很重要，而我們就會被永
遠地卡在這裡。

如果夫妻能夠很平順地完成循環圈，然後詢問我們
的意見呢？我們要如何處理？因為我們的意見比一般人
的更具有參考價值，所以來尋求協助的人們有權希望我
們給他們一些意見。例如，一對夫妻可能問我們對於送
孩子到私立住宿學校的意見：會有什麼後果？孩子應該
多大時才能這麼做？他們應該注意些什麼？或是我們可
能會被問到一些親職教養的問題：孩子多大的時候，主
要照顧者可以回到工作崗位？這樣是好是壞？另一對夫
妻可能會問我們關於跟姻親同住的問題：我們認為這是
個好主意嗎？或者這會不會對家人產生太大的壓力呢？

這是很詭異的時刻，因為無論我們多麼專業，不管
我們相信什麼，我們真的無法知道對他人而言什麼是最
好的。然而，有時候這是我們的任務所要承擔的風險，
去告訴別人什麼是我們相信可能是最好的。這樣的狀況
之所以會變得詭譎，通常乃是在迴射較明顯的系統之
中，這樣的系統有較緊密的界限，而且系統並不向我們
要求什麼，我們會因為實在有太多明顯的事物他們不知
道，而自然便想要提供我們的意見給他們。要諮商這樣
一無所求但他們所提及的內容對你而言是錯誤百出的夫
妻，是很困難的。例如，你可能相信父母皆有工作的小
孩會成長得很好，但是你的當事人卻說那很不好，因為
小孩會覺得沒有被愛或是行為有所偏差。此時，你會感

到有無數的誘惑，因爲你多麼希望能改正他們的意見啊！

在這樣的情況下，我們建議治療師不要介入。你應該總是等待被詢問。如果你沒有被詢問，那麼你的意見被聽進去的機會就很渺小。而且跳過過程而只給予內容資訊，是沒有用的。然而，身爲專業者，當我們被詢問時（即使我們知道我們並不需要知道什麼是最好的），我們可以根據所瞭解的給予意見，但是它必須只是一個開端。

有些時候我們也的確會未經詢問就介入內容議題，但是我們一開始訂定的契約是我們會觀察並告訴這對夫妻的是互動過程，而非內容訊息。處理內容訊息，我們通常會等他們問起才介入，不像直接地介入過程。這樣做的理由是我們覺得處理過程訊息比較自在，而且我們的角色也很確定。我們相信學習這些對他們來說是有用時，我們就願意介入。而且，在介入過程時，我們可以更清楚聚焦（anchor）在治療期間中所出現的資料。

兩極傾斜或其他的不平衡。任何時候我們看到兩極有所傾斜時，就表示不平衡產生，而這就是可能的介入點。如果系統是健康的，則系統的每個部分都能發展出許多潛能。如果一個人太過投入，而另一個人則否，那麼他們就助長了這樣的傾斜，並且形成個人內在與人際間的難題。他們會覺得比另一人做得多或做得少，也可能過度仰慕或極度蔑視另一方。如果這樣的不平衡存在過久，它將導致心理的停滯與窒息，或是心理的不安、憤怒與困擾。

　　這樣的兩極是如何在關係中發生的呢？當我們同另一半在一起的時候發生了什麼事呢？那必定是因為自我的某部分長久以來沒有得到發展，而由於某些原因，我們發展了其他的部分。這樣的結果就是我們所有人都發展成特定的心理特質，而代價就是犧牲了其他部分。例如，關心他人的部分可能得到很好的發展，但是照顧自己的部分卻沒有得到足夠的注意。又例如，嚴肅的部分得到很好的發展，而幽默的部分則否。

　　看到他人擁有你尚未發展的特質，對你而言是很吸引人的。要得到這些尚未發展的部分是很容易的，只要加入他人即可。瞬間，你就擁有了幽默感或自我照顧、感到活力充沛或是井井有條。這是一種立即的自我實現，而且是非常美好的感官經驗，我們稱之為「戀愛或墜入情網」（falling in love）。你感到完整，而事實上在那片刻你的確是完整的。而另外一人，這個需要發展不同面向的人也會發現所珍愛的人是迷人的。所以你們兩人結合在一起成為一體，而你們會愛它一陣子。兩人結合，成為夫妻，成為一體，一個全新的個體。

　　然而，通常幾年後，事情開始不對勁了。諷刺的是，這是導因於你們尚未發展的部分。有一部分原因是，因為你並沒有給這些未發展的特質同樣的評價（相對於已發展的），但同時，你又覺得它們很重要而且很棒，因此你對這些特質感到很矛盾。而你透過這些特質的正面與你的另一半一起生活。例如，另一半的幽默讓你的生活有活力、品質好、感覺好。然而這樣的現象持

續不會太久，一旦你發現負面的部分：幽默具有偏離的特性、一點殘酷的特質、該認真時卻不願意認真。這些你以前喜歡的事情，你現在不喜歡了。跟另一半的幽默一起生活，讓你覺得困擾。

這是最困難的時刻，也是每個關係都要克服的部分：把你的目光從伴侶身上做得好與壞的部分移開，而去重新擁有你自己做得好與壞的部分。你必須承認從你的伴侶身上學到的特質，並且跟這些你投射到伴侶身上的特質一起生活[7]。你必須停止將你的目光一直停留在你的伴侶身上，一旦你發展了你自己的幽默，你就不會喜愛也不會憎恨你伴侶的幽默——你將可以兩者兼有。你可以喜歡它也可以不喜歡它，而你知道這是你伴侶的責任去處理它。你可以將你的目光從你的伴侶身上移開，因為幽默已不是你尚未發展的特質了。一旦你發展了你的幽默，你知道它的複雜性，而不再正向或負向地將它與你的伴侶連結在一起。

身為治療師，當你看到這樣的傾斜時，你可以做什麼呢？例如，你看到當她看起來有很多的痛苦，並且想要將他們的困難說出來時，他卻持續地一直開玩笑。以下是可能的介入：

治療師：好的。我想在這裡停留一分鐘。我想告訴你們我所注意到的。我注意到你們的互動中同時存在著嚴肅與幽默的部分。由於某些原因，你們其中一人是嚴肅的，另一人是愛開

玩笑的，而你們似乎都一直持續這樣的互動
方式。你們有注意到嗎？你們是否在家裡也
是如此？

在他們回答後，你可以問：

治療師：為什麼你們不告訴對方你對這樣的感覺是什
麼？你們想做做看嗎？或者你們想看看你們
能做些什麼改變？

如果他們感興趣並且希望進行某些改變，你可以建
議一些實驗，例如交換角色（reversing roles），讓他們更
能夠覺察到他們的傾斜。

在 Jim 與 Loretta 的第二例中，我們注意到 Jim 提出困
境並且詢問問題，而 Loretta 則給予答案。以下是可能的
介入。

治療師：我想指出我觀察到你們解決問題的過程。我
注意到，通常是 Jim 發問，而你，Loretta 會
負起解釋、判斷，以及想出可能解決方法的
責任。你們注意到你們分工的方式嗎？

在他們討論對這樣傾斜現象的回應後，你可以構想
出一個實驗。

治療師：我希望你們能嘗試看看一個小實驗，交換角
　　　　色可能對你們有用：你，Jim給予問題的解
　　　　決方式，而Loretta提出問題與困境。你們覺
　　　　得如何？你們想看看這樣會發生什麼事嗎？

　　任何的傾斜都可以被當做一個介入，來強化這對夫
妻對於你認為是破壞因子的覺察。

　　當你看到夫妻有傾斜的現象發生，這或許是一個具
診斷性的陳述：這些人可能沒有好好的發展。然而，沒
有一個人在所有的面向是完全地發展的。所有的特質都
完全發展是一種理想，沒有人可以達到。我們只會選擇
特定的特質來成為自我的主要定義。

　　當發展到達較高層次時，我們會覺察到我們的選
擇。我們知道我們不會將能量放在發展自我的所有面
向，只因為我們不想要也沒有需要。我們欣賞伴侶所帶
入關係中的特質，雖然不喜歡，但是仍然可以與之共
存。例如，如果丈夫比太太更外向，更具社交取向，那
麼太太可以選擇讓他做他自己，而且她也可以欣賞這豐
富了她生活的部分。她知道她對他喜歡社交不會給予高
度的評價，而且不明白為什麼他要投入那麼多，為何對
他如此重要。但是如果他覺得還好，那麼她也就還好。
這不是她需要去羨慕，也不是她需要去深惡痛絕的特
質——這不是她需要去關心的。這樣的平衡與前幾章談
到的「富創意的漠然」（creative indifference）的零點（zero
point）類似。

　　起初，太太可能會覺得比她先生差：「他是不是很棒？看他多麼地友善可親啊！」之後她可能覺得自己勝過她先生：「他怎麼可以如此浪費他的時間在這膚淺的社交事務上？他真是個膚淺的人。」然而，如果有成熟的互補，那麼對另外一半就會有一點哲學意味的看法，而非自卑或是優越的感覺。當夫妻完成互補，傾斜就不會發生在互動的過程。並非兩極就此消失了，而是被改以不同的角度與方法來處理。他們不再將能量挹注在投射上。

　　互補性與中間地帶。與他人融合是一種非常迷人且容易進入忘我的經驗。它是首要原則（the first principle）、原始的夢（the original dream），與母親結合的第一個夢想。在生命的初始，這樣的融合並非一般所認為的「愛」。這樣的「需求」、這樣的影像是一種無法區分的渴望——在有文字之前，在能說出「我愛你」或「我有所渴望」之前，就已存在——它是一種沒有覺察的心理感受。在當時——心理感受到的時刻——如果這樣的融合需求沒有以某種方式被滿足，那麼這嬰兒或兒童就可能受到永久的傷害。

　　只有後來大量的渴望需要文字，而在不同的文化這些字也不同。不同的社會發展出不同的方式來滿足這未滿足的需求。因此，人的一生在不同的時刻，愛的意義也有所不同，但是戀愛的經驗以及融合的需求仍然是一個謎團，不管使用的文字為何，它都是某種形式的心理煉金術。那是一種感覺好像沒有對方就不是一個整體，

個體就不完全；同時也不認爲對方是一個完整的個體。通常都會臆測對方的樣子——這樣的幻覺蓋過對真實個人的好奇。結合好像是煉金術般將東西放在一起，然後製造出新的東西。在煉金術裡，我們的祖先嘗試將相對的金屬放在一起，試圖製造出金子。這就是通常我們認爲在訂婚與結婚時戴金戒指的原因。在性別的生物學也同樣存在煉金術，對方是不一樣的，而這種差異的遺傳謎團是如此地令人著迷。

　　但是融合註定失敗。胎兒若一直待在子宮就會死亡。如果年輕人在家跟父母待在一起，那麼他或她在靈性上或某些方面就會死亡。融合接下來必須是分離（separation），而分離總是包含分化（differentiation）。分化意指夫妻開始從融合分離並且發展他們自身，Jung 稱之爲個別化（individuation），而完形則稱之爲界線形成（boundary formation）。完形認爲你可以有充分接觸的唯一途徑就是擁有適當的界線。模糊（mush）無法讓你接觸，也無法起衝突。你必須從心理的同類團中脫離，然後用你自己的想法、感覺、愛好，以及活力成長爲一個可辨識的、具界限的有機體。之後，當你以你的獨特性跟對方在一起時，你會感覺到熱力四射。而這樣的熱力四射並非只有愉悅，而是同時具有啓發性。

　　兩人系統就是一種融合與分離的律動，我們在生命以及日常生活律動中的不同場合彼此碰觸，以不同的強度相互碰觸。有時候我們忘情地碰觸，有的時候則在憤怒中碰觸，但大部分的時間我們只是因爲一點磁性的吸

引力而碰觸。碰觸之後，我們就彼此分開，之後，我們
又會在一起。這樣交會與分開的過程，就像攪動的果汁
（dynamic juice）在關係中翻滾。

融合與分離的主題是生命全程的經驗，以不同的形
式出現在不同的時期。當情侶墜入情網時，他們經驗到
融合，他們是不可分離的，他們坐著並注視彼此的眼
睛。他們彼此宣示永永遠遠愛著對方。之後，在他們處
理生活的任務，以及當他們更熟悉彼此的方式時，緩慢
而微小的分離過程就開始發生。在這個時期，對差異有
更佳的認識並且重返自我實現的任務。當小孩出生後，
融合就更加困難，不過也可能會昇華成包括孩子與家人
成為一體的系統。而當孩子長大離家時，就會再度經驗
分離的議題。而此時僅剩下夫妻，理想上彼此已成為更
成熟且各自獨立的成人，而且再次選擇與對方形成深度
的親密。之後，疾病與死亡挑戰夫妻的分離，也挑戰了
他們跟超越他們所知的終極力量融合的幻想（或現實）。

一個人來到這個世上，只有不斷地付出自己。

跟在融合之後——在母親與孩子之間——的需要是
肯定「我」（I）的存在。在墜入情網的經驗之後，每個
個體都獨自地存在，並且再度受到自我的挑戰——自身
內在的需求、衝突，以及特殊的才能等。每個伴侶都在
關係中調整他或她的模式，使這個關係能夠運作。每個
人都需要能覺察到自我，一個分離且不同於他人的實
體。每個人必須從對方的外貌、覺察，以及經驗中，學
習區分出自己的內在經驗。治療師必須支持個體的界

限，並且可以要求每個人去說類似這樣的句子「我覺得……」以及「你看起來似乎……」。而這個層次最常見的接觸抗拒有內攝、投射以及融合：「我覺得你好像很餓」，或「我覺得緊張，你看起來也是」，或「你似乎在生我的氣」。

　　在這對夫妻能在他們之間體驗接觸中的「我們」（we）之前，他們必須清楚地表達自我界限中的「我」（me）：

　　「我感覺到……」

　　「我覺得……」

　　「我想要……」

　　「我不想要……」

　　每個人輪流說這些話，但不回應對方。在他們各自的內在視野變得更清晰之後好一陣子，他們彼此才能真實地看重並關心對方的經驗。然而，在這發生之前，衝突─接觸必須取代融合─接觸。但是許多夫妻已經被好萊塢制約了，覺得衝突就代表「我們不再愛對方了」或「我們並不適合對方」，而他們可能從來沒有在他們的原生家庭中看過衝突的解決──隨之而來的是關懷的表達。這對夫妻可能被他們對衝突的幻象嚇到，並且害怕關係的失敗。

　　在此點上，完形治療師需要教導夫妻如何清楚地爭執，以及如何以強化雙方的觀點而又不失對彼此的尊重來解決及整合彼此的差異。治療師透過鼓勵雙方去尊重彼此看待情境的方式，來肯定每個人的經驗。經由支持

雙方，治療師進一步透過鼓勵他們針對分歧點找到一個
創造性的整合，以支持關係中的「我們」[8]。衝突的解決
所產生的振奮會牽引夫妻雙方，重新點燃對彼此的興
趣，甚至經常是熱情。分化隨融合之後而至，而這樣的
律動持續地且自然而然地進行著。

　　另外一方面，某些差異是無法達成共識的，但也必
須如實地被接納。一個人可以愛並尊重其伴侶，同時學
習接納既存的事實——並非所有的問題都是可以解決
的。只是好萊塢一直向我們推銷關於愛就是融合的迷
思；而個人成長運動（personal growth movement）向我們
推銷的迷思則是，人際間的問題是可以解決的。這些內
攝的價值觀迫使一些夫妻迷戀於協商、再協商所有的差
異，直到雙方在關係中都精疲力竭，並且感到惋惜、挫
敗以及失望為止。

　　差異是成熟關係的必然，而且差異的存在使得關係
保持活力。然而將差異推到極致，超越健康的分別則會
造成關係無法彌補的裂痕。

　　互補性是分化具功能的面向，亦即分化如何生存之
所在。從發展的觀點來看，伴侶選擇對方來補足自身未
覺察、或不被接納、或知覺上厭惡（aesthetically repugnant）
的部分。我們以羅曼蒂克的方式看待對方身上的特質，
兩個半人（half-person）結合在一起形成一個完整的個
體，因而更有效率地生存在這個世界。

　　互補性的功能是被對方接納並激賞的，只要不是只
有一人獨享。之後，當未被擁有的特質開始浮現，此時

會開始對伴侶的互補行為感到煩躁、生氣、困擾以及丟臉。以前覺得羅曼蒂克的，現在卻覺得粗俗——外向愛社交被視為「聒噪不休」，而內向的人則變成「抑鬱消沉」。此時，完形治療師可以協助每位伴侶去實驗每個人未擁有的一端，就像前一節所說的那樣。某些互補模式——包括特徵與風格——在對方是穩定的特質，不管個體有多少成長。在這裡，真正可行的互補性（非神經質性的、非投射性的）會帶給夫妻多采多姿的生活。夫妻愈是各自獨立發展，他們各自的兩極就會被填滿並強化，而他們就愈能欣賞對方的「瘋狂」或有氣質的行為了。

互補性強調差異，而中間地帶則強調相似。生活是發生在中間地帶，而非極端。大部分的時間，生活都是很平凡的。夫妻生活也是如此，其中充滿了家務、工作、繳費、雜務、電話、洗澡、三餐，以及在對方的手臂上休憩而結束漫長的一天。只有在我們停下來，觀看及回想時，生活的特別事件才會浮現。

互補性增加了夫妻的生活高潮，那麼中間地帶就是提供一個地方可以休憩，一個能量是平穩而非巔峰的地方——能量的層次是同步的。然而，互補性會引發衝突，中間地帶則是靜謐融合的所在·

夫妻的生存與成長是由互補性與中間地帶間的平衡來決定的，差異的圖像只有在一致、瞭解、妥協，以及平凡的快樂所形成的背景中突出才有意義。而融合的圖像只有在特色、差異、有活力的討論、爭論，以及情緒

的爆發所形成的背景中突出才可行。因此可以這麼說，一對夫妻存活的指標端視其融合與差異接觸的比例，或者說是中間地帶與互補性間的比例。

為了決定中間地帶，為了平衡兩者以及平衡夫妻看待他們自己的方式，治療師可能會提出類似以下的問題：

你們是如何認識的？

當時你們喜歡對方的什麼？

你們都相信些什麼？

當事情順利的時候，你們會喜歡一起做些什麼？

回答這些問題會提醒夫妻他們的共同地帶：他們的忠誠、獻身、友誼以及努力。或是此時治療師可能已經發現這對夫妻的中間地帶一點都不穩固，只是一片薄薄的冰，隨時可能塌陷。事實上，治療師可能發現他們並沒有使用他們最好的判斷力來接近對方，雙方都可能否認個人的感受並且對對方說謊，因而形成貧瘠的友誼。最後，治療師可能發現忠誠與獻身在這對夫妻中不可思議地消失了。

治療師此時此地該判斷這系統可以容忍而不至於破裂的衝突有多大。這對夫妻可能需要用這樣的問題來挑戰他們：問他們是否願意開始建立一個基本的信任場域，來支撐他們所引發的衝突。

留意抗拒。抗拒發生在任何兩個系統之間的界線，所以是一種接觸的形式。抗拒可能發生在夫妻的接觸界線，或是夫妻形成次系統來抗拒治療師的介入。人們通常有「偏愛」的抗拒方式，這些方式是與自我一致（ego-syntonic）且在特質上是真實的。也就是說，夫妻會使用相同的抗拒在彼此的互動中，與治療師以及其他人的關係中。例如，互相迴射的夫妻在一起成爲一個系統，然後也會以迴射的方式來逃避跟治療師的接觸。這對夫妻與治療師的關係正好就是他們夫妻間關係的寫照。

我們經常談論抗拒，好像它是一個特有的內在心理現象：「我是個迴射者」或「我是個投射者」或「我是個融合者」。然而，抗拒源自於互動，要兩個人才會產生抗拒。當相同的互動一再地重演，而抗拒成爲一種習慣時，抗拒才會成爲內在心理現象。而此人沒有注意到其他的事情發生，因此將過去互動所學的內在心理現象帶入新的情境，最後以回應舊情境的方式回應一個新的情境。

因爲我們已經在前面幾章深入地討論過不同的抗拒，這裡我們將抗拒的運作延伸到系統，當成治療師介入的機會。治療師在互動的系統中看到了一個抗拒，此時辨識出系統中維持此抗拒的共謀是很重要的，因爲沒有人可以帶著抗拒去接觸。而每一個抗拒可以轉換成接觸性的經驗，讓我們再來看看 Jim 與 Loretta 的例子。

　Loretta：我那天在超市看到 Les Donoghue，他看起來好極了。

　　　Jim：我們好幾個禮拜沒看到他們……。

　Loretta：我頭有點痛……。

　治療師：我很喜歡你們對待彼此的耐心以及試著去回

答對方的問題。當你們談到Marilyn時，我喜歡你們的好奇心以及哲學味道。所以，請繼續保持。

這裡，治療師在進一步指出他們顯然需要工作的部分前，先指出他們做得很好的地方。

Jim ：沒錯，我們兩個人大學時都是主修哲學。

Loretta ：謝謝你。我們談得很好。也許我們應該趁現在談談 Kathy。

Jim ：好啊。你有什麼想法？Kathy就要畢業了。她拿到英國文學的文憑之後，有什麼打算呢？

Loretta ：嗯，我們總是鼓勵女兒念文學院的科系，我想她會上研究所，然後成為一位英文教授。她需要得到獎學金或是某種的經濟資助。

Jim ：那我們要做什麼呢？前幾天我同她談了一下，她說她不確定是否要念研究所，她想要休息一下，遠離學校以及報告。

Loretta ：當我們還是大學生時，我們根本就沒有時間去度假。這一代被寵壞了，他們什麼都想要。

Jim ：度假有什麼不好？也許這些孩子比我們更精明：我們忙得要死，而且總是想著未來。

Loretta ：但是我們有目標啊。你想要個學位，以便在孩子出生時，你就可以資助我了啊！

Jim ：情況不同了啊。在他們三十歲之前，他們不

會想到孩子的問題。

　　Jim與Loretta在短短的時間裡談了好多，而且似乎脫離了原先他們想談論女兒Marilyn似乎無法自我資助的問題。他們離題而去談論另外一個女兒，談論他們的大學經驗，以及他們這代與女兒這一代的世代差異。所以，讓他們仔細地看看他們的互動模式會是有幫助的。

治療師：對不起。我想要跟你們分享我所看到的。因為你們花了很多的時間來討論所有的可能性以及關聯性，不過要達成結論並完成任何一個討論似乎有些困難。例如，你們先丟下了Marilyn付房租的事，接著無法決定與 Donoghue家會面的事；現在你們似乎又要將Kathy的事拋下。每次你們其中一人將焦點放在其他事上，另外一個人就會改變談話的主題。我們稱這樣的現象為偏離（deflection）。

（Loretta奇怪地看著治療師，好像在做白日夢一樣。而Jim則是毫無所動，好像窗外正在被檢查的榆樹一樣。）

Loretta：Jim，你看治療師戴的登月錶，就是我想買給你的那一款。沒錯！

Jim：我喜歡我現在的這個……。

治療師：你們兩個人實在不得了。我剛剛才指出你們彼此相互偏離，而現在你們就用在我身上。

你們彼此有連結的困難，而現在也以同樣的
方式將我排除。

Loretta：（對治療師）我不清楚你的意思。

Jim：他剛剛是說我們如何相互讓彼此分心，現在
我們又用手錶的事來轉移話題。

Loretta：現在我們做的有個名詞：偏題（digression）。

治療師：偏離。

Jim：偏離！我們老是這樣，現在我們又做同樣的
事在你身上。我快要瘋了。

Loretta：好啦。嗯。我們能不能完成 Kathy 的討論？

　　另外一個可能的介入方式則是指出這對夫妻用以避
免接觸對方的典型抗拒，而在這案例，他們之間所使用
的抗拒就是偏離。

重點摘述

　　我已經提出了好幾個夫妻互動可能凸顯出來的事
項，並且提供可做為介入的素材。

　　夫妻互動過程的優勢與弱點。完成一個循環——即
開始、發展以及結束一個情境——對夫妻而言是健康
的，因此必須在此下功夫。

　　內容議題。沒錯，你治療師是人類行為的專家，你
知道如何回應特定的生活情境。但是要小心，因為你無
法確切地知道什麼是對他人最好的。要切記內容是個引

誘，而在過程上著手才能帶出夫妻系統的改變。

兩極傾斜或其他不平衡。如果每個人都能發展自我的更多部分，而非習慣性地去貶抑伴侶的某些功能，那麼這個系統算是健康的。透過覺察與實驗，這些可以被指出並加以探索。

互補性與中間地帶。與他人融合形成「我們」（we），而與他人分離而成為「我」（me）。這種結合與分開的律動是夫妻的舞蹈，且會因著不同時間的「音樂」而改變其形式。

互補性是差異的運作面向，亦即在夫妻系統中差異是如何被表達的。互補性是基於差異，而中間地帶則是奠基於相似性。生活，正如前面所述，是發生在中間地帶，而非極端。所以中間地帶真正地提供了穩定的信任與成熟的基礎，讓鮮活的圖像——此刻的風暴、此刻的怒火——得以出現、被表達出來、被欣賞，並且允許夫妻，不論是個人或系統，都可以成長與成熟。

留意抗拒。抗拒是一種系統現象，當夫妻開始能覺察到他們共謀去阻斷接觸時，他們的接觸能力就能逐漸地改善，也因此會對彼此的共處感到更為滿意。

現在讓我們想想如何進行介入。

如何介入

介入是讓某事成為這對夫妻的圖像，告訴他們自己所無法感覺到，而你已看到或經驗到的有關他們的行為。

大膽地介入。如果你的陳述要被接受,那麼對於你的觀察所引發的能量喚起必須要夠堅定。檢視你的障礙讓自己能夠放手去介入,你可能會問你自己:「假如他們覺得無關呢?」那麼你就可以問他們:「關於我說的,有哪些地方不對?」以這樣的方式,你可以得到更多關於這對夫妻的想法與感受的資訊。絕對不要與之爭論,因為這樣只會帶來更多的抗拒。相反地,帶著好奇去瞭解夫妻他們經驗自己的方式。

你可能會擔心如果這對夫妻無法意會你的陳述。這種情形,一般而言是你並沒有讓你的陳述足夠強烈到被聽進去。尤其是這對夫妻全心全意地投入他們的討論,或是他們迴射太多,以至於無法把能量放在別人的身上。如果是這樣,那麼你可以選擇把這個觀察帶入他們的覺察中。記住,你的介入若是植基於你所觀察的材料,那麼你總是處於安全的地帶。

提供現象場的資料。當你聽到或看到某些你想要用來做介入的事時,一定要提供一些現象資料做為佐證,這樣你的話就會被聽進去。若想要陳述能產生作用,其中最困難的部分就是要找到一個方法來對整個系統說話,而非針對某個人。例如,你可能會告訴這對夫妻:

治療師:我想跟你們分享一些我所觀察到的。我注意到每次 Hans 你在說話,還沒講完你的想法,Adriana 你就會切進來。而 Hans 你似乎沒有注意到被岔開。你們似乎輪流在做這樣的

事，之後你們兩人就對眼前的問題失去了焦
點。你們知道嗎？

治療師對這對夫妻做了適切的觀察，並且描述每個
人在形成失去焦點的過程中所扮演的角色。因爲這個介
入並沒有評價的味道，所以容易被接受。Hans 與 Adriana
如何運用這個觀察呢？他們可能有注意到這個情況，並
且發現他們無助地一直重複著相同的行爲。如果夫妻承
認這個觀察，那麼治療師可以進行下一個建議：

治療師：我建議你們更仔細地觀察彼此，並且讓對方
　　　　能夠說完一個想法。如果你覺得被打斷了，
　　　　請告訴對方你還沒有講完。你們不會有輪不
　　　　到你說話的危險，我保證不會讓這種事發生。

治療師會小心地注意不成爲一方或另一方眼中的壞
人，治療師傳遞給他們一個清楚的概念，即他們都會被
一視同仁。以下的介入就可能會引起抗拒：

治療師：我想跟你們分享一些我觀察到的。Adriana 你
　　　　老是打斷 Hans。

Hans 變成了「受傷的小孩」並且感到被愛，但卻無
法瞭解到是自己允許這樣的打斷。而 Adriana 自然會覺得
受到輕蔑，像受到「輕微的斥責」（slapped on the wrist），

而且也未能覺察到她太允許來自Hans的打斷。行為的改變看起來似乎要從她而非他做起——而這是一種扭曲，好像為了讓系統有所改變，必須發生些什麼事。這對夫妻像是被處罰的小孩，而非具有能力的成人。

這對夫妻沒有注意到他們打斷對方，因此，治療師可以選擇要求他們繼續討論，再加上：

> 治療師：看看你們是否能夠抓住你們打斷對方或被打斷的那一刻。如果你們沒有注意到，我會提醒你們。

因此，一個「好」的介入是：
- 描述實際上發生了什麼。
- 陳述所有成員對該現象的貢獻。
- 暗示一個可能的行動，其中的每位參與者都可以做些什麼以改善系統。

報告被引發的。報告在你治療師身上被引發的，可能是一個有力的介入。尤其當你已經見過這對夫妻好多次，並且得到他們的信任之後更是如此。想像你正在說：

> 每次我同你們坐在這裡，我覺得自己好像是隱形的，不被任何人看見。
> 我想要告訴你們，你們刻意地如此溫柔地回應彼此，這讓我很感動。
> 我覺得自己好像是聯合國的翻譯員。

同你們坐在這裡，我覺得好無助。真希望我有
一根魔法棒。
跟你們在一起二十分鐘後，我開始漸漸覺得昏
昏欲睡。
我們才開始幾分鐘，我已經覺得好像有人圍著
我打轉，我覺得頭昏而且搞不清楚方向。
你們做得很好，讓我舒服得想為自己泡杯茶。

當你深刻地感覺到某些事，並且清楚而堅定地把它
分享出來，人們通常也會打從他們自身以同樣的程度來
回應你。這並不是一種伎倆、技術，或只是一種編造的
譬喻。這是一個打從心底的誠摯訊息，是基於身為一位
見證者的寬容，以及出自關心這個互動所發展出來的訊
息。

如果因為某種原因，你無法讓自己帶著關心，那麼
你就不要分享你的感覺——除非「不關心」是由這對夫
妻所引起的。告訴他們你如何在他們出現的時候變得冷
漠，也是一種讓他們觀看自己的有力方式。

教導。教導是另外一種介入方式，當夫妻直接要求
協助時，教導是愉快的。記住，在一開始的時候，你提
供他們直接轉向你來請求協助的選擇；然而太常發生的
事是，夫妻因為迴射以至於能量向內轉到彼此，而沒有
動力轉向你。他們可能無法完全地覺察到你的存在可做
為他們明顯的資源。畢竟，在他們來見你之前，他們一
直用相同的僵化方式在跟這個世界相處。

　　如果他們選擇要求協助，你就有機會做教導。教導是一種藝術，並非僅止於給予訊息，雖然訊息通常提供很大的協助與寬慰。你同時可以討論你讀過的書或你的經驗，或是告訴因他們的困境而改編的故事。教導的目標是要觸動夫妻的心智與心靈，以賦予知識、以啓發靈感，還有學習以他們的方法前進。你記得你的父母或其他成人曾經告訴你一些故事嗎？雖然你一開始對他們的經驗感到興趣，但是他們陳述的時候卻超出了你的興趣？所以在教導夫妻時，要把上述的「父母」圖像謹記在心。

　　然而，分享經驗或說故事會吸引太多的注意力在治療師身上，因而變成紓解枯燥的方式或反映治療師的自戀。將你的故事剪裁恰當且要跟該夫妻的問題相關，之後再次建立清楚的界線，送他們回去工作。

　　建議一個實驗。建議一個實驗總是個可以採取的介入。實驗是扎實的情境，可以引發新的行爲並且做練習[9]。一個實驗通常包括以下的發展順序，然而因爲它是隨時間而展開的有機體運作過程，所以也可能要做變通：

・說明基本原理。

・治療師與當事人—系統間取得共識。

・就當事人—系統所經驗的困難來評估進行實驗的等級。

・喚起（surfacing）當事人—系統的團體覺察。

・定位（locating）當事人—系統的能量。

- 將覺察與能量聚焦於主題的發展。
- 讓個案─系統與治療師雙方產生自我支持。
- 選擇一個特定的實驗。
- 演出這實驗。
- 聽取當事人─系統的報告──頓悟與完成。

　　讓我們回到 Jim 與 Loretta 這對夫妻，並且看看如何在治療的過程開展一個實驗。當我們讓 Jim 與 Loretta 自行工作時，他們被偏離所糾纏，而 Loretta 的頭痛開始發生。

治療師：嗯。讓我們試試看一個小實驗，選擇任何一個主題，然後你們兩個人進行討論並且練習不要改變它，不要從中偏離，直到你們兩個人都覺得這個討論完成了。你們願意試試看嗎？

　　Jim：好啊，我們試試看吧！

Loretta：是啊，試試看。不如我們回到 Marilyn 租房子的事情如何？

　　Jim：好啊。我想我們應該幫她付押金。

Loretta：如果我們同時也能和她坐下來談談她的經濟狀況，或至少提供這方面的協助，我覺得蠻好的。如果她看起來已經能自我管理，那麼就讓她自行處理。

　　Jim：我想她可能必須像我們以前一樣的努力。嗯，我覺得可以了。

Loretta：我也是。哇！放下一塊石頭！

治療師：完成一個問題的討論感覺如何？你們可以告
　　　　訴我完成的時候有什麼不同嗎？

Loretta：至少我的頭不痛了。

　Jim：我也覺得好多了，Loretta，我覺得與你更靠
　　　　近了。晚上我們一起出去吃飯如何？

進行個人治療。當系統的某方卡住了而不允許整個
系統前進時，你可以只對該方進行介入。你可以對這停
滯的人，這個無法與伴侶一起工作的人，進行個別治
療。讓我們假設Loretta陷入沉默且安靜地哭泣，似乎沒
有任何直接針對Jim與Loretta的系統介入方式可以拉她
出來，以下顯示出如何安排一個與Loretta的個別工作。

治療師：Loretta，我注意到你覺得不太好受。Jim，你
　　　　介意我同Loretta談一會兒嗎？

　Jim：不，我不介意。

治療師：嗯。我會再回到你這邊，Jim。現在請你坐
　　　　在這邊，與我們在一起幾分鐘。

　　要跟Loretta進行個別治療應該暫時將她從伴侶中抽
出。治療師與Loretta工作的時候，Jim可以做為旁觀者。
而藉由觀看治療師與Loretta的互動，Jim成為一名暫時的
「沉默」伴侶，而維持某種程度的連結。

治療師：所以，Loretta，這對你有些難，是不是？

Loretta：（很長的停頓）所有這些年來（開始輕輕地哭泣），我都試著討好他，而他從來沒有問我想要什麼，有什麼願望。

治療師：但是現在告訴我比較容易些。

Loretta：是的。

治療師：你現在想不想試試看告訴 Jim，或者還是太困難。

Loretta：（眼淚流到臉頰）我想試試看告訴他。

治療師：好，試試看。

Loretta：（轉向 Jim）你從來都沒有問我想要什麼……這讓我很難過，因為我愛你。

治療師：Jim，你現在可以讓 Loretta 回來了，而且你可以回應她，我在這裡聽，可以嗎？

Jim：（對 Loretta）我從來都不知道你希望我……這對你很重要。

Loretta：你從不……

Jim：請不要說從不，當你這麼說的時候，讓我覺得很糟。

Loretta：（提高她的音量，更有熱情，更有能量）我希望你能有一次問問我，或用對我真的很重要的東西來讓我驚喜。

Jim：我問過你，去年，記得嗎？我們去華盛頓。

這卡住 Loretta 的地方已經被克服，而現在他們可以

檢視這互動的動力，這一直讓她逃避告訴他她想要的以及讓他逃避問她的動力。現在我們可以繼續前進了。

> 治療師：Loretta，你忙著給予並且自給自足，這讓Jim很容易不去問你。而你，Jim，你忙著被服侍以及做你的工作，你鐵定覺得她真的沒有太多的需求。所以，Jim，Loretta現在已經準備好了，該你上場了。
> Jim ：Loretta，你想從我身上要什麼？什麼會讓你高興，親愛的？我的意思是這個週末，我可以做什麼讓你高興？

在進行個別工作時，必須要小心的是，不要形成一個確定的病人，而遠離另外一個人。如果你跟其中一人進行個別治療，要確定得到另一人的同意，並且在另一人的在場下進行。同時，注意以下對這新形成的界限的仔細描述：在Loretta與治療師之間形成新的界線，然後，重新在治療師與夫妻間建立清楚的界限，治療師再度退到場外。夫妻總是這齣戲的主角，而治療師則是扮演強化與支持的角色。

預備重返（provide for reentry）。最後，記得讓夫妻重返正常的世界以完成會談。就像飛行一樣，重返的步驟是降低高度，然後降落地面，這樣子，夫妻可以離開會談室而再次覺得腳踏實地。降落是由一般的對話所完成，它的作用如下：

- 在一個富人性與慈悲的層次上，維持治療師的在場以及跟該夫妻的關係。
- 對什麼是治療，什麼不是，定義了清楚的界線。治療師在治療期間「借」了系統，現在將它歸還。
- 經由提醒夫妻所經歷的新行為或頓悟，來強化學習。例如，治療師建議「回家作業」：「Jim，我希望你練習問 Loretta 她想要什麼。而 Loretta，我希望你練習告訴 Jim 你想要什麼。你們這禮拜想要試試看嗎？」
- 平衡了會談的基調，讓事情不會太輕鬆也不致太嚴肅：「Loretta，當你告訴 Jim 你想要什麼時，不要跟他說你想要那輛停在停車場的賓士跑車，他可能會嚇死！」
- 提供支持，讓夫妻離開時知道治療師關心他們以及他們的福祉。

在個別治療中處理夫妻議題

　　跟有婚姻問題而來談的當事人進行個別治療時要格外小心，因為治療師可能變成愛的對象，並且被視為跟當事人共謀，以破壞與另一位未參與治療的配偶的關係。當事人可能會看著治療師說：「我的另一半對我很壞，而你對我很好。」這種分離或疏離的威脅，不管是來自於悲慘的環境、來自於心理治療，或來自於其他內在的經驗，清楚地導致系統的失衡，而可能置夫妻於潛

在的危機。

在處理婚姻時，移情可能變成替代物。就像心理分析師所知道的，當事人告訴治療師的話不宜僅僅視為簡單的讚美或是批評，這些陳述很可能是跟個案的父母、手足或伴侶有關。這樣的陳述應該促使治療師對當事人的重要關係產生疑問，然後試著鼓勵當事人對這些關係中的問題有所覺察。

我們的重點是，治療師可能在不知不覺中支持了當事人的婚姻問題，而未能將他或她對治療師逐漸增加的依附或情感帶入個案的覺察之中。雖然我們只有一個當事人在我們的會談室，但是我們要不斷地覺察並且留意我們的工作對個案「外圍」（outer circles）者：家人、伴侶、小孩、雇主、朋友等的影響。不要天真地以為我們的影響還有責任，只限定在會談室內坐在我們面前的這個個體。

通常，跟同性別的當事人工作較為容易（當然必須假設這當事人是異性戀者）——去喜愛或關懷這當事人——而不致危及系統。記住，對於同性戀夫妻，如果你與當事人同性別，那麼你就可能成為潛在的對手或威脅。

有沒有可能只見其中一人而又可以「注意到系統」呢？在危機時期，只有注意是不夠的。你必須邀請另外一位到會談室進行夫妻雙方的晤談，只是牢記未到場的另一半並且瞭解系統是不夠的。治療師的倫理困境是一方面希望能邀請另一半加入，讓工作更有成果；另外一

方面則是必須尊重當事人希望只有自己來談的願望。要
進行個別治療時，治療師必須學習如何去承擔任何關於
這對夫妻的未來的焦慮，而且不致把焦慮投射到當事人
的身上。

你無法在其中一人的發展上工作卻不影響到另外一
人的發展。如果個案工作在陰暗、未發展一面——即
Jung學派說的「陰影」（shadow）——那麼另一半也一定
要在這一面上工作。如果其中一人工作在陰暗面，而另
一人則否，那麼就容易發生問題。

Gabriel（與 Sue）：婚姻衝突的個別治療

讓我們看一下跟另一半衝突的內在心理工作[10]，衝
突的個別治療可以讓當事人回到伴侶身上，並且欣賞對
方的觀點。當自我較能充分的整合時，一個人才能去欣
賞另外一人的觀點。

治療師：Gabriel，說一些你和太太 Sue 的衝突。
Gabriel：我不喜歡她很乏味——每天晚上八點就睡懶
　　　　懶的了。
治療師：當她睡懶懶的時候，你覺得如何？
Gabriel：有種被撕裂的感覺。如果她去睡覺，房子就
　　　　剩我一個人，我可以做任何我想做的事，但
　　　　是我同時也想要和她親近，跟她在一起。
治療師：所以當她精疲力竭的時候，你還有一些精力。

Gabriel ： 對。

治療師 ： 還有哪些衝突？

Gabriel ： 我想要有更多夫妻間的性興奮，因為總是沒
有辦法像我想的那樣。那是最基本的。我希
望她能夠把小孩擺在一邊，有更多的時間跟
我在一起，我覺得這樣的狀況從未發生。當
我走進房子，我覺得單調乏味正等著我，所
以我乾脆好幾個小時都不回家。

治療師 ： 什麼單調乏味？

Gabriel ： 噢，就是一些基本的事情啊，像是準備晚
餐、清理餐桌等等。

治療師 ： 我對興奮的衝突以及性事的衝突都感興趣，
這兩個你想先談哪一個？

Gabriel ： 嗯，它們是有關聯的啦——而且關係密切。

治療師 ： 是的，它們的確是。我要告訴你我想到的，
我希望你去想像一下，你跟Sue之間的衝突
也同時是你內在的衝突。在你的內在有Sue
的部分，然後你找出Sue這部分，然後將它
放出來，把它外化，因為一開始用這樣的方
式會比較容易工作。我提議你將「你的」
Sue的部分放在這椅子上，然後將對性事不
滿意的Gabriel部分放在這個椅子上，然後讓
它們對話。但是記住，你是對自己的內在部
分說話，而不是對Sue說話，這樣清楚嗎？

Gabriel ： 你的話我有些領會，我願意試試看。

治療師　：現在，兩極還不是很清楚，所以當你在說
　　　　　話時，花幾分鐘找找兩個極端。

Gabriel　：當我聽你說話時，好像有些東西跑出來。
　　　　　我可以開始了。

治療師　：我會在這裡。

Gabriel 1：我真的很興奮。我很興奮，因為我有五個
　　　　　新的點子。我是對自己說嗎？

治療師　：是的，你正在對你自己說。

Gabriel 2：五個新點子？再來其他一百零一個新點子
　　　　　怎麼樣？

Gabriel 1：這些新點子真的很棒耶。第一個點子是這
　　　　　麼棒，我在回家的路上想到的，我想告訴
　　　　　你。

Gabriel 2：給我幾分鐘，我正要去檢查銀行的財務報
　　　　　表。

Gabriel 1：我想到我的書的點子，而這些真的是不錯
　　　　　的點子。

　　Gabriel 瞭解最後一句對話是他以他太太 Sue 的身分
說話，而不是以他自己內在的部分說話。他說他自己不
會用銀行的事來做回應，而 Sue 會。治療師鼓勵 Gabriel
用自身來回答。

　　Gabriel 2：（步調慢了許多）你有很多的新點子，所
　　　　　　以那是你想要的嗎，一些新的點子？還有

　　　　　　　一堆舊的都還沒有完成呢？

治療師：注意在第二張椅子，你是如何慢下來的。

Gabriel：我感覺比較實在。

治療師：那很好。讓你自己感覺你在這裡遺漏了什
　　　　麼（指著第一張椅子）。

Gabriel 2：（緩慢地）你知道的，有種像地心引力的
　　　　　東西，而我感覺到它。它讓我坐回到我的
　　　　　座位，並且讓我的兩隻腳工作。當我坐在
　　　　　這椅子上，我可以感覺到它在我的兩腳上。
　　　　　當我坐在這張椅子上看著你在另外一張椅
　　　　　子上，你看起來似乎沒有注意到地心引力。
　　　　　你好像一下往這邊，然後又往另外一邊。

Gabriel 1：（微笑）很有趣，不是嗎？

Gabriel 2：你又來了，驕傲得像隻蝴蝶。我覺得好難
　　　　　過（安靜地哭泣；長時間的沉默）。

治療師：你知道這難過是什麼嗎？

（另外一段長時間的沉默，Gabriel 點頭。）

治療師：你現在覺得如何？

Gabriel：平靜。

治療師：雖然我知道我們還沒有結束，但是我想做個
　　　　連結。什麼是你想要告訴興奮的Gabriel關於
　　　　他自己以及Sue的事，去教導一些他可以在
　　　　家裡採取的行為？什麼是你從自身出發可以
　　　　教導他的，那麼下一次他覺得無聊以及需要
　　　　更多的興奮時，他會知道如何去處理它？

Gabriel：當你走進這個門，有些瑣事是很可愛而你是
可以參與的，它會讓人覺得實在並且有個目
標。

治療師：用她來代替它。

Gabriel：你是實在的。我在對誰說啊？

治療師：你在對Gabriel說Sue。當你走進房子的時候，
所有事情正在發生，而你是他的諮商師。

Gabriel：當你走進房子的時候，有些你稱為的「瑣
事」是很可愛的。基本的生活事務讓你可以
在外飛翔，因為你有家可以回來，你有Sue
在家等你回來。當你到家，Sue就可以自由
飛翔，然後再回到你的身邊，因為她也有同
樣的需要。所以感到興奮和感到實在是同樣
地重要。別把你有個家視為理所當然，因為
沒有它，所有你的飛翔都將沒有一個中心。

治療師：告訴他那些後來變成對於Sue的批評但原本
是希望他能欣賞的部分。你看，內在對她的
部分（用手指著第一張椅子）真的很苛刻。
什麼是他可以開始用欣賞的方式來替代批評
呢？

Gabriel：我不確定我對Sue很苛刻，除了「為什麼你
不能更……」

治療師：「為什麼你不能更興奮？」所以你會想告訴
他什麼？他是唯一需要這麼多刺激的人。你
可以告訴他些什麼，讓他可以更容易去處理

他將Sue擺在不能為他而有更多興奮的批評？什麼是你可以告訴他的，由於你腳踏實地（groundedness），你感受到地心引力？

Gabriel：這部分的我是愚蠢的……這樣很好。我沒有試著去聽進你說的每個字。我沒有試著去瞭解每個部分。

治療師：我想這就是答案了。為什麼你不讓它變成好事，然後用它來幫助你呢？

Gabriel：（對第一張椅子）我希望你能瞭解你在這（第二張椅子）的時間──這時間你覺得是膚淺的、無趣的、無所事事的、時間過去一事無成的──是必要的。（對治療師）這可能是屬於我內在心理層面的，我不確定Sue要如何參與其中。

治療師：對你來說，要讓這兩者連結起來有困難。

Gabriel：她總是對我的興奮有興趣。

治療師：當然，然後她能夠再度回到地面，變得單調並持續每件事。讓我試著為你在此做個連結。如果我是你，用你的想法，我會說：「Gabe，讓你自己變得愚蠢。讓自己變得愚蠢是沒關係的。允許自己快樂。」現在試著說說看，因為你的愚蠢……。

Gabriel：感覺好像是，因為我的愚蠢，所以我同我自己在一起，我沒有跳到你的。因為我的愚蠢，所以我有我自己的世界，你有你的。因

為我的愚蠢，所以我給了你空間。

治療師：在這裡誰是「你」？

Gabriel：Sue。

治療師：所以現在我們改變一下——我們將Sue放在
　　　　這張椅子上。現在你對於跟她相處時需要去
　　　　做的以及如何處理衝突上更有概念了嗎？

Gabriel：我覺得收穫很多。我不再感到不滿足了。

治療師：（有一點驚訝）噢！你有好多的新點子？

Gabriel：不，我不覺得這些新點子是突然跳出來的，
　　　　而是從我內在的經驗得到的——它們不是在
　　　　那邊——而是在這裡，在我這裡。

治療師：謝謝你告訴我。

　　剛剛展示的並非婚姻治療，但是它的確讓Gabriel能
夠去探索和太太的衝突。這樣的介入也可以同樣地應用
在婚姻治療中，讓其中一人給你一個到兩個和伴侶的衝
突，讓其中一人與這衝突一起工作十五分鐘，就好像是
進行內在的心理衝突一樣。然後，交換角色，讓另外一
人也做同樣的事。這樣的方式讓他們能夠感受到，所有
他們看到對方的東西，都是存在於他們自身的相對面，
進而能去擁有它們。

　　這就是Gabriel所探索的，與其批評Sue俗世的、安靜
的以及實際的作為，他抓住了自己內在的特質，並且找
到更多的整合。這些改變是，如果你指控你的伴侶，事
實上你在做的是與你自身內在你所不喜歡的部分掙扎，

一個你覺得丟臉或不好意思的部分，或是僅是你尚未知
曉的部分。事實上，你可以從你的敵人學到的比從你的
朋友身上更多，雖然我們不建議跟敵人有太多緊密的關
聯。

結語

在這一章，我給你一個想法如何使用我的互動循環
圈的理論以及系統理論，來進行婚姻治療。其中包括如
何設定治療情境、如何選擇介入方式、如何處理抗拒，
以及如何創造實驗。

現在你已經非常熟悉這個系統的、完形的取向，並
且剛剛閱讀完關於兩個人的系統，所以做個提醒是很重
要的，就像在第三章所提醒的一樣，夫妻事實上是由三
個子單元所組成的：兩個個體以及兩人之間的關係或關
係空間（relational space）。當夫妻獨立為一個單元時，它
本身就是一個系統。就像在家族的大系統中找到獨立的
系統，而成為較大整體中的次系統一樣。當然，如果繼
續擴展這樣的社會階層，如家庭包含於社區、社區包含
於州、而州包含於國家等等，是沒有幫助的。下一章我
們將看到，所有應用在與夫妻工作的，都可以應用於家
族。但是有一個警告，家族比夫妻更加複雜，也更龐
大，所以也要採取更寬廣的觀點以瞭解其現象。為了提
供讀者這更大的視野，我的呈現也將根據一系列的假設
以及明確的原則。

本章註解

1. 我將此概念化為第四章所談論到的經驗互動循環（Interactive Cycle of Experience）。

2. 見第七章關於治療師「在場」（presence）的討論。

3. 如何設定一個治療會談以及如何與何時介入一個夫妻系統的基本架構，是根據 Sonia M. Nevis 對 Cleveland 完形機構的學生上課的要點。

4. 在第三章，我已經論述夫妻是一個系統；而第四章，我則解釋了經驗互動循環圈。

5. 抗拒改變在第六章已討論。

6. 更多建立界線的討論見第七章。

7. 這節的討論取材於 J. Zinker (1992), "Gestalt approach to couple therapy," in E. C. Nevis (Ed.), *Gestalt therapy: Perspectives and applications* (New York: Gestalt Institute of Cleveland Press). 我同時建議以下書目："On stimulation: A conversation with Dr. Wes Jackson" (1981, Winter), *News* (Center for the Study of Intimate Systems, Gestalt Institute of Cleveland), *1* (3), 1-2；"Couple: How they develop and change: An interview with Barbara DeFrank Lynch, Ph.D." (1982, Fall), *News* (Center for the Study of Intimate Systems, Gestalt Institute of Cleveland), *2* (1), 1-2；"Intimacy and sexuality: An interview with Sol Gordon, Ph.D." (1984, Fall), *News* (Center for the Study of Intimate Systems, Gestalt Institute of Cleveland), *4* (2), 1-2; "Marriage: The impossible relationship: A conversation with Sonia March Nevis, Ph.D., and Joseph Chaim Zinker, Ph.D." (1985, Fall), *News* (Center for the Study of Intimate Systems, Gestalt Institute of Cleveland), *5* (1), 1-2; "What do you think?" (1987, Spring), *News* (Center for the Study of Intimate Systems, Gestalt Institute of Cleveland), *7* (1), 1-2.

8. 與夫妻工作的一種模式——要求他們去相互傾聽，去擁有自己的投射，以及在不失面子的情況下去達成協議——呈現在 J. Zinker

(1977), *Creative process in Gestalt therapy* (New York: Vintage Books).

9. 使用實驗的更詳細討論見 J. Zinker (1977), *Creative process in Gestalt therapy*（New York: Vintage Books，特別是第六、七章）。

10. 這段對話取自於 J. Zinker (1981), *Complementarity and the middle ground: Two forces for couples' binding* (Cleveland, OH: Gestalt Institute of Cleveland). 而原本是呈現在 Conference on the Gestalt Approach to Intimate Systems, Gestalt Institute of Cleveland, Apr, 1980（我要特別感謝 Philip Rosenthal 的轉錄以及細心的編輯）。

9

介入家庭系統

「家庭」不是一個內攝的物體，而是一組內攝的關係。
——R. D. Laing

　　與夫妻一起工作所使用的原則也同樣適用於家庭。當一個家庭前來治療，第一個步驟就是讓家庭成員互相對談，以形成家庭成員的初步接觸。你的任務就是坐在位子上，然後允許你自己去留意所見、所聞以及所體驗到的。當某事變成圖像時，你必須決定如何從這個覺察來做進一步的發展。你有好幾個選擇：你可以讓這個家庭談談對你所觀察的看法；你也可以介紹一個實驗藉以擴大觀察的效果，或者你也可以教導一些與這觀察相關的新行為。最後一步則是將家庭的學習帶出來做為會談的結尾。

　　然而，婚姻與家庭治療間所存在的明顯差異仍必須

加以考量。

家庭治療的獨特面

　　參與家庭治療的成員比較多，因而使得所有的安排更爲複雜，而這需要治療師更加留意介入的結構。與家庭治療相關的力學（mechanics）及方式（format）很可能明顯地與婚姻治療不同，因爲有更多的人參與其中。例如，你的工作場所必須更寬敞以容納一個家庭，而且要注意如何安排座位，好讓每個人不會整節會談或每次會談都坐在同樣的位子上，這是是很重要的。

　　通常，要約齊整個家庭比較困難，尤其是白天的時間，因爲學校與工作的關係，還有許多活動，家庭都必須每天協調，因此治療師與家庭通常都會面對某人缺席的問題。因爲無法避免的複雜性，治療師通常都只與家庭的部分成員一起工作，而且治療師與家庭雙方都可能感覺到匆促或「擁擠」。我們可以留意這些議題以及隨之出現的動力，試著將這樣的困難降至最低。

　　通常一次會談的時間多於一小時是有幫助的，而三個小時也並非不尋常，這必須取決於家庭的大小以及孩子的年齡。治療的長度（即會談的次數）很可能會短些，通常可能只有一次、兩次或三次。家庭歷程的描述可能是家庭本身的目標，如此當家庭找到了本身的一個困境，接下來的治療就是要邁向改變。

　　因爲資料量的增加，所以家庭中的歷程也比婚姻來

得複雜。然而，不管系統如何複雜，歷程都是可辨識的，因此工作基本上也是一樣的。但是，因為不同次系統形成的潛在可能性，外加或多或少的權力議題，家庭工作會呈現出許多圖像形成的面向。

成人次系統比孩子次系統擁有較多的權力，或者至少理想上是這樣子的。次系統之間，權力是如何被運用是我們必須要注意的，因為這麼多人可能產生許許多多潛在的互動組合。然而，即使基本的原則相同，要觀察這些權力的轉移也是夠瞧的了。

當人愈多時，就有更多的行動，而且事件進行的速度也更快。內容雖然與夫妻議題不同，但是確認的基本歷程是相同的：即確認一個系統如何是強壯的、系統何時以及如何阻斷完形形成的基本歷程。如果缺乏覺察、沒有資訊流動、父母不主動地去感受與思考，還有提問不被鼓勵，那麼家庭成員便無法為任何的計畫或目標而聯合起來。

協同治療師們（co-therapists）通常能夠鏡映出（mirror）系統間的運作，因此採用協同治療師的方式與複雜的系統一同工作特別有用。觀察配偶或是家庭的某部分，乃是讓一個人以相同的坐姿、相稱的聲調，以及假定有相同的感受（苦惱、憤怒、悲傷、興奮等等）來跟這個系統融合。當協同治療師們各自與配偶或家庭中的不同成員形成融合時，那麼這兩個治療師的互動也常常會和案家之間的互動相類似。當婚姻或家庭對治療師們感到困惑時，這些蒐集時未被察覺，之後被注意到、被

反映，然後被考慮的資料源頭就是最有用的。而除非協同治療師們開始檢視他們自己的行為，並且覺察到他們無意中鏡映了他們所諮商的系統，否則就不會有清楚的模式（pattern）浮現出來。例如，治療師們原可以很輕鬆地交談，但是他們注意到自己變得有些遲疑或是退縮時，那就要考慮這可能鏡映出某些現象。

基本的假設與明確的原則

　　顯然，在決定如何介入家庭系統時，治療師們使用許多不同的理論取向以及價值基礎。這些理論與價值觀提供一些原則，以引導治療師進行選擇。我將這些原則稱之為定向原則（orienting principles）。這個詞很有用，它代表這些原則只是提供一種觀點，而不是「銘刻在石頭上」、永恆不變、堅如磐石而不可撼動的。不同的治療師會自然而然地根據他們自己的價值基礎，而有不同的定向原則。

　　在每個治療介入的定向原則下，都存在著一個對於美滿家庭生活的核心價值，即一個基本假設，而這個假設界定了治療師對於健康的標準。這節將描述引導我工作的主要定向原則，以及每個原則之下的基本假設。我並沒有以特定的順序來呈現這些原則，因為它們都同樣重要。

慶祝良好的功能運作

良好的功能運作是一個合理的起始點。

1a.基本假設：一個健康的家庭系統會透過知道自己哪裡做得好來支持自己。

1a.定向原則：家庭常常沒有察覺到它們做得好的地方，協助家庭去看到它做得好的地方，對家庭的行為有很大的影響。

當你聚焦在家庭做得好的地方時，家庭的成員會變得想要去發現他們正在做什麼，比較不會對治療歷程感到害怕，而且比較能接受他們擁有改變的潛力。表面上，告訴來接受家庭治療的人們關於他們做得好的地方，可能被視為是一種對他們問題的否認或偏離。然而我們發現，承認良好的功能運作，能支持成員去面對家庭歷程的負向或失能面。事實上，藉由增進希望的氛圍，認為事情可以改善，也將會改善，如此常常可以啟動成員的能量去處理問題。

1b.基本假設：生活在家庭內是困難的；沒有一個家庭可以一直維持在理想的功能運作層次。

1b.定向原則：家庭常常沒有察覺到它們做得好的地方；治療師應該辨識並慶賀「已經夠好」（good enough）的功能運作，而非要求完美。

這些良好功能運作的理論也只是理論。豐富的覺察、輕鬆的參與、活出全部的生命、以及清楚的結束，並非總是存在的。接受「雜亂」的生活掌管了生命的運

行，通常比緊抓著一個理想要來得重要。身為家庭的楷
模，治療師需要留意並且讚許任何具有創意以及活力的
歷程。

　　Coleman一家是這些假設與原則的一個實例。Harry、
Bess、以及他們正值青春期的女兒Leslie（剛上大學）和
Miriam（國中生）來找我們。Harry猶豫地提到，從Leslie
離家後（這個禮拜她特地回家），他一直覺得「憂鬱」
（blue）。Miriam希望知道對她的父親來說，這憂鬱到底
是什麼：會影響他的工作嗎？他真正缺少的到底是什
麼？Bess突然插話，向她的丈夫說：「你最近一直覺得
忙碌不休，Harry，我想是工作壓力的關係。」

　　對我們而言的誘惑是去聚焦於家庭過度投入在每個
成員感受的病態上——向內探求，而不是像孩子的生命
一樣是往外開展、向外探看世界的。但是，在此我決定
聚焦於他們做得好的地方：家庭的某個成員表達了感
受，而每個人都對那個人的感受感到興趣。

　　這個介入是個具體的例子，用來說明每個成員如何
回應他們父親的失落感。這樣的介入對每個人都有鼓舞
的作用，而共享的觀點是：「我們都是好人，不論問題
為何，我們真的在乎彼此。我們知道如何調查（investigate）
彼此的經驗，以及怎樣透過發問來表達我們的關懷。」
這種好的感受奠立了後續會談更多評論性（critical）介入
的基礎（ground）。

界定家庭

一個家庭的界限是流動的（fluid）。

2a.基本假設：誰是家庭一分子的定義一直在改變，
而界限也會因不同生命事件而變動。

2a.定向原則：是現象的覺察而不是結構性的存在，
提供治療師對家庭「日常」（daily）定義的訊息。

這個假設與原則聚焦於決定是誰以及是什麼構成了
這個家庭，隱含的意思是一個有創造性的（creative）而
非靜態的家庭定義，其中任何時刻都有可能包括朋友、
遠房親戚，以及「局外人」（bystanders）。「局外人」
是看起來不像是這個特定系統的一部分，但事實上在這
個家庭扮演重要角色的人。這些人不需要是非常活躍的
參與者，或是做或說一些對家庭有幫助或製造麻煩的
事。在某些案例中，有的人只是在那裡就很有影響力：
例如，一個謾罵的老闆或是前夫（妻）。因此，一個局
外人可以透過成為現象場中的一部分，而變成家庭系統
中非常重要的人。

對於誰是家中一分子的問題並沒有簡單的答案，家
庭的界限會隨著某個特定會談或是會談中的互動而重
畫。也許有個鄰居每天都跟家中的某成員在一起，那麼
這鄰居到底算不算家人的一部分？一位住在遠方的祖父
母算不算呢？然而，即使不是為了達成所有的家庭功
能，但是對某些需要完成的治療工作而言，做一選擇並
畫下界限是重要的。任何時刻，你都可以處理任何單元

（unit）或是結構（configuration）。你可以依介入的目標來界定一個較大或較小的單元。我常常在跟家庭工作的過程中，會爲了處理特定的議題或是增進更好的溝通，而邀請祖父母或阿姨來參加幾次的會談。

留意家庭的界限會發現這些界限隨著變動的事件而更動，如小孩結婚或離家就學後，就有可能真的不再落入此家庭議題的範疇。而家人要告訴誰事情，或是誰需要被告知事情，都並非固定不變的；而不同的事件會含納不同的人，雖然家庭成員並沒有意識到他們這樣做。我常會看到，每當家庭計畫一個像婚禮之類的慶典時，家庭中的張力（tension）就會發展：要邀請誰，不要邀請誰？此時，必須畫出一些界線來決定誰會被納入家庭的圈圈之內。這些被邀請的人界定了此時的家庭界限，而其他時候，則可能形成另外一種圈圈來定義這個家庭。

學習經常去重新界定家庭，治療師擴展了觀察以及介入的視野，超越了原先針對核心家庭的結構化工作，而納入了隨時間改變的大家庭（extended families）定義。

2b.基本假設：家庭有生命週期。

2b.定向原則：介入時必須考慮每個發展階段的成人與孩子的需求。

就家庭的健康而言，家庭能夠隨時間而改變是重要的。大部分的改變並不是發生在心理治療，改變之所以發生是因爲新的情境；也因此，新的解決方法是必要的。昨天的解決方法並不適合今日的情境，因爲今日的事件是全新的，而改變是每天都在發生的。當家庭平順

的日常生活因為新的解決方法沒有出現而卡住時,家庭就會落入嚴重的困難。例如,將對待十一歲孩子的規矩應用在十六歲大的孩子時,就顯得太僵化,而困擾就因此產生。在此危急關頭,家庭通常就會求助。

改變是日常生活的自然產物,而且在每一個開放系統都會發生。治療師應該熟悉家庭的發展階段以及每個階段所會面臨的改變。介入應該是與「階段相稱的」(stage appropriate)。

2c.基本假設:每個家庭就如同個別的成員一樣,是獨一無二的。

2c.定向原則:介入時應該考慮每個家庭都有其特別的經歷以及結構,而增加家庭對其動力的覺察也是改變的刺激之一。

每個家庭都有其特定的架構,有自己一套應付生活的方式,所以某些次系統會比較常在一起,某些則比較不常在一起;某些個體對某人來說比較重要,另外一些個體則比較不重要。每個家庭都有自己在這個世界的生活方式。

在家庭中,「已經夠好」(good enough)的範圍是非常廣的,這就是我們非常強調反移情的原因之一。反移情是治療師對其所接觸之家庭的知覺與行為,深受他們本身與配偶、直系親屬,或原生家庭的經驗所影響的現象。而根據反移情所做的介入常常跟該家庭的處遇需求無關,而是治療師本身生命中的未竟事務。例如,如果一位逃離他的爸媽以及哥哥,並且很少跟他們接觸而

得以在一個困難家庭中存活下來的治療師，可能會給予一位跟家庭相處困難的青少年類似的解決建議。又或者，一位來自於孩子與大人之間有嚴謹界線之家庭的治療師，可能會比較嚴格地堅持這兩個次系統要分離，即使這個家庭也許需要較為寬鬆的界線。我們太容易透過所熟悉的家庭框架來看，而且太容易將所治療的家庭當成了我們所來自的家庭——這顯示出我們是依據如何評估我們自己的家庭系統，來決定這個治療的家庭是「好」或「壞」。

反移情現象來自於治療師過去的整體經驗，而非只是來自於原生家庭的未竟事務或偏差的情境。特定的意識形態或宗教的觀點——男人與女人應該的樣子、孩子應該如何被對待、是什麼構成異常的性行為、什麼是良好的教育、或適當的飲食是什麼樣子等等——都可能嚴重地扭曲治療師對家庭處遇的觀點或想法。我們必須時常地挑戰什麼對我們是或曾經是「好」或「壞」的，而什麼是真正地對所介入的家庭是適當而實在的。

因著這個理由，我們應該試著在同儕間相互「督導」彼此的工作，參加工作坊來持續治療師專業的發展，並且因個案的事件而觸發我們某些困難、痛苦或非理性的感受時，接受個別諮商。我同時也相信思想縝密的治療師會注意比鄰而居的各式家庭的特性。例如，義大利天主教徒與愛爾蘭天主教徒是不同的，而虔誠的猶太教徒與改革派也不同，還有中上階層的黑人與內城（inner-city）的黑人也不一樣。一個良好而有能力的家庭

治療師，某部分是社會學家、某部分是文化人類學家、某部分是哲學家，而最重要的是一個可靠的觀察者：能夠真正地關心這個家庭是如何在其鄰里以及社會環境下運作。

當我們有以下的狀況時，我們應該隨時注意我們對一個家庭的反應：

- 太快給予評論或意見。
- 強烈地「喜愛」或「厭惡」一個家庭、一對夫妻或一個成員。
- 沒有太多的觀察、詢問以及發掘他們的能力、缺點和過去歷史，就深信「什麼是對這個家庭是好的」。
- 與其中的一位成員起爭執而無法收手，或是採取某種僵化的立場。
- 與家庭中的某位成員或次系統「站在同一陣線」（take sides），來對抗家庭的其他成員或子系統。
- 覺得這個家庭「很好」（just great），不需要吹毛求疵地檢視。
- 由於自己的過去經驗，而假設「所有的家庭都是這樣子的」，而過度地容忍虐待或是任何極端的行為。

我相信你可以加入更多的項目在這個反移情的「危險清單」上，我也邀請你做一個自己的清單。這會有助你對於什麼是好的和壞的之間形成更有力的界線，以及家庭中的什麼資料才能引領形成一個符合該家庭需求的合宜介入。

治療師的意圖並非要去改變家庭的結構或模式：他

們喜歡如何在一起或是如何解決問題。我們所要尋找的是：是否有任何人受到這模式的傷害，或者是否這個家庭無法達成其需求而且無法像一個工作團隊一樣的運作。治療師被鼓勵去著迷（fascinated）於該家庭的特定結構，並且尊重每一個結構。尊重「所是」（what is）將強化改變[1]。

    2d.基本假設：家庭是一個工作團隊。

    2d.定向原則：治療師必須評估一個家庭或其次系統
       執行每日任務的成效。

    家庭必須執行家務、養育小孩、對孩子們噓寒問暖並且撫育他們，而同時執行所有的日常生活瑣務。他們必須是一個良好的團隊才能完成這些工作，如果這些工作沒有完成，治療師就必須找出原因，是什麼阻礙了他們？當事情沒有運作得很順利時，是否有形成了其中一人承擔了所有指責的固定模式？若是如此，有多常是某個人成為這隻羔羊或是「被認定的病人」（identified patient）？通常，會有某個人或系統的某個部分感到痛苦，因為這裡有過多或不足的能量，因此這個位置（spot）不是「太熱」（too hot）就是「太冷」（too cold）。

    因此，治療師的任務就是去完整地評估這個家庭系統。如前所述，家庭需要知道它們做得好的部分以及它們是如何勝任的。大部分的家庭知道比較多它們的弱點和失敗的部分，而比較少知道它們的能力和成功的部分。覺察到自己的長處將驅使家庭重複這些所勝任的行為。反過來，強調弱點和失敗的部分並不必然就能刺激

正向的改變。所以，一個好的治療師可以找到方法來運
用家庭的優勢以克服其弱點。

2e.基本假設：文化對家庭治療的影響比婚姻治療更
　　大。

2e.定向原則：家庭是文化的傳承之所，因此，清楚
　　地傳遞宗教、社會、文化，以及社區的價值觀是
　　重要的。

當一對夫妻有了小孩而成為一個家庭時，更大的社
區觀點、習性，以及價值觀就更形重要。此時，宗教、
民族、社會階級，以及大家庭（extended family）對家庭
的影響比婚姻更大。家庭透過教育孩子傳承價值觀，而
這些價值觀對沒有小孩的夫妻則較不明顯。

家庭想要贏得治療師覺得他們是不錯的印象，是家
庭治療的一個議題，因為父母會覺得必須對孩子的行為
表現負責，而治療師就代表外在的世界。

孩子的文化通常與父母的文化不合，因為每一代都
有自己的行為、玩樂、語言、音樂、藝術以及目標。

通常，父母與孩子都會以「別人」（they）都這麼
做來為他們的行動辯護，而「別人」經常是一些沒有清
楚定義的實體，這些用以設定規則的實體可能是大家
庭、街坊鄰居，或是社會或宗教社群：Johnny 必須去上
托兒所，因為所有這條街的三歲孩子都是這樣子的。

藉由察覺到家庭與社區兩者的目標都必須被傳達出
來且受到尊重，治療師就提供了一個示範與支持，讓家
庭能去檢視、討論，以及欣賞這個較大的圖像。此時，

治療師通常就是家庭與社區價值衝突的調停者。

家庭次系統

如果你以系統的角度跟夫妻一起工作的話，你也應該視每個個體爲獨自的一個系統[2]。當我們討論到將我們的某部分放在「空椅」[3]時，就是從個體的觀點出發，視系統的心理內在部分需要工作以形成一致的整體（coherent whole）。如果一個人無法成爲一致的整體，那麼這個人就會覺得他或她的這些部分無法整合成一個單一的圖像，一個清楚的思想或姿勢。

當你跟一個家庭工作時，潛在的系統數量必然增加。如果一個家庭沒有辦法整合成一個單一的圖像，他們就會如同個體一樣感到支離破碎。因爲一個家庭有更多的次系統，而次系統之間轉換的速度非常迅速：一開始，你有一對父母與一個孩子；然後另外一個孩子的加入，形成一個全新的次系統；之後如果其中有成員離開或加入這個治療，那麼另一個次系統也隨之而生。

界線圍繞著每個次系統所形成的圖像，而圖像則是不斷地更迭。互動的每一個組合都是重要的，因爲每一個都具備豐富或者傷害家庭的潛力。在家庭中，你會看到某些次系統運作得很好，其中的成員感覺很好，而其他系統則否，當然，其中成員的感覺就不好。

3a.**基本假設**：家庭最好被視為一個由許多有彈性且恆常更迭的次系統所組成的有機體。

3a.**定向原則**：治療師的工作包括協助家庭看見這些

次系統的結構以及動力品質。

當你注視一個家庭，你所看到的是次系統間的轉換：這些系統是如何組織的？哪些次系統運作得很好，讓身在其中的成員感覺很好？哪些次系統則是在盡量地逃避？哪些次系統則因為其中的人們不知如何整合而感到痛苦？

如果你看到一個清楚的界線在順暢地流轉，而形成另一個次系統的界限時，那你看到了一個好的運作歷程。在尋找這樣的時刻時，你會警覺哪些次系統從未成形，其中的人們幾乎從未以清楚的方式互相交談，以至於家庭的其他成員無法與之連結，而且這些次系統也通常會一起卡住。如果一位父母無法與一個小孩、以及與每一個小孩、以及與兩個小孩、以及所有的小孩形成次系統，那麼你將看到一個因潛在問題點所形成的不完滿（less-than-optimal）家庭將付出的代價。

3b. 基本假設：家庭組織的次系統對於家庭的健康以及整體家庭系統而言都是重要的。

3b. 定向原則：治療師並非總是與整體家庭系統一起工作，有時候也會選擇與次系統一起工作。

任何一個會談或是幾次會談，若非與整體家庭系統工作，就是與次系統一起工作。任何事情在你面前瞬間地「凸顯」（pops out）成為圖像，而這就是你將要與之工作的系統，不論這系統是否包含了所有的家庭成員。通常都是與家庭的某部分或是某個特定關係一起完成工作，為整個家庭的學習做好準備。

在此歷程中，治療師不從特定的次系統中去確認病患，並且避免揀選成員中的一或兩人當做整個家庭問題的所在。這就必須仰賴跟許多或所有的次系統一起工作，你先跟某個次系統工作，然後跟另一個次系統工作，再跟另一個次系統工作。不要被騙而誤以為某個次系統就是問題所在，因為所有的家庭成員都對家庭的歷程做出了貢獻。因此，即使看起來似乎很明顯地某個人就是問題的所在，你仍必須假設每一個人都為此做了貢獻。

此外，這個觀點有效還有其他的原因，有時候處理整體家庭動力的複雜性時，有太多的事情在發生。說得更明確一點，與次系統工作是因為我們強烈堅信的假設：系統某部分的改變將影響整個系統。當次系統改善了它的功能時，能量會重新分配。通常，能量被聚集在家庭的某個小部分，而其他部分則幾乎沒有，或是其他部分沒有發揮的空間。好像這些被「遺漏」（left out）的次系統是被平貼在牆上，視而不見的。當你鬆動了更有力的次系統，並且教導成員去看他們的歷程，能量就能被未竟事務、其他連結、其他人們、以及新的事件所取用。

一個系統內的小改變允許其他的次系統以新的方式重建，改變的本質與發生的事實沒有太大的關聯，當在眾多關係中的某個關係——父母之間、母女之間、兄弟姊妹之間——達成解決方案時，整個家庭都會覺得鬆了一口氣，就好像每個人憋了好久的氣一下子呼了出來一

樣。一個次系統的改變對每個人而言都是有力且值得的，而且會為家庭系統的其他部分開啟了改變的可能性。

插曲：透過夢工作來評估跨世代的主題

透過跟系統中的單一成員一起工作，探討與另一個不在場或是生病成員的關係，是可能影響跨世代之間的關係的，甚至回溯好幾個世代[4]。我發現好多成功結合完形夢工作技術與家庭系統治療來獲知跨世代主題的例子。這是一種特殊且獨特的取向，因為這是一種存在—體驗的方法，而且非常適用於挖掘和探索多世代的主題。

很多婚姻或家庭治療師的確對跨世代的主題感到興趣，但是卻經常無法將個人的夢工作納入成為一個標準技術。應用在家庭系統模式中使用夢工作的方法，我們就可以闡明好幾個世代不斷重複出現的模式（patterns）。浮出表面的模式可以在短時間內解決，但是這些模式通常顯示出有更深層的歷程存在，所以需要較長的時間來完成。接下來的一節，治療師使用傳統的「空椅」技術來做為獲知跨世代主題的路徑。「Samuel 的夢」長且複雜，其工作包括 Samuel 的心理內在部分之間的對話，以及對其父親的內攝部分的對話。當主題繼續發展，則變成了一條連接他與曾祖父的線。在仔細追隨夢的主題時，要同時注意內容與歷程的部分，並且表達支持與關懷的態度。

Samuel 的夢

Samuel：昨晚我做了個夢。這個夢感覺跟我現在好
　　　　像，都是匆匆忙忙。在夢裡，我匆忙地從一
　　　　個房間到另一個房間。它們是很小的房間；
　　　　而這裡好像有個會議正在進行。然後我找到
　　　　一個我正在尋找的人，隔天他將被送上電
　　　　視，在全世界的面前；衛星將會準備好，所
　　　　有事都將準備好，讓他能拿出那顆大寶石。
　　　　他將會拿出來，並且用一個特殊的榔頭把它
　　　　敲成六塊，其中的一塊會是我的，但我不想
　　　　等著它發生，因為某些理由我知道那裡有
　　　　FBI 的人在那裡，而我無法信任他們。那裡
　　　　有一大堆我無法信任的人在那裡，我的同事
　　　　Jane 也在那裡。所以我把她誘騙出來，而她
　　　　真的就把它敲碎了。我抓了屬於我的那塊，
　　　　然後開始跑。整個夢境繼續進行，我為了保
　　　　護我的那份，經過一個又一個的關卡，甚至
　　　　與 Jane 在浴室有一次誘人的相會，她抓了我
　　　　的那份，然後將它塞在裙子下面。

治療師：她想要分一份，所以結果呢？你成功地保護
　　　　了你的那一份嗎？

Samuel：是的，我成功地保有它了，但是我後來被打
　　　　斷了。

治療師：所以，告訴我們關於你的抱負，你想怎麼建
　　　　立它？你可以想像成是一場總統演說，滿懷
　　　　雄心壯志地說；也可以就只是告訴我們。

Samuel：我開始想到告訴我爸媽這個夢，想到可能會
　　　　怎麼樣告訴他們。這不會像是總統演說一樣
　　　　盛大，不過也有可能。

治療師：好。所以你可以想像你的父親坐在你的前面
　　　　嗎？你要告訴你的父親他的傳記，就好像你
　　　　知道一樣。好了就開始，我會在一旁協助你。

Samuel：（向父親）好。我知道你很多事，很多是你
　　　　直接告訴我的，也有很多是從祖父那裡知道
　　　　的。這兩個資料來源以及我的直覺告訴我，
　　　　你希望你父親認為你是非常特別的，而且希
　　　　望是依照你的方式。他從來就沒有同你在一
　　　　起，即使他提供你許多東西，例如負責管理
　　　　他的旅館、送你去最好的學校，還有許多其
　　　　他的事情。照你說的，你總是逃開，或者你
　　　　會告訴他你不想要。你甚至跟一位你知道父
　　　　母都不會同意的女人結婚，而後來他們付她
　　　　錢離婚並要她離開。之後，你遇見了我媽……

治療師：對不起，Samuel，每次你說了一些資訊後，
　　　　就請告訴他一些關於他的抱負。「你去念這
　　　　些學校……」然後說些關於他的抱負。「你
　　　　結婚了……」

Samuel：你要我說的是我不知道的。

治療師：沒關係，你自己編。他還活著嗎？

Samuel：是的。

治療師：關於他的抱負水準，你有些概念嗎？

Samuel：我知道他缺乏抱負。

治療師：嗯！我沒有說多麼多或多麼少，只是個範圍，這非常重要。「你有機會去念那些學校……」

Samuel：你有機會去念許多學校，甚至跟你父親要你結婚的其他對象結婚。你有機會進入看起來前程似錦的行業。你有機會成為……你曾經有那麼多的機會，而你卻一個都不要。過去幾個月，當我跟你說……（開始哭泣與啜泣）……你說你的人生了結了，你的整個人生……了結了……（喉嚨阻塞並啜泣）。但是，我仍然需要你……我感到你瀕臨死亡……而我的人生才正要開展……。

治療師：告訴他，你認為他為他的人生做了什麼。

Samuel：他的確有幫忙。你教導我如何去愛、如何去關心其他人。我認為你成功地……。

治療師：你正在阻止什麼？你開始哭泣並且有些感覺出現，然後你中止了它。

Samuel：我正在阻斷我的生氣。

治療師：告訴他。

Samuel：你現在已經七十五、六歲了，而我真的不想讓你知道我對你有多麼生氣。我只是將它放

在一旁，想「讓他安詳地死去」。

治療師：我希望他安詳地死去，而我希望你能安詳地
　　　　出生。你有權對他生氣而讓這兩件事都發
　　　　生。看，這就是一個環環相扣的事（an in-
　　　　teractional thing）。

Samuel：你沒有教導我如何做事，所以我離開並且以
　　　　自己的方式去學習。我看不起你，因為你的
　　　　忽略，因為你的自私，因為你的持續叛逆，
　　　　因為你的訴苦抱怨，因為你是個被寵壞的小
　　　　鬼。你的母親總是關照你，接著你找個太太
　　　　來繼續照顧你。你沒有任何朋友，你根本沒
　　　　有朋友。沒有男性朋友，也沒有女性朋友，
　　　　你說你所有的就是你的家庭。看看你對待你
　　　　太太，我媽媽；還有她瘋狂的方式就是變成
　　　　耳聾，卻不肯去找一副助聽器。你真令人噁
　　　　心。

治療師：告訴他，他浪費了他的生命。

Samuel：你全部的家人都是聰明且有創造力的人，藝
　　　　術家、政治家、護士，而你是最受寵愛的兒
　　　　子、寶貝。而你，當事情不再像之前一樣如
　　　　意時，你就生氣，因為你已經習慣於所有的
　　　　東西都是容易到手的。而你不會去貼任何人
　　　　的冷屁股，就是說你不會跟任何人合作，讓
　　　　事情順利進行。

治療師：「而我是你兒子」。開始說「而我是你兒

子」。

Samuel ：你拒絕和任何人合作，讓事情順利進行，而
我是你的兒子。你已經被寵壞了，而且得到
任何你想要的東西，卻不需要任何的努力，
而我是你的兒子⋯⋯。

治療師：現在什麼阻止了你？

Samuel ：有些事情不太對勁。

治療師：不管事情對勁或不對勁都會和夢一起出來，
因為你將要告訴他這個夢。「而我，你的兒
子，將要告訴你一個夢，因為只有你的兒子
才會有這樣的夢。你讓我背你的包袱。」你
可以告訴他，他是如何讓你背他的包袱，你
是如何像他，以及你是如何想要試圖不要去
像他？可以嗎？有更清楚嗎？

Samuel ：我將要告訴你這個夢，我相信這個夢會幫助
我更瞭解，我是如何地背起你的包袱的。

治療師：沒錯。

Samuel ：在這個夢裡，我在一個像是旅館的地方。那
裡有一個會議正在進行，裡面有很多的明
星。我知道接下來會發生什麼事，而我將要
去拿一份要給我的特別禮物。事情並不順
利，但是我必須努力，而它是我的。

治療師：好。停在這裡。再說一次，並且注意你說了
什麼。從這樣的話開始說：你怎麼是他的兒
子，又怎麼不是他的兒子。

Samuel ：被一群人圍繞著……。

治療師：好。被一群人圍繞著時，你如何像他，又如何不像他？

Samuel ：對我來說，我知道你年輕的時候，你受人喜愛而且有很多朋友，還很愛喝酒。你很像你的父親，我的祖父，因為你非常揮霍，而你喜歡刺激和跳舞，還有其他我知道的事情。我也喜愛跳舞、飲酒，以及被許多人圍繞著，還有刺激。但我不像你，我不會離群索居。我不像你，我會退到幕後，我喜歡服務人。我不像你，我認為我為許多事努力，有些我已經得到，有些尚未得到。我相信我終會得到，我還沒有放棄呢。

治療師：「我還沒有放棄呢」是什麼意思？

Samuel ：我總感覺那有可能會發生。

治療師：他將要把放棄遺傳給你？告訴他：「根據你的腳本，根據你的業報（Karma）……」

Samuel ：據我知道的你，這些年來你愈來愈放棄自己，而你的父親也一樣。他和你的母親，據別人說，在股市大崩盤期間，以不可理喻的方式放棄了土地、金錢，以及所有的事物。所以，他放棄了，而我也看到你放棄了，我害怕當我精疲力盡時我也會放棄。這讓人害怕，在這個夢裡我只有一個人。我獨自一個人，除了那個非常特別的人，但是他只有在

　　　　　　夢一開始的時候出現。

治療師：然後發生了什麼？

Samuel：接下來有點慌亂，我從一個地方跑到另一個
　　　　地方。

治療師：你從一個地方跑到另一個地方，而有個女人
　　　　從你身上拿走某個東西藏在她的裙子下。這
　　　　樣你有什麼感覺？

Samuel：憤怒。你敢？那是我的。

治療師：如果那是你的，為什麼你要跑？

Samuel：因為我破壞了議程的規則，如果我要拿我的
　　　　那份，這必須發生在充滿鎂光燈的盛大排場
　　　　和儀式的舞台上。

治療師：所以你為什麼要跑？

Samuel：我必須拿到它，但我不相信我會拿得到。

治療師：（對空椅上的父親）他，你的兒子無法相信
　　　　他有的是真正屬於他的。你有這樣的困擾嗎？

Samuel：身為你的兒子，爸爸，我無法相信我有的東
　　　　西是真正屬於我的。我真的值得擁有它，而
　　　　且我會保有它。

治療師：「而這就是我要給的標題」。Samuel，讓我
　　　　們回到這個夢，看到的是你非常清楚如何拿
　　　　這個東西，然後非常完美地在正確的時間將
　　　　它分成六等份。在夢裡，你就是那個人，又
　　　　同時是另外一個拿走其中一份然後逃跑的
　　　　人。這個夢跟你的家庭有什麼類似點？跟你

來自的地方有何類似？究竟告訴我們關於你
家的哪些故事？這個夢是不是也說了些故事
呢？

Samuel： 我父親這邊的家庭是富有的，不只是物質和
聲望上，還包括創造力，而且比其他家庭都
富有。我父親的家庭有五個小孩，我父親事
實上排行倒數第二，是最小的男孩。我祖父
死的時候，家產就分給他們。

治療師： 你從你父親那裡得到什麼，Samuel？

Samuel： 我想到的，我第一個想到的是自大。

治療師： 他給你自大？

Samuel： 自大和一種驕傲。我本來要說謙遜，然後我
想到懦弱。有時候是謙遜，有時候是懦弱。

治療師： 是的。但是在你的夢裡有兩種不同的面貌，
一種是擁有那禮物的傢伙的自大，可以嗎？
他確實知道他可以做什麼……知道整件事如
何運作，而在最適當的時機，他會打碎它。
然後那裡有一個懦弱的傢伙，他必須抓了就
跑。這兩種都是你，從你父親繼承而來的
你。所以，你覺得你是全神貫注地把它分成
六份的嗎？而這樣做就能支撐你的自人，因
為這完全是藉由你的技能而辦到的？你在你
的夢裡是自大的，而你的自大是來自於你的
技能嗎？

Samuel： 是的。

治療師：你的父親是自大的，而他的自大也是由於他
的技能嗎？

Samuel：不。

治療師：好，那麼你瞭解嗎？

Samuel：是的。

治療師：所以我要你當那個分東西的傢伙，讓別人抓
了第六份然後就跑。看看感覺如何，你看到
別人有五份。

Samuel：FBI 也拿到一些。

治療師：但是，你同時也是FBI。你看，你的力量投
射在他們身上。那個因為技能而自大的你就
是投射在那個神奇的人身上。

Samuel：沒錯。

治療師：我要你閉上眼睛，然後從那個衛星的角度來
冥想。現在讓你的腳落在地面，在你面前就
是那個寶石。這就是你父親無法給你、支持
你、愛你的東西。這個沒有根基的人是無法
把它給他的兒子的，而我希望你去擁有它。
進入這個完全踏實的人，也許你需要回到
1928 年以前，回到那個時候任何一個製造財
富的那個人。感覺一下他的踏實，是這個人
嗎？（Samuel點頭。）他的踏實，以及他所
感到的力量和重要性。他叫什麼名字？

Samuel：Samuel。

治療師：他的名字是Samuel？他是你的曾祖父嗎？

（Samuel點頭。）這老Samuel回到你的夢裡，你跳過了所有的枝節，跟他進行接觸。而在你面前的就是那個屬於你的寶石，屬於你的舞台，屬於你的觀眾，以及屬於你的力量。這知識屬於你，所以，你準備好了嗎？想像你正站在舞台上，燈光打在寶劍上，你可以感覺到這整個時刻的力量、美好和清明。享受這個時刻。這力量是你的曾祖父授予他的曾孫的。而當你準備好象徵性地切開它時，你會很容易，沒有什麼障礙，並且不需要跑，因為這是你的表演。讓別人去跑。我會安靜一陣子，而你只要感覺準備好了，有力量了，想要去做時，就去實驗看看。

（Samuel 揮動寶劍，並且劈開了寶石。）

治療師：如何？

Samuel：很自然……

治療師：現在看看房間的四周，你看，你不能只是停留在你的腦子，現在看看你的四周（Samuel看了每一個人）。跟那個拿了就跑的Samuel說說話。你是這個寶石分割大師，你和他有個協議，跟他說話，感覺一下內在兩個不同的部分。當你看著他們的臉的時候，就是現在，你有必要跑嗎？讓這兩部分來回對話一下。

Samuel：Sam，你真的帶來……你帶來了一個故事，

一個你無法認可的故事。而那一點點你以為
有的東西⋯⋯在故事結局時，你也害怕被拿
走⋯⋯我不知道該拿你怎麼辦⋯⋯（擦拭眼
淚）。

治療師：你知道該拿他怎麼辦的，那是你父親才會
說：「我不知道該拿你怎麼辦⋯⋯」，狗
屎。

Samuel：我父親不敢這麼說的。

治療師：你知道我的意思。讓他回答，讓他先回答，
然後你可以回應。（引導換椅）這是你拿了
就跑的部分。

Samuel：（交換椅子）我真的無能為力，我⋯⋯我是
很平庸的，而且我想，如果這個夢繼續，我
一定會搞丟它。我會丟掉我的那一份的。

治療師：好。現在你是那個寶石切割大師，曾祖父
Samuel。

Samuel：好的，首先，這不是你可以弄丟的⋯⋯這是
為了⋯⋯為了保有它，你必須持續做些事
情。不是去逃跑，而是去彰顯它、擦亮它，
還有加些東西上去。你就是因為跑才會弄丟
它。你的酬賞並不在未來。

治療師：所以告訴觀眾更多一點⋯⋯「我會採取的方
式不會是⋯⋯」。現在將你自己放在這個位
子上（引導換椅），「我會採取的方式不會
是⋯⋯」

Samuel：我會採取的方式不會是逃跑，不是帶著它逃
　　　　跑，不是緊抓著它和抱緊它，這是我會弄丟
　　　　它的方式。我需要做的是把它高舉，在這些
　　　　可以看到它的人面前，然後繼續做些事情，
　　　　去擦亮它、保有它，因為它是我的。

治療師：感覺如何？現在你可以握有它，現在你看起
　　　　來比較沒有必要顫抖了。

Samuel：謝謝你。

　　「Samuel 的夢」是如何以夢工作來獲知跨世代主題
的一個例子。在這個例子中，能力與力量的主題以多種
形式在代間移轉。重要的是，即使 Samuel 的父親與曾祖
父的實體並沒有在會談中出現，但是當事人跟被內攝而
存在的他們（their introjected presences）一起工作，來解決
他自身的掙扎。

　　3c.基本假設：某些次系統製造了太多能量，而其他
　　　　的次系統則缺乏能量。

　　3c.定向原則：注意力很容易被引誘到製造最多能量
　　　　的次系統，千萬不要受到引誘而遠離缺乏能量的
　　　　次系統。當能量缺乏流動時，一個系統就會卡
　　　　住。因此，就需要加以留意。

　　在某些方面，一位家庭治療師必須去注意沒有出現
的圖像，當父母在大聲爭吵時，而正值青春期的孩子們
卻在一旁恭敬地聆聽。此時很自然地會注意到這對父
母，但是這些孩子的感覺與想法是什麼呢？在適當的時

機，治療師要轉向比較安靜的次系統以探索整個家庭。你可以問這些孩子：「你常常看到你的父母在爭吵嗎？當他們吵翻天的時候，你覺得怎麼樣？」或是問：「你可以幫我瞭解一下，你們的父母為什麼對對方這麼地生氣嗎？」

在上面的例子，沒有能量在這兩個次系統之間流動。對治療師而言，顯然孩子們被制約地待在父母的爭吵之外，而基本上這是一種健康的態度。然而，這是一次家庭晤談，所以孩子們的想法和感受必須被用來瞭解這個大系統。如果忽略它，那麼孩子們可能就會對這次家庭會談失去興趣，而治療師也就錯失了運用他們成為潛在諮詢者的機會。

以下是幾個孩子們可能會給治療師的答案：「通常，他們不會在我們的面前爭吵，他們是這樣地有禮貌。而現在很刺激——爸跟媽好真實哦！」或是「當他們吵得像這樣的時候，我會覺得很害怕；我會想到最糟糕的情況，像是爸可能會傷害媽這樣子。」或「他們老是這樣，結果什麼也沒發生；他們老是卡在同一個地方。」

藉由納入這「沉默的次系統」，治療師在整個家庭中協助散播了能量、覺察、行動，以及潛在的行動方向。

3d.基本假設：一個家庭的健康直接與它是否具備進入多個次系統的能力有關。

3d.定向原則：治療師應該敏察家庭中固著的完形（fixed gestalten），而最普遍的固著完形就是三角關係[5]。

一個家庭的健康反映了一種能在成人—成人、成人—小孩、以及小孩—小孩之間移轉，而且能自由運用各種可能組合的能力。任何較常發生的「固著」組合都必須被注意，並且要評估其好處與壞處。最常見的固著組合就是父母加上一個孩子。這樣的組合可能是失功能的，妨礙成人之間的互動，甚至會阻礙孩子自由地離去。

治療師注意到這樣的組合很容易地形成與互動，或是這樣的組合從不互動或是痛苦地互動，此時就是一個線索，表示需要做些事讓家庭互動更為平順。而此時實驗是最有用的，成員會經驗到新的行為與感受。

3e.基本假設：家庭中的孩子們自成一個有力的次系統，而這次系統的健康程度對於家庭的功能運作具有強大的影響。

3e.定向原則：家庭治療師的一個重要工作就是去辨識以及支持這個次系統。

孩子們需要彼此互動，而非只是與成人互動。孩子們形成的社群有其自己的力量，除了之間的連結（bonding）之外，這個社群的存在可被觀察並且教導孩子們如何去因應。這並不表示孩子們的關係必須是和諧的，也不表示他們之間的關係沒有任何困難。有些時候，手足之間可能會卑鄙地相互對待；然而，許多生活都是跟這些同伴一起發生，所以孩子們可能會擔心不愉快的時刻，但是他們有一個可歸屬以及感到依附的群體，他們就可以克服這潛在的創傷經驗。

我知道而且也跟許多父母系統非常不健康的家庭一

起工作，包括有非常嚴重困擾的父母，而孩子們的社群被證明是提供孩子們健康成長為快樂的成人的資源。尤其在孩子們的個數大於三到四人時更是如此。

　　現代的家庭都比較小，很多都只有一個小孩，我聽到無數來自父母渴望的聲音，希望他們的獨生子女能夠有兄弟姊妹，讓「事情能夠快速好轉」（bounce things off of）。這表示他們明白手足或同儕的互動，包括分享感覺以及一起抱怨父母，是有需要的。如果孩子沒有手足可以一起去做這件事，和朋友也是一樣的。不管孩子們之間如何組合，這樣社群的形成是孩子們天生的願望與需求。尤其是青少年階段更是如此，此時同儕群體的議題最為重要，對兒童而言，這樣的議題也同樣重要。

　　教師與教育者瞭解這樣的需求，因而著重學生社會心理的發展。今日，很有趣的是，看到單親家庭父母社群的形成，這表示他們有這樣的需求去彌補父母社群的空隙。因此，我們假設，對所有年齡層的人們而言，健康的方式就是去建立並參與某個社群，這個社群具有特別的語彙、溝通方式以及規範。因此，家庭中的孩子們也需要能夠參與他們的社群，做為他們健康發展的一部分。

父母—孩子的動力

　　父母—孩子的動力包括各式各樣的互動。

　　4a.基本假設：父母對孩子所採取的保護量（dosage）是家庭健康的指標。

4a.定向原則：為了發展一個健康的家庭，將「父母
治療」當做家庭介入的一部分是重要的。

如果沒有餵養以及保護，嬰兒就會死亡[6]。當孩子
還小的時候，保護必須是全面性的。當家庭繼續成長，
這保護應該消逝。保護的量應該隨著孩子的年齡而改
變。例如，你問一個三至四歲的孩子一個問題，父母因
孩子害羞而介入回答，這是適當的保護。幼小的小孩因
為與陌生人相處而害羞，沒有必要回答。然而，如果你
問一個十一或十二歲的孩子問題，而父母介入回答時，
我們就會有全然不同的反應。

當孩子成長，父母必須放棄以往老是介入以保護孩
子的傾向。一個十一或十二歲的孩子已經能夠與家人以
外的人們相處，包括治療師。在這樣的年紀，父母應該
知道治療會談是比較安全的情境，在這種他們可以瞭解
的情境中，父母要保護的是什麼呢？相反地，一個三或
四歲的孩子無法瞭解治療情境，也無法視治療師是安全
的，因為之前沒有足以瞭解的脈絡；所以，一位會對這
樣小的小孩說「快，說！」的父母，顯然對這麼小的小
孩的需求與資源缺乏瞭解。

在這個部分我們看到，太多或太少的保護是一個失
功能家庭最關鍵的向度之一。每個家庭都會對特定的情
況出現過多或過少的保護，這並沒有危險，那裡存在著
一些中間地帶讓我們可以健康地成長。沒有人完全是對
的，因為完美並不存在。然而，大部分健康的人們，在
保護過度時會注意到並且收回一些，而保護太少時則會

增加一些。健康的父母總是在這個中間地帶游移,而且
具備良好的敏感度嘗試把事情做對。

當你在這個部分發現問題時,這可能表示需要在成
人系統上做許多工作,其中最重要的就是強化父母的覺
察,讓父母知道自己正在示範,因為孩子就是從父母身
上學到如何做一個大人的。這同時很重要,乃是因為孩
子會害怕沒有一個健康的成人系統會變成能力不足,而
如果沒有健康父母提供的安全,孩子是無法承受這些擔
心害怕的。

懼學症(school phobia)就是家庭動力中一個失功能
的最好例子,孩子們只是無法離開家裡,而父母也無法
讓孩子去上學。要他們分離的理由很單純,因為六歲的
孩子必須去上學。重點是,如果這孩子已經六歲了卻無
法分離,你知道你有麻煩了。如果孩子是三歲,面對陌
生情境時會一直待在父母身邊,而父母說:「在這裡,
沒關係」,那麼只要他覺得比較自在就會開始去探索的
話,治療師就不需要去擔心。

孩子從緊抓著父母,觀看外在的世界開始。如果他
們覺得有足夠的安全,那麼他們就會離開父母,然後在
小範圍內徘徊;然後他們覺得害怕又跑回來,躲在父母
的身後,偷偷地看。一旦他們的害怕可以擺在一旁時,
他們就會再度出擊。孩子需要有一個地方可以跑回來,
這個地方沒有人會用「小心,小心」來嚇他們,也不會
加重他們的危險感。只要他們能回復安全並且等待害怕
消逝,以及只要沒有人在意他們更進一步的探索,那麼

他們探索的距離就會逐年增加。

4b.基本假設：孩子需要觀看並傾聽成人的歷程，但是對他們而言，成為這歷程中的參與者或是賦能者（enablers）是不健康的。

4b.定向原則：家庭治療師的工作是要成人為他們的角色承擔完全的責任，並且去除孩子擔任「賦能」（enablement）的部分。

　　孩子需要成為成人歷程的旁觀者。他們需要觀看；他們需要傾聽。在一個健康的家庭，治療師在跟父母談話時，他們會在旁邊彼此閒逛玩耍。會談中的成人部分引不起、也不應該引起孩子的興趣。孩子們會待在視線與聽力範圍之內，如果有什麼引起他們興趣，他們就會回來。只要孩子們是安全且受到保護，那麼父母就會放心地讓他們離開。但是父母不需要一直留意他們或是要他們熱中於聽自己說話。父母在此可以泰然自若地拿捏其中的界線。

　　在實務上，有蠟筆、紙張以及一些玩具或書，讓孩子可以來來去去是很重要的。治療師可以告訴他們怎麼離開這個房間，還有隨時可以回來。孩子們通常會測試一兩次，看看是不是真的這樣，然後他們就覺得可以了。

　　失功能發生在孩了們持續被拉進來執行父母的功能，這也許最常見於酗酒父母的家庭。父母不再像成人一樣執行功能，在這樣的家庭裡，孩子成為親職功能的賦能者，有時候也許是最好的解決方法。這樣並不好，但是在這個家庭裡，必須要有某個人是成人才行。

　　我治療一個單親家庭，媽媽幾乎完全失功能，而十一歲的男孩必須說：「媽，現在是晚餐時間了，到餐桌吃飯了。」或是「媽，確定你有在成績單（report cards）上簽名，這樣我們才能準時把它們交回到學校。」這個孩子擔任了啓動成人能力的角色。對這個孩子好嗎？不，一點都不，但是卻比沒有人做要好多了。治療的介入要聚焦在讓這個母親恢復她父母的身分，好讓這孩子能夠卸下賦能者的角色。

　　當孩子無法像孩子的時候是很可悲的，而啓動的程度是一個線索，顯示他們多麼害怕，也顯示出他們迴射這害怕的程度。

　　4c.基本假設：在健康的家庭裡，權力的所在是很清楚的；肯定是要在成人的手裡。

　　4c.定向原則：任何時刻存在不平等的權力時，那麼就需要好好地管理。

　　權力的議題在家庭中是可能存在的，因爲在每個個別成員以及系統之間都存在著不公平。在健康的家庭，成人擁有較多的權力，並且以適當的方式運用在不同年齡的孩子身上。他們在較年幼的孩子身上使用較多的權力，而在較年長的孩子身上使用較少的權力。而在不健康的家庭中，主要有兩種困難：

1. 沒有清楚的權力焦點，沒有領導者—遵循者的原則存在，所以家庭生活一團混亂。

2. 權力被濫用，且不適當地運用在不同年齡的孩子身上。例如，年幼的孩子被鞭打，而年長的孩子被不

適當地過度控制。

治療師提供了一個使用權力的示範，由於在家庭中角色的優勢，治療師可以用贊同或不贊同，以及提供解決方法、觀點和價值觀，來展現或多或少的權力。權力必須被管理得恰到好處；愈健康的家庭，治療師則愈少需要使用到權力。解構家庭需要治療師使用更多的權力和更強的領導權，來推動這個家庭採取更具適應性的行為，以鼓勵這個家庭更緊密地一起行動。

個案研究：Miller 一家

Miller 家的成員包括四十歲左右的父母，Arthur 和 Jean，十八歲的兒子 Rick，以及十五歲的女兒 Gail。父親是一個小型上市公司人力資源部的副總裁，而母親則是一位護士。Rick 現在念大一，而 Gail 則是高中生。

這個家庭來接受治療乃是因為女兒的退縮，待在自己房間，沒有社交生活。她的朋友們曾經表達過關心，但最近她的父親叫 Gail 到樓下吃晚餐，她都沒有任何反應。他敲她的門並且叫她的名字，但是她沒有回答。直到他敲更大力，並且企圖闖入時，她才有反應。當她開門的時候，她看起來好像生病了一樣。同時，這對父母也接到 Gail 學校老師的電話，老師覺得她在走下坡，而且不在乎自己的儀容。她的頭髮不乾淨而且瘦了很多。

這女兒在這個家庭就是我們所熟知的 "IP"，被認定的病人。在家庭工作時，我們不會聚焦於這個被認定的

病人身上，我們將焦點放在家庭是一群人在一起製造了困難或一起獲得成功。而被認定的病人則是這個家庭中「志願」表達家庭存有痛苦的人。

我們的第一個假設是一個健康的家庭會自我支持；而治療師第一件想做的事，就是去協助這個家庭看到他們做得好的部分。

在第一次會談，這對父母很直截了當地向對方說 Gail 的問題，以及他們不知道要做什麼才能改變她的無助感。Gail 在哥哥問到她關於消瘦和中斷課後活動的問題時才說話，但她只是向每個人保證一切都沒問題。

在第一次會談的末了，我們告訴 Miller 一家人他們做得很好的地方。我們提到在會談中彼此表達了許多的關心，以及父母非常清楚地相互談論了問題。孩子們也看起來似乎能夠相互地對話，並且表達關心。好的部分是這個家庭的確表達了內在的關心，特別是在兩個次系統中，他們真的做得很好。

在接下來的會談中，反面的部分開始變得明顯。父母不參與孩子的系統，而孩子也不參與父母的系統，沒有疑問也沒有質詢。在每個系統中都存在著某種的融合，父母跟孩子之間也缺乏自由的互動。兒子與女兒互相是好朋友，並且形成強而有力、合作的團隊。媽媽與爸爸則是另一個堅強的次系統。存在於孩子與父母之間的聯繫是很薄弱的。每當要表達他們的感受時，孩子們的表情幾乎是懼怕的。他們通常會瞄一下父母，看看是不是可以說。

　　過去，這對父母關注於他們的生涯，並且相互扶持，而沒有關注太多孩子們的需求，使得孩子們或多或少都得依靠他們自己。因此，孩子們變成玩伴，學習相互照顧。這是因為媽媽與爸爸強調孩子們要能自己找樂子，而不是仰賴父母。

　　去年，當Rick上大學後，家庭的生命週期開始改變。雖然他選擇附近的大學，讓他能夠住在家裡，並且不會遠離Gail，但是他大部分的時間都花在書本與朋友身上。Arthur與Jean已經在其生涯的巔峰，享受過去努力的成果。但是，兩個孩子中比較害羞的Gail，缺乏來自父母的直接支持、教導和鼓勵，也無法運用高中的同儕女伴來重新得到對自己的支持。她覺得孤獨、孤單，以及假獨立（pseudoindependent）：她並非真的想要獨立，但她發現這是她自己現在的情況。

　　為了鼓勵父母與孩子之間有更強韌的次系統，我們對這個家庭進行以下的談話。

　治療師：Rick 和 Gail，當你們互相談話的時候，你們的關係非常親密，你們真的充滿感情。而Jean 與 Arthur，你們兩個人互相諮詢得很好。但是我注意到孩子們跟你們父母並沒有說太多的話；而媽媽與爸爸，你們也沒有對孩子們說太多的話。我們鼓勵你們互相問對方問題，挑戰對方，更直接地向對方說更多的話。讓我們看看你們是否能做到。

　　我們以一個一般性的邀請開始，然後看看他們能做得多好。如果他們有困難，我們就能建立一些實驗。例如：

治療師：我鼓勵你們跟父母說話，也鼓勵父母跟你們的孩子們說話。但是你們似乎都有些困難，而且總是又回到之前兩個兩個彼此對話的狀態。所以，現在我希望你們去做的是：你們父子兩個人談話，然後 Jean 與 Gail 聽。

　　在這裡做的是先把一個特定的次系統排除在外，然後要求另一個次系統傾聽。而這第一個次系統會被用來當做如何對話的例子。我們可能會說：

治療師：身為家裡的兩個男人，你們可以談論任何對你們而言有意義的事，而我只是聽，如果卡住了，我會幫助你們。

　　起先，爸爸與Rick支支吾吾。Arthur無法問Rick學校發生了什麼事，因為他沒有足夠的資訊去問有意義的問題。終於，Rick開始說他總是懷念他父親在他高中時參與他踢足球的事。Rick開始哭泣並且告訴他爸爸，他一直覺得很難過，因為他父親總是太忙而無法來看球賽。而Arthur也開始有情緒；他將他的手放在兒子的肩上，告訴他很抱歉：他太忙於工作，並且試著賺錢過活，而

從來沒有想過去參加兒子的球賽。此時，Jean試圖打斷：

> Jean ：沒錯，你爸爸以前在工作上有過很辛苦的經
> 驗。
> 治療師：（打斷她）對不起，但是可以請你在旁邊聽
> 就好。Arthur 與 Rick 現在正在談話。你會有
> 機會同你的女兒說話。

　　Miller家是個自我保護的家庭，它不讓很多的外人進入這個家庭，不是一個非常喜歡交際的家庭，但是他們卻沒有保護他們的每一個孩子。事實上，就這點而言，他們過度放縱。允許孩子某個程度的獨立，而沒有檢核看看發生了什麼事，因此也不會意識到他們跟男朋友或女朋友之類的關係破裂而處於痛苦之中。所以，在許多方面，這個家庭是矛盾的。他們孤立自成一個家，但是他們卻又允許他們的孩子們進入這個世界，而這樣使得孩子們經驗到孤單，因為這些孩子缺乏跟他們父母有個滿意的接觸。

　　延續家庭的定義，這個家庭的界限從兒子進入大學後就開始變化。現在孩子們試圖更自主，而父母變成了伴侶。而女兒，以她的憂鬱症狀來迫使他們再度成為一家人。Gail 成為被認定的病人，表示這個家庭的失功能是特定次系統之間缺乏互動與能量所致。低能量的次系統指的是媽媽與兒子、爸爸與兒子，以及爸爸與女兒。

　　重新分配家庭能量的一種方法是鼓勵家庭成員跨過

舊有的界線，然後建立新的次系統。治療師可以進行類
似以下的介入。

> 治療師：好的，Rick，你對你母親所說的有什麼感
> 覺？你想要告訴他們你的感覺嗎？

　　如果他們無法自發地做這樣的事，你可以設置一個
情境，要求爸爸對兒子說話，或是要求媽媽向兒子說
話，或是任何你想要進行的組合。

　　當你看到前面這個例子，能量的增強與互動是有活
力的。這兒子並不一定是要感到悲傷。例如，他可以表
達憤怒：「現在你問我問題了？過去四年我在高中，在
隊裡很不順，總是坐冷板凳，那時你在哪裡？」然後他
們有一場大爭執。就能量動員的觀點來看，不管是他們
哭在一起或是打在一起，對治療師而言都無所謂。重要
的是這能量在該次系統中被強化了，因此，接觸也就更
為強烈，更有生氣。這也發生在媽媽與女兒被要求互相
對話時。Jean試圖哄騙Gail談論她學校的朋友，而Rick闖
了進來：

> Rick：你知道嗎，你現在對Gail好，但是她已經憂
> 鬱這麼久了，從你那時在醫院加班，一點都
> 不管她跟她男朋友分手的事，還有她對這件
> 事是多麼生氣。而現在，你對她可真是好喔！

Rick 說完後，治療師可以說：

> 治療師：我很高興你們能用新的方式對談，而當你們
> 能夠互相留意到別人的事情時，我就更加相
> 信你們所有的人。有時候，在一個好的家庭
> 裡，有某個成員處在痛苦之中時，你必須去
> 留意他的事情。

　　在這個家庭裡，迴射的特點是當有人處在痛苦時，
他或她並不尋求協助，而這個家庭的另一個人，看到這
個痛苦也不提供協助。這個家庭內的迴射並非一開始就
很明顯，因為對 Jean 和 Arthur 而言，最堅定的文化設定
之一就是對別人的責任感。他們兩人都選擇「照顧」專
業，而且兩人也都非常成功。但是在辦公室以及醫院長
久的日子之後，他們只剩下最起碼的能量給予對方，而
幾乎沒有任何能量來支持他們的小孩。當他們第一次進
入治療，父母呈現一個圖像：現在我們是在治療，我們
必須在治療師的面前顯示對我們女兒的關心與在乎，因
為這是我們希望投射成為關愛的父母圖像。Rick 與 Gail 開
始談論他們自己的經驗以及感受時，不同的畫面就出現了。
　　最後的基本假設是雖然沒有任何一個家庭可以完美
地運作，而且有些家庭將永遠不會有最佳的運作。身為
一位治療師，你必須讓家庭知道，有些事情只要「已經
夠好了」（good enough）就可以了。你希望找到一個方
法跟他們一同慶祝他們所達成的好歷程，即使每一件事

情都還沒有解決。

　　治療師：在一個親密的關係中，你擁有的自由之一就
　　　　　　是當你感覺很不好、或生病、或任何事，你
　　　　　　都可以對你所愛的某人抱怨。

　　所以Miller一家人開始練習互相對平常的瑣事抱怨。
這是第一次Gail開始告訴她媽媽，她在學校有多麼難受，
而且自從她與男友分手後，就很難專注在學業上。此時
Jean就可以告訴她的女兒，以前她在高中與男朋友發生
問題的故事。現在，這是第一次Jean與Gail開始彼此分享。

　　這「已經夠好」的品質是，這女兒愈來愈少孤立，
而且不再需要將男友以及學校的不好感受背負在肩上。
她的爸爸、媽媽和哥哥可以承擔一些痛苦，因此，她也
就不再需要成為被認定的病人了。這個被認定的病人問
題分攤在這個家庭的其他成員身上。當爸爸工作回來，
Gail在寫功課，他走進她的房間，詢問她今天過得如何，
而Gail也允許他這樣做，而不再像以前一樣地保密。

　　在這個家逐漸有更多正常的互動時，矛盾的是，青
少年應該更獨立並且被允許離開家庭。所以，在這治療
的歷程中，對這對夫妻而言，修正問題的意圖是想要將
孩子們抓回來。而對他們最具挑戰的就是跟孩子們有良
好的接觸，最後放手讓他們離去。當Gail找到一個新男
友時，會希望她的父母支持她去享受新的關係。當青少
年感覺和他們的父母更親近、感到更安全時，他們就能

更自在地遠離，因為他們在家感覺踏實了。從這個觀點
來看，他們應該能夠更有勇氣走向世界，因為他們覺得
他們的父母以一種更具體的方式在愛他們並且關心他們。

結語

　　本章呈現了基本的假設以及指導原則，引領治療師
以完形心理治療來跟家庭工作。我要再次強調，辨識一
個家庭的能力以及什麼組成了「已經夠好」的功能是很
重要的。本章強調界限的安排必須符合該家庭的發展任
務。我示範如何將被認定的病人的「光和熱」重新分配
給整個家庭，由此釋放一個成員為整個家庭所背負的痛
苦。這樣的工作，我希望我說得很明白，就是聚焦於一
個家庭對自身的專注與覺察，並強調家庭復原的能力與
勇氣。

　　在一個家庭內，即使有如本書所提供的理論與技術
的支持，要達成治療性的改變仍是一項複雜且頗具挑戰
性的任務；而它本來就是如此，因為系統每增加一人就
增加了互動的複雜性。尤其是當夫妻或家庭正在處理複
雜的跨世代議題（如說謊與信任），或是創傷的生命事
件（如成員的消逝，下兩章的主題）時更是如此。但
是，就像本書從頭到尾希望點明的，不管有多艱巨，只
要你踏實地遵守觀看（seeing）、思考（thinking），以及
經驗（experiencing）人類系統的基礎，就可能完成任務。
我們現在轉到親密系統內信任與欺騙的衝擊議題。

　附註：此章的核心重點乃是由 Sonice Neris 所提出及書寫
　　　　而成的。

本章註解

1. 見第五章。
2. 見第三章。
3. 這是完形的技術，讓自己（self）疏離的部分放在空椅上，如此這個人就可以與這部分對話，以完成重整。這個技術是由 Fritz Perls 普及化的，而最後變成大眾對完形治療的同義字，也因而變成了我們的災難。
4. J. Andrews, D. Clark, & J. Zinker (1988), "Accessing transgenerational themes through dreamwork," *Journal of Marital and Family Therapy, 14*(1), 15-27. 經允許轉載。這篇文章的作者群是在不同完形機構如 Los Angels、Chicago，及 Cleveland 訓練的完形治療師。這些人都從臨床實務轉為系統思考的方向，可能是伴侶親密系統（J. Zinker 與 S. Nevis），抑或是完形整合家庭治療（GIFT）模式（J. Andrews 與 D. Clark）。
5. 根據 H. J. Aponte & J. M. VanDeusen (1991), "Structural family therapy," in A. S. Gurman & D. P. Kniskern (Eds.), *Handbook of family therapy* (Vol. 1) (New York: Brunner/Mazel, p. 314)，三角關係是「聯盟」（coalition）的一種形式，即「敵對的雙方都尋求同一人的結盟以對抗對方，而第三者基於任何原因，認為此時與某一人合作是必要的，然後彼時與另一人合作是必要的」（p.314）。
6. 需要更多關於父母─孩子動力的資訊，見 "Why children? A conversation with Edwin Nevis, Sonia Nevis, and Joseph Zinker" (1984, Spring), *News* (Center for the Study of Intimate Systems, Gestalt Institute of Cleveland), *4*(1), 1-3. 一捲內涵豐富的完形家庭治療錄影帶，見 C. O. Harris & S. M. Nevis, *Gestalt family therapy*，由 Cleveland 完形機構親密系統研究中心與 Harriet Harvey 企業以及製片 Herbert Wolf 合作完成。

10

親密系統中的欺瞞與真實

一個謊言足以毀掉千句實話。

——西非諺語

　　我們的父母逐條地教導我們不要說謊。他們對了嗎？這是對的：不要對他們說謊是重要的。父母—孩子的關係是親密關係的一種，而對親密的人說謊是危險的。然而，大部分父母沒告訴我們的是，並非生活中的一切都是親密的情境。親密讓我們可以從中得到情緒的滋養，缺乏親密，我們的生活就會變成貧瘠。然而，大部分的關係都不是親密的。

　　少了上、下文脈絡來談謊言或實話，是沒有意義的。「我是猶太人」這句話對不同的人有不同的意義。這句話對於一個手持槍械、控制大西洋班機的駕駛人的意義是什麼？對於一位研究猶太法典溫文儒雅的神職人

員的意義又是什麼？對某人的小孩說的時候，是什麼意義？對一個剛改變信仰的女性，向她的天主教教母說這話時的意義又是什麼？對一個以色列、埃及、莫斯科的移民局官員的意義又是什麼？而這句話又是如何被過去在Buchenwald（譯註：德國威瑪附近的一個村莊，1937至1945年納粹在此設立最早期且規模最大的集中營之一）的希特勒禁衛軍醫生（SS doctor）解讀的呢？又是如何被親密好友所經驗呢？

在這裡所要討論的是，說謊與說實話的價值或糟糕處，和它們的定義並沒什麼關係，也無關乎它們是否合於倫理與道德；我們的興趣是把它們擺在人與人之間的關係來談。

親密的本質是瞭解（knowing）某人且為某人所瞭解，被親密好友知道是猶太人跟被一個陌生人或一株植物知道，是有很大的差別的。在這樣的脈絡下，我們不從認識論或道德的層次來談欺瞞與真實，這留給哲學家們[1]，這裡是要瞭解說謊與說實話如何鞏固或消弱親密的現象。它們並不被視為單一的概念，而是被看成複雜的歷程——就像交通工具，搭載人們邁向親密或是遠離親密。要說出事實是種掙扎。

學習說謊

對我們而言，知道我們不需要被瞭解是很重要的；也就是說，我們不需要對每個問我們的人都說實話。

　　有時候，在一個派對，也許我們喝多了，向一個點頭之交「掏心掏肺」（spill our guts），而這只會讓我們在隔天一早清醒後覺得懊悔。原因是我們每個人都有一個心理的界限，在這界限內我們覺得安全和覺得被保護（contained），在這界限內我們可以感受全然的自己。內在對話（這是非常正常的）在這個界限內不斷地進行著，因爲我們對自己有很深層的認識，包括我們的需求、動機和衝突。我們做了一連串的判斷，讓什麼該「留在裡面」，什麼則是覺得可以自在地說「出去」。即使跟密友，有些事也會覺得「最好」保留在心底。我們總是在調整我們的界線，而在不同的場景下，依據我們希望跟誰以及希望如何相處，來控制我們跟不同人之間界線的鬆與緊。

　　說謊跟古老的生存法則有關，而我們以很多純真的方式在練習這個技巧。以下是在夜裡女生營隊帳棚發現的一個十六歲男孩的生存經驗：「這營隊的營長，看起來有八呎高，走進來並咆哮：『你在這裡幹什麼？』我如果不能給他一個理由，我的麻煩就大了，所以我開始說意第緒語（Yiddish）（譯註：此乃一種融合德國語、希伯來語、斯拉夫語及拉丁語系等多種語言而成，主要爲猶人人使用的語言）。我劈哩啪啦地說著意第緒語，直到最後他終於把我攆出去。要告訴這營長爲什麼我會在那裡，那麼就要把很私密的內容告訴一個全然的陌生人。在那時刻，在有密友的情況下，我不能讓他知道我是誰。」[2]

　　一位好友跟一位已婚婦女發生婚外情，另外一位朋友問起這件事，你會怎麼辦？你如何能對其中一位誠實，但又不背叛另外一位的信任呢？這時要守口如瓶是很困難的。你可能會說：「我希望我能告訴你我所知道的，但是我沒有權利將不屬於我的事情告訴你。」因而總算通過考驗。

　　說實話是信任的大躍進，我必須相信實話會被溫和地接收到。如果我告訴飛機上的一個陌生人：「我是一位心理學家，我整個週末都非常努力工作，我現在好累，所以我現在寧可不說話。」這樣一句溫和的實話會被溫和地接收到嗎？如果對方覺得被冒犯而緊繃起來，那麼，我們倆都必須在這段飛行中忍受彼此之間的緊張。有時候可以有更簡單、通常也更聰明的做法，那就是說個謊或保持沉默以避免過於真實。

向親密夥伴說謊

　　若一個人向親密的伴侶說謊會發生什麼事？[3]一個謊言會立即在傳達者與接收者之間建立鴻溝，而且意味著：「我不想你瞭解我。」通常人們會說：「我說謊，這樣才不會傷害他。」這可能是種投射，因為實際上所表達出來的是，我害怕那些被蒙蔽或被背叛的人之後的報復所帶來的傷害。所以是保護我們自己不受事實的傷害。

　　如果你有婚外情，那麼不讓你的另一半知道這婚外

情，就是在你自己與另一半之間建立了鴻溝，而這第三者就是你們兩人之間的梗刺。讓你會尋求婚外情的問題並沒有在原來的關係中被面對，而是間接地找新伴侶來處理。

說謊是決定不去瞭解對方，以及在某些特別的方面不讓對方瞭解。有太多種不同且複雜的理由，讓我們決定不被瞭解，但是對方將會產生類似失落的經驗。當我們「保護」我們所愛的人，我們也同時失去關係中可能成爲珍貴、有力，以及豐富的部分。而這會令人懊悔，變成一種失落。

謊言不僅造成裂痕與疏離，同時也奪取了他人對該事實的經驗及其反應的決定權。謊言剝奪了他人對關係的「真實」反應與回應的自由，而將他或她的反應留置在關係的「表象」之中。

例如，如果你因爲跟伴侶之間的性問題而外求他人，你的伴侶將無法談論他或她那邊的問題，來反駁你這邊的問題，或是提供協助來解決問題。此外，你的伴侶也無法經驗到對你背叛的生氣、吃驚和失望，或是針對這些情緒做反應。

伴侶間最常見的謬誤或事實的扭曲，都跟錢以及第三者的性有關。

關於金錢的謊言或隱瞞都跟維護權力或掌控有關。在一些傳統的婚姻中，丈夫不向他們的太太透露財務，而只是將事先預備好的定額存入太太的帳戶內。時下的婚姻，情況就不再這麼簡單了，因爲許多的女性也外出

工作，分擔家計。

關係外的性出軌秘密也有相同的特徵，這「出軌」（acting out）的一方藉由不分享來維持對另一方的控制與權力。而「蒙在鼓裡」的一方完全沒有任何選擇：或回應、或威脅、或繼續、或哭泣跺腳、或離開這關係、或者也去出軌。這謊言維持了夫妻之間的現狀。

有些治療師相信夫妻在不知不覺中共謀而引入第三者（三角）——某種「性治療師」——來協助他們維持一段脆弱或失敗的親密關係的穩定。我在一些案例中看到證據，整個社區注意到有一方不檢點，但是因為其配偶從不過問，所以這段婚外情因此被增強並且還持續著。先生與太太生活在靜默的痛苦與疏離之中，年復一年。

系統理論顯然認為「被欺瞞」（lied-to）者的行為是無意識地在與說謊者共謀，例如不面質對方的許多事情。人們不會老是拿薪水或其他經濟問題來煩他們的配偶，但是如果這「被欺瞞」的配偶無法建構出整個情況是個騙局，她或他如何能夠去面質對方，而不覺得自己「瘋了」或「神經質」呢？但是有句話是這樣說：「如果你感覺變得神經質，也許是有人正試著在背後搞鬼！」[4]

夫妻很少會面質對方，因為他們並不想知道，因為知道後是如此痛苦，所以他們採取否認、遠離，以及壓抑的方式來應對。不管事實是關於性、金錢，或是任何對夫妻而言重要的事情，結果幾乎都是一種親密的失落。

在實話與謊言之間做選擇

當你對所愛的人有所隱瞞，你必須獨自承擔，並且伴隨罪惡感以及自責。所隱瞞的事情讓你只注意到自己，而且感到沉重和孤單。謊言以及欺瞞使你孤獨，深沉的悲傷和空虛感圍繞著你，而且因為你不面對所愛的人，所以也沒有人能安撫你。

這困難的實話有其後果，如果在一個親密的關係中分享，那麼就能從各種觀點來加以討論和檢視。那麼就至少有兩個人來承擔。而你就能以一種新的方式被對方瞭解。這新的訊息可能讓對方覺得你更為複雜或是更麻煩，而結果使得對方深受感動或是深感失望。而你的伴侶也可能因為這新的刺激，而告訴你她或他的不同部分。因而在你們兩人之間，一種新的形式誕生了。這樣的過程可能充滿著感受、想法和憐憫，是以往從未有過的。

謊言使人孤獨。實話也可能如此，而這乃取決於會引起對方怎麼樣的反應。然而，說實話具有統整、緊密的關係，以及形成更深層的分享的可能。

談到親密關係，人生並沒有向我們保證什麼簡單的結果，也不保證成功，更沒有一個線性公式可以解釋人們之間發生了什麼事。但是我們必須嘗試去成為我們可以成為的最棒的人，就像 Epictetus（譯註：斯多噶學派哲學家）所說：「但 Socrates 怎麼說的呢？——『有人的

喜悅來自於改善土地、增加馬匹,而我的喜悅則來自於
看到自己每天更棒的成長。』」[5]

信任實話

我們經由簡化對自身以及他人的瞭解,開始跟謊言
或「非實話」(little truths)建立關係。我們可能會說:
「你有漂亮的眼睛」或是「我是一位心理學家」。其實
這是謊言,因為我們並沒有告訴對方我們所看到的全
部,也沒有告訴他們太多我們的感受與想法。

當我們不斷地經歷成功的互動,彼此分享一些事,
然後發展成一個主題,最後得到滿足感以及解答時,信
任就會滋長。一旦親密感有所滋長,我們就能說出愈來
愈多的實話,不只是我們的感受和想法。

實話很龐大、完整且複雜。當你所關心的人問你:
「你愛我嗎?」那麼你可能要花一個下午來訴說你所有
的感覺。而在你訴說這個實話時,你必須驅策自己去清
楚地說明你的感受是如何以及想到些什麼。很難說實
話,因為你並非總是喜歡你所感受到的,或是知道你所
想的,直到說出為止你才能知道;而且你也不知道這實
話會被如何看待,直到說出之後。說實話就像在畫一整
張畫:

> 是的,我喜愛你的思考方式——它簡化了重要
> 的事情。但是,有時候,我對於你認為自己所

知道的才是正確的會覺得有困難，因為這正確的部分就會把我丟在一旁。我想這是因為我不喜歡堅持自己是正確的關係。

而我也喜愛你的教法：大聲、清楚且直接——跟你在一起，學生可以感到安全。

你的熱情對我很特別，有時候你用事實讓我驚訝。你說：「今晚我有兩件事情要做：一是跟你在一塊兒校閱文稿，然後和你做愛——你覺得如何？」你讓我措手不及，然後又讓我感到窩心，你真令人著迷。

你有客觀的看法。

你大部分的時間都是優雅的，事實上，我從未見過你拖著重重的步伐。你走路和跳舞是如此地優雅，游泳亦然。只有一次，當你在教導一些進階的學生，而其中一人問了一個令人生氣的問題，你變得防衛且失去了你的優雅。

我喜愛你的質問和你的抱怨。它們讓我覺得有能量且有朝氣。但是我在旅行的時候，我沒有辦法在電話裡接收你的抱怨，而我也無法在不看到你的臉以及我能量很低的時候，接受你的抱怨。

　　這只是對親密者說實話的一小片段，即使是盡了最大的努力說出實情，其中仍有經過編輯和最低限度的「謊言」——把太痛苦而無法大聲說出的部分和會破壞

良好關係的事情過濾掉，或是強調愛的積極面如生日或結婚紀念日的特殊事件來因應。因此，調節要說些什麼事情以及如何說，即是說實話的部分工作。

我們可以用一個快速的謊言來推開某人，但是說實話意味著說出整個故事，尋找適合的字來表達我們真實的經驗。而分享真實經驗是需要花時間的，親密感不是輕易就能得到的。

當某些事被透露出來的瞬間，我們會覺得被知道得太多、被曝光、被傷害，或被背叛，如果沒有時間修補這些眼淚——情緒的財產——謊言則會重新出現以協助緩衝這個接觸。我們藉由說謊、不說話、簡化某些事、避免或改變主題來撤退、收回。我們必須注意到，實話的放與收兩者——都無法在匆忙中完成。

我們如何能夠接收得很好呢？這得看個人自己內心的基礎是多穩固、多堅定，而且多願意卸下防衛。在理想狀態下，是讓其他人的陳述衝擊你，而不會過早回應或是突然插話，最好讓別人把話完全說完。讓你自己享受那些感覺對的話、正確的陳述，而將那些不正確或是痛苦的擺在一旁，而不去囫圇吞棗。把它們擺在一旁，然後在往後的日子裡，當你覺得清醒而且中立的時候再去做思考。如果那個時候，這些句子還是沒有什麼意義，你有兩種選擇：

1. 問問題，取得更多的釐清。
2. 將這些「無法消化」的東西丟進心理垃圾桶，即使是親密朋友說的，也不值得再去追想。

實話就像「毒藥」

　　我們總是懷疑這樣開頭說話的人：「老實告訴你……」這樣的句子有時候是一支故意損傷你的自尊或是讓你覺得不是好人的箭。這樣的「實話」通常被用來傷害或是虐待他人。

　　「老實告訴你，我才不在乎你做什麼……」
　　「老實告訴你，我一點都不在乎你……」
　　「老實告訴你，我一點都不在乎你要留或要走……」
　　「老實告訴你，你比每天的報紙還少出現在我的腦海裡……」
　　「老實告訴你，人們都說你老是向自己妥協……」

　　當我們的意圖是要去傷害別人時，說實話可以是惡毒且傷人的；而這樣的意圖可能甚至在我們的覺察之外。在一個溫柔、關懷或哀悼的氣氛下說一件痛苦的實話，跟在刻意傷害人的情境下說出來，是截然不同的。這並非指在慈悲下說出來的傷害較少，反而是溫柔地分享可能比較有機會將這傷痛轉換成更豐富的瞭解、哀傷、以及對事件之所以會如此的智慧，而非拒於門外、保護、防衛。在充分的親密狀態下，如果困難的實話其全部面貌可以被辨識時，就可以被說出。而我們將彼此

隔離並非是不可避免的，我們可能因而從中悲傷而且更
有智慧地成長。

治療關係中的欺瞞與真實

　　心理治療是單向的親密關係，治療師只有讓當事人
知道一小部分，這樣做讓當事人免於受到治療師如父母
般的影響所干擾。治療師維持清楚的場域（像張白紙），
提供夫妻或家庭在上面書寫。

　　這並非正式的心理治療原則，這只是一種實務上為
確保這對夫妻或這個家庭在治療時段能夠用來解決它
（its）的困擾、它卡住的地方。因此，說實話或說謊的
程度取決於夫妻或家庭。那是夫妻或家庭的真實，他們
如何過生活以及他們如何彼此交談，而這就是讓治療師
感興趣的部分。因此，心理治療是單向的親密，因為治
療師可能不會開放地向當事人分享自己的靈性追尋或是
個人的痛處。

　　那麼，如何知道在治療中治療師說實話與說謊呢？
如果治療師的介入是基於堅實的資料，從夫妻或家庭中
的互動觀察而來。在這樣的脈絡下，「實話」就跟所觀
察的資料一樣好。例如，告訴一對夫妻「對我而言，似
乎Josh，你說了你的看法，而Sally你，會聽並且問問題」，
治療師只是單純地向夫妻報告所見所聞。治療師接著可
能說：「繼續你們的對話，並且注意看看是不是這樣。」
或是治療師可以問問題：「這樣的模式在家也會發生

嗎？或者只是我在這個特別的情境下所看到的？」治療師是台照相機，他或她的「實話」就在那裡。

在這樣的脈絡下，治療師的謊言就是非基於現象場的資料所做的介入。如果治療師說：「你們倆都不瞭解婚姻的意義是什麼！」那麼，他或她可能只是反應個人某種的不悅情緒，而非回應發生在這對夫妻身上的事。這樣的回應就是治療師說了謊。相反地，如果治療師說：「你們聽彼此說話有困難。」並且舉出具體的例子，那麼治療師已經非常接近真實。根據理論，對夫妻而言，能夠好好地傾聽是必要的技巧，這治療師報告實際的所見所聞，以及這對夫妻如何接收和咀嚼，並且進行可能的改變。

之前的戲劇性陳述：「你們倆都不瞭解婚姻的意義是什麼！」就會讓這對夫妻變得防衛，焦點也是放在治療師這個人身上，並且引發心底的抗拒。即使治療師面對一對年輕、不成熟的夫妻時，心中有這樣的想法，但是治療師有責任去選擇這對夫妻可以消化的實話，簡單而具體，明確而有療效的技巧，以改善他們的處境。

戲劇性的陳述以及較具體的觀察都有部分的事實在其中，但是戲劇性的陳述即使有根據，也會太過生硬而難以消化，而且也太難吞嚥。

治療師選擇一些小的事情，「用巧克力包裝它」，然後以他們能在自我協調的（ego-syntonic）學習經驗中消化的方式來傳遞它。這樣子，以治療師的策略知識，覺察適當的劑量，然後以一般人可理解的語言傳遞出好

的形式，或許會被稱爲操弄（manipulation）。每一次我們說一些好的，然後有一些影響，每一次我們都有改變的熱情，所以我們操弄。這就是我們的工作，那不是個卑鄙的詞。

我們在克服當事人的抗拒後，卻不直接訴諸他們的覺察，以及形成他們未主動參與的行爲結果時，操弄就變成卑鄙的詞。而這就可能是一種欺騙、一種謊言——甚至是一種背叛——因爲這樣做，治療師並未尊敬當事人的希望與經驗。

那麼夫妻或家庭之中某一人說謊的情形又是如何？如何瞭解這樣的現象？治療師在這樣系統中的欺騙行爲的角色又是如何？治療師並沒有要當事人簽署說實話契約書，也沒有做僞證需要受罰的誓約。而且治療師的角色也不是去決定什麼是被扭曲的或說謊的，然後揭露「事實是如何」來更正它。治療師的角色是要去協助夫妻或家庭的成員們能夠一起好好地對話，並且創造出一種歷程，讓成員們不會在溝通時卡住，以便讓他們能夠學習如何克服障礙。

重複的成功對話經驗以及克服問題的經驗會增進信任，如果能夠一再成功地說出實話，夫妻或家庭就會逐漸準備好要透露出比目前爲止還更爲困難、更爲痛苦的實話。所以治療師的任務是去營造一種堅強但平順的歷程，在這歷程中，想法與感受可以被安全地分享，而不致過度害怕悲慘的結果。

我們必須記得不說實話是在專制系統中，權力被誤

用或濫用時，一種有效的平衡。父母若不看重說實話，
而且會處罰不「正確」的實話——一種他們不想聽的實
話，一種會威脅到他們自以為是的基本價值、印象和觀
點的實話——那麼孩子就會欺騙父母。有些太太會說謊
以求在家暴中存活，而有些丈夫會因為他們不信任妻子
的意圖或動機而說謊。

　　治療師活在一堆小謊言、大謊言、失真、一般的實
話，以及醜陋的實話之中，每天都在上演。我們視當事
人的系統是存在的，而且大部分的時間，我們都不會去
評斷。我們並不宣稱自己是傳教士或是拉比（rabbis，譯
註：猶太祭司），而是問題解決者。我們假設人們說謊
有許多的原因，而不假設誠實在較不親密的關係中是屬
於好的行為。我們支持的是好的歷程，而不是需要告解
或揭露什麼。

　　治療師的成就在於協助夫妻和家庭去達成並分享深
層而滿意的解答。而所要付出的代價則是，必須獨自在
治療歷程中承載各式不同卻又無法分享的困擾故事、實
話，以及謊言。分享必須在夫妻或家庭的界限之內發
生，而這些故事並不屬於治療師，而且不能在界限之外
透露。

　　注意這些毫不妥協的「說實話者」，他或她不是愚
蠢、天真，就是非常殘酷。「實話」可以因為不同的目
的、不同的動機，而被用在任何用途上。實話可以療
癒，也同樣可以傷人。

如何說實話

　　分享的資訊發生於兩個以上的人們之間。首先，你必須問你自己，我的動機是什麼讓我必須說這些？我說這些是想達成什麼？在說任何話之前，你必須看一下對方，然後問問自己：「這個人能夠接收我的實話到多好的程度？」依據你們的關係，你還可以問問你自己：「這會如何影響我們的關係？」除了你之外，你會關心對方以及你們之間的關係——這讓你們成為夫妻的「第三實體」。以下是一些基本的做法：

- ・溫柔而和善地說出實話，並且隨時注意對方的脆弱。
- ・說出實話，但沒有一點理直氣壯或無禮的意味。
- ・當對方不是在事情之間忙碌而安靜下來時，才說出實話。
- ・在一種接觸的氣氛下，也就是跟對方有很好的連結下說出實話。
- ・同理地說出實話（以你也希望被告訴的方式）。
- ・以釐清你的真正動機以及對你而言當時的事實，來陳述事實。

　　實話是關係所要吸取的「空氣」，讓關係擁有活力與生機。當關係的質與量都受到實話的影響時，婚姻或家庭的系統就會是健康的。記住，沒有單一的事實也很重要；因為只有「我的事實」跟「你的事實」，而透過開放的對話、耐心和瞭解，就會成為「我們的事實」。

結語

　　我在本章提到親密系統中的實話與謊言，因為在生活中有太多的事件與改變被強加在這系統上，我們個人的實話通常被監禁在像第六章所述「無法承受的覺察以及太過困難的行動」之中。系統受苦於某位成員的死亡時，就是一例。這樣的創傷事件會引起人類情境中某些最痛苦而無法言喻的「事實」──苦惱、害怕、失落、罪惡、憤怒，以及悲傷。因為這些對夫妻和家庭的影響甚巨，因此在跟夫妻以及家庭做治療時，和這些經驗一起工作，可以引領我們進到某些最深刻的個人及人際存在的真實。

附註：本章的基本內容是出自 Sonia Nevis 與 Joseph Zinker 的對話，見 "Lies in intimate system" (1981, Spring), *News* (Center for the Study of Intimate Systems, Gestalt Institute of Cleveland), *1*(2), 1-2.

本章註解

1. 對於欺瞞以及真實的哲學的審視牽涉到存在的課題，如「自欺」（bad faith）以及「真實性」（authenticity），見 J.-P. Sartre (1957), *Being and nothingness: An essay on phenomenological ontology* (H. E. Barnes, Trans.) (New York: Philosophical Library). 在區辨「自欺」與一般的謊言，Sartre 說：

我們樂於承認：自欺就是對自己說謊。說謊是一種否
定的態度，人們會同意這種說法。但是這種否定不是
關於意識本身，它所針對的只是超越的東西（transcen-
dent）。事實上，說謊的本質在於說謊者完全瞭解自
己所掩飾的真實。人們不會拿他們自己不瞭解的事情
來說謊；當人們散佈自己也身受矇騙的誤謬時，他並
沒有說謊；當他被誤解時，他並沒有說謊。因此，說
謊者的典型是一種犬儒主義的意識，他在自身中肯定
真實，而又在說話時否認它，並且為了自己而否認這
個否定……（p. 48）。

如果自欺像我們說過的那樣：是對自己說謊，那麼說
謊對於自欺而言情況就不可能是相同的。當然，對於
實行自欺的人而言，關鍵恰好在於掩蓋一個令人不快
的真實，或把令人愉快的錯誤表述為真實。因此自欺
外表看起來有說謊的結構。不過，根本不同的是，在
自欺中，我正是對我自己掩蓋真實。所以，這裡不存
在欺騙者和被欺騙者的二元性（p. 49）。

同時見 S. Bok (1989), *Lying: Moral choice in public and private office* (New York: Vintage Books); M. Heidegger (1977), *"On the essence of truth,"* in *Basic Writings* (New York: HarperCollins); J.-P. Sartre (1992), *Truth and existence* (Chicago: University of Chicago Press).

2. 除了是一個非常恐怖的創傷、窘困，以及迷人的故事外（嗯，多年以後！），它同時與被客觀化以及像在Sartre有名的例子「被逮到從鑰匙洞偷窺」（being-caught-peeping-through-the-keyhole），即對方（the Other）的「觀看」（The Look）而產生的羞愧感的經驗有非常大的關聯。見 J.-P. Sartre (1957), *Being and nothingness: An essay on phenomenological ontology* (H. E. Barnes, Trans.) (New York: Philosophical Library).

3. 整本書可以歸納為回答一個問題：「當一個人對親密關係說謊的時候會發生什麼事？」這個所有深具人性的行為──太多而無法在這裡去論斷──有更深層的哲學、心理、以及靈性的後果。我的想法是，欺騙的並非只有對方（the Other），還包括自己（oneself）；分離與疏離；就如 Buber 所謂的「自我矛盾」（self-contradiction）。見 M. Buber (1958), *I and Thou* (R. G. Smith, Trans.) (New York: Charles Scribner's Sons). 以下的段落取自 Buber 的 *I and Thou*：

> 何謂自我矛盾？
>
> 如果一個人生存在這個世界上卻不能保有關係的先驗性（priori），如果他不能在相遇的身上實現自然的你（inborn Thou），則你將潛居在人的自身之內，而以非自然、不可能的相遇對象為對象，就是以「我」（I）為對象。這也就是說，它在不可發展之處發展自身，因此，人便在自身之中與自己相遇，但這絕非是關係、在場或相互作用，而只是自我矛盾。人固然可以把它解釋為一種關係，例如宗教關係，從而迴避跟內在自我面面相覷的恐懼，但是他必然會反覆發現這純屬自欺欺人。此即是人生的邊緣限度，空虛虛無飛向滿是無意義的虛妄，人生在黑暗中摸索出路，結果卻陷入更深的迷惘之中。（pp. 69-70, original emphasis）

要對自欺的簡短檢視，可以看 W. F. Fischer (1985), "Self-deception: An empirical-phenomenological inquiry into its essential meanings," in A. Giorgi (Ed.), *Phenomenology and psychological research* (Pittsburgh, PA: Duquesne University Press).

4. 作者不詳，雖然假設這句話是某個有偏執傾向的人所杜撰的可能會比較安全：但是這位作者明確地知道他或她正在說些什麼。

5. Epictetus (1937), "The golden sayings of Epictetus" (H. Crossley, Trans.), in C. W. Eliot (Ed.), *The Harvard classics* (New York: Collier).

11
失落、哀傷與儀式的運用

我們哀悼我們所失去的，但也必須欣喜我們曾經擁有的。
——C. J. Wells

「我甚至不願去想起這件事——我的父親已死，他的身體冰冷，靈魂一去不回。部分的我感到麻木、無法思考、不見了、沒感覺、不敢置信。」

這些是我在父親的喪禮時的想法。

如Judith Viorst所說，人生充滿必然的失落——出生、離家就學、生病、分離、死亡[1]。死亡有許多面貌，唯一不變的就是失落：失去工作、失去自尊、失去愛、失去尊重、失去安全、失去祖國。在在都將人撕裂得支離破碎。

失落的經驗發生在我們社會的基本結構中——配偶、朋友、家庭，以及工作團隊。人類的靈魂在關係中

滋長，也在關係中承受痛苦與失落。

失落與失去親友是人生戲碼的一部分。每一次的失落，不管大小，都會將我們的關係、我們的依附和我們的逃避，緊密地縫合在一起。我們彩繪生命的方式都跟每次的失落息息相關。失落沒有規則或邏輯。人們驟然離去或消逝；他們生病也對生命失去了熱誠；從曾經懷抱無限憧憬的他人之中醒悟，因而斬斷彼此。人們彼此隔絕來逃離貪婪、怨恨、羞愧，或是只是為了避免受苦。

在家庭中也是如此。連結成員並讓他們保持活力的能量，同樣也是在衝突產生、投入的情感被踐踏、受到拒絕，以及失落發生時所被激發的能量。失落不僅僅導致痛苦和悲傷，同時也伴隨鬆了口氣、憤怒、復仇以及罪惡等感受。

在一個家庭中，為擁有父母的愛，兄弟倆被設計成為敵人。對外圍的世界而言，這個家庭是迷人的，但是卻沒有給予兄弟彼此足夠的愛以及相互的欣賞，所以兩兄弟就各自踏上證明自己的旅程。一人藉由變成三流的小偷、小販、偶爾賣古柯鹼的毒販來反抗。他是堅毅、勇敢的，還自誇自己的功績。另外一人決定藉由向他的母親顯示自己比父親強，來證明自己的好。他犧牲自己的年少，在求學階段工作，終於在這個領域聲名卓著，然後送一份自己的出版品給他的父母。

這對兄弟逐漸地生疏，他們的父母過世時，每個人都懷抱著他們可以變成朋友的希望，但是結果是系統贏了。父母的遺囑讓「好」兒子得到所有的東西，而「壞」

兒子一毛錢也拿不到。勝利者給失敗者象徵性的金額，這勝利與背叛的感覺註定了兄弟倆的分離。這兩人永遠分開，因為見到彼此的臉會重新喚起生命的痛苦、生氣和渴望。

這就是失落如何編織在一個特定的家庭裡，過去的愛與隸屬的強度被後來的苦楚與憎恨所替代。

要完全地生活著，需要對工作、與他人接觸、對愛還有對親密關係有所投注；這意味著我們投入我們的能量，我們的主張在這些活動以及人的身上。我們將他們內化──換句話說，我們將這些活動和這些人帶入我們的存在之中。在愛的關係中，我們將我們所愛的人帶入我們的靈魂、我們的心中；而當我們被拒絕或背叛、或當他們死亡時，我們的心就會「破碎」。

經驗到所愛的人死亡，這個人要從我們的內心撕裂開來。這樣的事件是迷惘的。Eleanor的丈夫在三十歲的時候突然去世，她描述自己的經驗：「好像沒有什麼是有關聯的，我變成了我兒子所稱的『自動駕駛』，憑著以往的經驗做事，不需要思想或是專注力，因為所有的意識都在別的地方──在記憶上，還有生理上，全然的暈眩。」

一個太太死於癌症的先生寫下他的經驗：

Marcia是我生命的定位。我想要生活、去享受我的人生及其過程。我想要能去世界旅行。我快樂地吃喝，我將生命「好的部分」納入自己

⋯⋯ 當 Marcia 過世，我就沒有任何東西可以證實我自己的意義；沒有東西提醒我「我是被這個世界需要的」；沒有人碰觸我以提醒我「我的存在」，我是有過去的；沒有人親吻我的肌膚跟我做愛⋯⋯沒有人談到日常生活的瑣事。不再有她具體的影像出現在我面前，我試著召喚她到我的想像裡來，但是內心的影像只不過存在幾秒鐘而已。我變成無精打采，而且沉默。我感覺好像生命的定位隨著她被深埋在秋天黑暗而泥濘的土裡⋯⋯雨天時容易讓人哭泣，我雙手環抱著膝蓋哭到睡著，覺得自己像是被遺棄在森林的小孩。我無法站起來看或品嚐食物。我會在清晨四點醒來，覺得完全清醒並且準備好開始這一天。但是要做什麼呢？一開始，我只是希望獨處，但好幾個禮拜過去了，我開始跟我的朋友談論我失落的痛。

透過見證以及透過儀式提供支持

在面對無法承受的失落之痛時，很容易去試圖否認它，或是可能迷失在痛楚和無助之中。雖然我們希望看到這痛楚，但是我們也希望從那裡逃開；而將死之人常常會在上述的兩個程序中轉換，而且同時會有憤怒、受傷、後悔、以及罪惡等感受。一位治療師要做什麼呢？肯定與支持通常來自於只是做為一個人單純的陪伴（being there）——完全地見證這事件，感受並顯示熱誠，但仍維持個體的界線。

在丈夫去世之後曾想要自殺的Eleanor，提到了她的治療師Sonia Nevis：「這樣的奮鬥並非由我獨自完成，Sonia很早就告訴我最重要的訊息：『是的，你想死，但是給自己幾年，然後再做決定！』她沒有被我嚇到，而是她衡量我的掙扎，然後在最後的答案上下注……這是一段我與她在一起有如儀式般的時間——不可侵犯的時間，不是治療——就只是時間。絕對無可取代，沒有任何一個地方是如此地安全，淚水和憤怒不會被視為『瘋了』，而這些強迫的想法則可以被外化。」

做為某人的見證者，在這樣的脈絡下，它的意思是

- 在過程中陪伴他們並傾聽。
- 不催促結果。
- 尊重所有的一切。
- 看到他人表達悲傷和失落的用處，甚至是美麗的一面。
- 允許自己成為一個可以支撐他人的磐石。

治療師的在場與見證，讓家庭可以看到自己的過程；看到他們自己，而不是逃避，去覺察他們的痛楚以及無助。

Harrison 一家：哀傷的掙扎

Harrison一家在預期會有難以承受的失落危機之下，

進入第一次的心理治療會談。他們拖著步伐進入諮商室。最大的孩子Max瘦弱而陰鬱，弟弟Frank則是強壯而有活力，但兩兄弟看起來都極為傷心。在他們身後是他們的父母，看起來很年輕的中年夫妻，還有他們的第三個孩子：有對明亮眸子的女孩 Bella。Max 十八歲，Frank十六歲，而Bella剛滿十歲。父母是四十五歲的Alger以及四十二歲的 Ellen。

這個家庭坐定之後開始談話，內容如下：Max幾個月前被診斷有血癌，最多只有三年的時間可活。父母抱怨Max沒有服藥，而且感到無助。父母說話的時候，兩個較小的孩子在一旁點頭，而 Max 則一直很被動。

治療師跟這個家庭談了幾分鐘，然後引導他們瞭解會談會如何進行。他們會被要求互相交談，以便讓治療師從中更瞭解他們。

這個家庭主動地來回交談，而中心的主題都是抱怨Max讓大家都不好過，因為他拒絕服藥。而每個人都在抱怨的時候，Max 並沒有說任何一句話。

治療師：我想在這裡打斷一下，告訴你們我所看到的。我看到你們都一再堅持Max要服藥，一直不斷地顯示出你們非常關心。而你Max，只是維持你的想法——你就是不服藥。我看見你們一直這樣做，你們知道你們一直這樣做嗎？

Ellen：嗯，當然，我知道我們一直這樣做。我們只

是希望他能照顧他自己！

Alger：我不知道我們有做得像你說的這麼多……但
　　　是如果他能把自己照顧得更好的話會更好……

Bella：但是醫生說他應該吃藥。

Frank：我們擔心他會更嚴重（他停頓，低頭而沉默
　　　地看著他的手，然後他用著柔軟的聲調再度
　　　說話），但是一個人應該可以做他想做的事
　　　（他抬頭看著他的母親，好像在看看她是否
　　　會不同意他的觀點）。

Max：就是這樣！我只想一個人！（他轉向治療
　　　師）沒錯，你說的沒錯，他們就是一直這樣
　　　做！他們一直煩我，而我也知道！

治療師：我很高興你們都知道你們是如何處理這件
　　　事，而大概除了你，Frank之外，大多數我
　　　聽到的是你們滿意你們處理的方式（當治療
　　　師環顧這個團體的時候，每個成員都點頭）。

　　剩餘的時間這個家庭繼續他們的討論，基本上，
Max被除了Frank以外的所有人催促要遵守醫生的命令。
某個時間點上，Bella輕微地哭泣，而父親在別人說話的
時候撫摸著她的頭髮。在這次的會談結束前，治療師再
度說話：

治療師：你們所有人都找到了適合自己的方式反應這
　　　次的危機，而我想建議你們的是，去注意你

們以這樣的方式對待Max，讓你們覺得如
何。如果你們覺得不滿意，打電話告訴我，
我們再安排另一次的會談。

這次的會談在這裡結束。

大約一年後，父親Alger打電話來預約，在電話的那
頭，他說：「我想我們不再滿意我們處理 Max 生病的方
式。」即使在等待室，他們也似乎與一年前不太一樣。
他們顯得更加沉默。Max 明顯地看得出來生病；他的皮
膚蒼白，臉頰凹陷。

治療師：一開始，我希望聽聽你們的說法。
　Alger：現在事情不一樣了，我想你猜到會這樣子。
治療師：是的，我猜到會這樣子。
　Ellen：（看起來很悲傷）這是艱苦的一年。
　Frank：實在沒有太多可說的。
治療師：我很謝謝你們，謝謝你們告訴我這些。
　　Max：你知道他們過得很辛苦。
治療師：而我猜對你來說也一樣，Max。

Bella安靜地坐著，看起來好像接收了她母親的憂鬱。

治療師：Bella，如果你不想說什麼的話，沒關係的。
　　　　讓我再告訴你們一次我們準備怎麼做：彼此
　　　　交談對你們而言重要的事，然後我會在一旁

觀察。當我看到一些事情對你們有益處的時候，我會告訴你們。如果你們覺得有需要或是卡住的時候，你們可以向我要求協助。這樣你們所有人都可以嗎？

　　治療師再一次仰賴實際發生在這個家庭的經驗，存在許多的可能會在這次的會談中出現。重點可能出現在任何的主題：例如，這系統可能會想要探索他們是如何經驗到他們的失落；他們是如何發展出他們的哀傷；他們是如何想要鼓動他們的能量，去清楚地表達出挫折、憤怒、沮喪、衝突或痛苦。在進行系統歷程的現象檢視之後，重點和方向就會變得明顯。之後，治療師可能會組織一個共同的主題，但並非將他自己的感傷或哀傷托出（畢竟治療師也是人，也會出現這兩種情緒），重點是家庭成員之間所交換的題材。這清晰呈現的主題為他們的存在帶來意義，經驗到的是一種受歡迎以及受支持的意義。之後，主題可以發展並轉換成實驗，為儀式建立潛在的基礎。

　　Harrison 一家人，一個個點頭表示贊同，並且開始互相交談。治療師觀察大概十五分鐘。因為他們的能量很低，所以一開始很難去區別哪些是重要的，哪些不是。

治療師：我希望你們都知道，當我在這裡聽你們說的時候，我覺得很沉重、難過。

Alger：你的確是對的，但是難過這個字，我就是很

難說出口。

Ellen：（有些生氣）我們不會放棄的！記得我們正要去試試明尼蘇達那邊的治療。

Max：這就是我說的，博士。這就是我覺得很辛苦的地方，我得了血癌，已經沒有希望了。

Frank：（口氣柔和地）媽，這就是我一直試著告訴你的，沒有希望了。

Alger開始哭泣，Bella也跟著哭。他伸出手擁抱她。

Bella：我也想哭。

Ellen：除了哭沒有別的辦法了，是嗎？

外頭是秋天，當灰色的天空飄下毛毛雨，房間內一片寂靜。

Max：（小聲地）我寧願你哭，媽，然後對我生氣。

就好像預先彩排過，他們全都一起靠得更緊。治療師跟這個家庭一起沉默地坐著，直到這個小時的結束，而這也是這次會談結束的方式。

當Ellen打電話告訴我Max六個月前已經去世時，又過了一年。她說她不清楚他們真正需要什麼，但是他們的確有需要。會談約定在接下來的那個禮拜。

掛下電話，治療師陷入靜默的悲傷。一個年輕的生

命消逝了。一個家庭有了一個破洞。他心不在焉地走向錄放音機，拿出Fauré的 "Requiem"，音樂優美地傾瀉而出。當他傾聽這音樂時，他想：「也許我可以播放這個或其他的音樂來支持他們的經驗，但是，事實上我甚至連他們需要什麼都不知道……這是我現在需要的，這是給我的。」

下一週，Harrison一家魚貫進入諮商室，每個人都很迷惘。

治療師：自從我聽到Max去世的消息，我一直會想到你們。你們每個人是否可以跟我說說自己的狀況？

Ellen：（有點急躁）每個人都想知道我現在如何，我該說些什麼呢？為什麼你要問這樣的問題呢？

治療師：因為我想要跟你們說話，卻不知道要說些什麼比較好。

（Ellen點頭表示瞭解。）

Alger：我想我們還好，我能說什麼呢？我們彼此沒有很多的對話。我很高興Ellen打電話給你，我太害怕了，以為Ellen會不喜歡，所以不敢提。

治療師：謝謝你告訴我。

Frank：是啊，我們都不准談到Max，我甚至不想待在房子裡，因為那裡像是停屍間一樣。

治療師：謝謝你告訴我，Frank。

Bella：我希望每件事都像以前一樣。

治療師：我可以看到你多麼希望那樣，Bella。（對每個人）現在我希望你們所有人面對面，把剛剛跟我說的話告訴彼此。讓我觀察和傾聽，然後一旦我看到對你們有用處的部分，我會馬上告訴你們。記住，如果任何人卡住了或是需要協助，就可以向我求助。現在我往後坐，然後看看我是否能注意到你們沒有做得好的部分。

這個家庭大概沒精打采地交談了十五分鐘，且一直換話題。

治療師：讓我在這裡打斷一下，並且告訴你們我所看到的。我看得出來你們需要一些協助，因為看起來你們真的很難說些事情，而且沒有任何人協助其他人把事情說得完整。你們每個人看起來都好像只顧著自己。

Alger：對，我就是這麼覺得，都是自己一人。直到現在我才瞭解我也讓每個人孤單。以前不是這樣子的。

Ellen：事情再也不會一樣了。

Alger：（轉向她）是沒錯，但是我不希望再孤單，而我也不希望讓你孤單。

Ellen ： 我不知道要如何跟你在一起，自從這件事……

Alger ： 「這件事」就是我們的兒子死了，但是我再也不要一個人獨自哭泣。

（Ellen沉默地看著她的先生，她的臉堅定但疲累。）

Frank ： 我想要談談Max。

Bella ： 我想念Max。

治療師： 我猜對你們而言要彼此交談或是接觸是困難的，因為這會讓你們覺得更悲傷。但是事實是你們真的很難過，你們內心充滿著淚水。有時候有一個特定的時間和方式能夠彼此在一起難過是有用的，這樣你們就不會所有的時間都一直難過。這樣可以瞭解嗎？（每個人都點頭。）有沒有人有任何的主意？（這個家庭都沉默。）你們想聽聽我的主意嗎？

Bella ： 嗯，告訴我們。

治療師： 嗯，我有個主意，就是在Max生日的時候……

Bella ： 他的生日就在下個禮拜！

治療師： 謝謝你，Bella。Max的生日也許是個好時機，大家可以一起悲傷。每個人可以真正地說出自己有多麼想念Max，還有如果Max在那的話，自己會給他什麼當做生日禮物。這聽起來如何？

Frank ： 我喜歡這個主意。

（其他人也顯現感興趣的樣子。）

治療師： 讓我們當做今天就是他的生日，現在就試試

看，你們願意嗎？

（很長的停頓。然後他們移動他們的椅子，環顧四周，但不是看著彼此或治療師。之後，沉默被打破了……）

Frank：我想試試。「生日快樂，Max！」今天是你的生日，你知道是不是？你二十歲了，我知道你很喜歡籃球，所以我找到一個真正的專業籃球……我可以想像你的笑容，以及你多麼喜歡跳得好高，然後將這個球灌入球籃。生日快……（他無法將話說出口），我好想念你……我甚至想念你在好朋友來訪的時候，把我擠在一邊，忙進忙出的樣子。

Ellen：（擦拭她的眼睛）那真的很美，親愛的。

在這間房間的每個人都在擦眼淚或是快要掉眼淚。

Bella：（她的聲音仍帶有孩子氣、甜美與天真）猜猜我帶什麼生日禮物給你，大Max。你真的很喜歡伯克夏街的Jenny吧！她就要來我們家跟我們一起看電視，就像去年一樣，你記得嗎？

Ellen：可憐的Max，你將永遠不會真的談戀愛了；而你永遠不會離家去念大學或是去歐洲；你再也不能取笑或擁抱你的兄弟姊妹或跟他們摔角了。我可憐而親愛的孩子，現在可以給

你什麼呢？我想我可以給你一個承諾，那就是你良善的靈魂會永遠活在我的心中，在我們每個人的心中。我仍然記得你在我肚子裡的情景，如此地有活力……感覺就好像是昨天一樣。我希望在生日這一天，你的靈魂得到安息……（Alger靠近他的妻子，緊緊地握住她的一隻手。）

接著另一段的沉默，但是在這間房間的能量有所不同了。無精打采、漫無目標轉變成有焦點、溫柔的感傷，而伴隨著一點點的喜悅。就好像是Max坐在這間房間的中間，然後將大家拉在一起。

Alger：而我會給你這些你一直想要的滑雪用具，這樣你跟我就可以一起去滑雪了。生日快樂，兒子。希望你的靈魂可以在每次生日的時候回來跟我們在一起，這樣我們就可以每一年都一起回憶你，再愛你一次。而在其他時候，我們可以放手讓你去，讓你得到安息……是的，讓你得到安息（他移動他的視線從房間中央想像的靈魂，然後以他柔和且濕潤的眼睛看著治療師）。這是不是就是你要我們做的？

治療師：是的，沒錯，做得好極了。我建議你們下星期Max生日的時候再做一次。我想你們會喜

歡在一起難過，就像你們今天做的一樣。

（一段長的沉默接踵而至，然後治療師繼續。）

治療師：當你們帶著困惑以及空虛感將視線從Max身
上移開時，你們同時也將視線從彼此的身上
移開。你們不是只有失去Max，而是失去了
彼此還有身為一家人的舒服與溫暖。

Alger ：是的，Max活在我們每個人的心中，而他會
希望我們再成為一家人，而非只是慶祝他的
生日，也要為彼此慶祝。

治療師：一點也沒錯。如果你們現在能面對彼此，只
要相互注視彼此的眼睛，你們會出現什麼樣
的感覺想要分享的呢？請試試看看彼此。

Bella ：媽、爸、Frank，我愛你們。

（好像彩排過一樣，他們齊聲回答Bella「我愛你」，
然後他們一起溫柔地哭泣。）

Alger ：（溫暖地看著 Ellen）我想念你，Ellen……

Ellen ：我也想念你、Frank，以及 Bella（她向 Bella
張開雙臂，Bella 過來擁抱她）。

Alger ：（站起來，走向 Frank）我疏忽你太久了，
我之前被 Max 的事佔據而疏離，兒子。

Frank ：（擁抱他的父親）沒關係的，爸爸，我也一
樣。

這個家庭繼續彼此交談，分享感覺，以及間歇性地
哭泣。治療師自己獨自地坐著，他覺察到在協助他們悲

傷的時候，他重新燃起這個家庭的活力。他感到很高
興，他在內心裡追憶自己生命的失落——以及獲得。

結語

　　跟經歷失落與哀傷的夫妻或家庭一起工作有許多的
方式，上節與Harrison一家的工作方式只是治療師在場並
做爲見證的力量，跟一個家庭一起奮鬥去分享悲慟的一
個例子。所有完形治療在跟夫妻及家庭的工作，其基礎
便在於視婚姻或家庭爲一個系統而所呈現出來的現象場
資料。在處理失落與哀傷的工作中，有許多的方式能讓
治療師的在場成形。

　　你可以加入這個家庭的哀傷歷程，或者可以與他們
不知如何哀傷的糟糕經驗在一起，然後跟他們一起找尋
他們的最佳方式來表達他們自己。重要的是，並沒有一
個完備的模式來處理哀傷，而是要協助這個家庭找到適
合他們的模式。

　　有時候，你可能需要加入這個家庭以促進凝聚力與
團結，來對抗他們想逃離的衝動。

　　你可以協助這個家庭重建一個新的形式，可以協助
他們注意他們哀傷的歷程，而不是急切地走過這一段，
並且倉促地完結。

　　最後，你可以建立儀式來支持這個家庭，儀式可以
支持他們一再重複地想要哀傷以及回憶的衝動。這些儀
式在大多數文化都可發現，並可追溯至古老年代。儀式

協助家庭避免卡在失落的陰暗地帶,而讓他們比較容易
重回到正常的生活。

宗教的儀式給家庭一個機會來紀念成員的死亡,所
以對家庭和社群而言都是非常有力的。以這樣的方式,
社群有機會在這段悲傷的日子裡支持他們。而朋友和親
戚處理紀念事務、寄發訃文,以及其他方面,如提供食
物和弔唁期的陪伴等,都對這個家庭有幫助。

我們做心理治療的並沒有事先開設好的儀式處方,
而是允許這個家庭與治療師創造一個適合這個家庭情境
的儀式。我們的工作會考慮到成員的個別需求、氣質,
以及獨特地抗拒接觸失落的方式。此外,我們也會考慮
介入這個家庭的時機。例如我們前面所看到的Harrison
一家,在他們接受治療師的第二次介入之前,他們需要
自己跟這個危機奮鬥。

由Harrison一家所創造的儀式讓他們團結在一起,讓
他們更緊密地像一個家庭,而且持續地撫慰他們好幾
年。每個家庭成員提供一個「生日禮物」給 Max,他或
她選擇了自己與Max獨特的聯繫方式,那是最精華、最
有力、也是最甜美的方式。而每個人的行動或語言也都
是依照自己跟 Max 的關係而有的。

沒有對或錯的悲傷歷程。學者們辨識出一些悲傷的
面向,如否認、接納、憤怒和難過。但是這些觀點都只
是浮在家庭實際經驗「湯」(soup)的表層[2],這些可能
會有次序性,也可能沒有。不過,當我們在這些特定的
順序中加入額外的因素,如家庭的發展、父母及孩子的

年齡時，這些觀點就可能有或沒有用處。

正式的宗教祈禱者對這樣一個牽涉到上帝以及社區重大事件的亡者提供了尊重，而家庭儀式則促使每個人給予失去的手足、孩子或父母，一種個人的、持續改變的哀悼。這些儀式的綜合效果允許家庭以一種和諧的語調來敘說，即使他們以他們各自的聲調敘說不同的內容、譬喻和意義。

但是治療師的聲音呢？如何才適合這裡呢？說到最後，這聲音是種柔和的引發、提醒、認可、賦能、安撫與見證。他不是獨唱以示現出智慧或英雄主義，所以治療師的聲音不是領唱者，而且這聲音要能逐漸退去，被這個家庭的合唱所取代。

也許在接近本書的結尾適合我們談論死亡的經驗，這個人類存在最痛苦且最有力的秘密。神秘主義者相信死亡只是形式的轉換，一種超乎我們所知的真實轉換歷程。在這樣的想法下有個事實：一種形式的死亡只是另一種形式的活出，所以不管死亡或活著都一樣可以「圓融」。也許必須經由死亡的經驗，不管是自身或是別人，才能透露出真實。我們以「追求圓融」（searching for good form）做為書的開端，似乎意指在「某處」（somewhere "out there"）存在理想的狀態，好像只要我們關注得夠久、夠努力、用對了所有的工具，就可以神奇地找到。就某個層面而言，這是真的，而我們運用流動的完形圖像，一如優雅的海浪重疊在海岸的起落，當做找到這完形的可能工具。

　　但是，更深一層，完形的美學已經存在，只需要由
治療師去發現，而它的生命以及美麗經由覺察自身的行
動透露出來。我們將透過深思對歷程的覺察如何引領至
完形的揭露，來總結我們的討論。

本章註解

1. J. Viorst (1986), *Necessary losses* (New York: Simon & Schuster).
2. E. Kübler-Ross (1969), *On death and dying* (New York: Macmillan). 同時見
　　"Marie Creelman at 77" (1986, Spring), *News* (Center for the Study of Inti-
　　mate Systems, Gestalt Institute of Cleveland, *6*(1), 1-2; "Loss and growth:
　　An interview with Eleanor Warner" (1981, Spring), *News* (Center for the Stu-
　　dy of Intimate Systems, Gestalt Institute of Cleveland, *1*(2), 1-3; J. Zinker
　　(1966), *Rosa Lee: Motivation and the crisis of dying* (Painesville, OH: Lake Erie
　　Press).

總結：完形取向的美學

縱使我們環遊世界尋得美麗事物，但若無法身行美善，那
就等於沒有找到一樣。

——Ralph Waldo Emerson

完形取向因著獨特的心理沿革，而使得它較其他的
思想學派有更多美學模式的探索[1]。

完形的價值觀：邁向美學的願景

完形心理學從實驗和現象學對視覺知覺的研究領域
而發展茁壯，而我們必須要明瞭這個獨特的影響。起初
的完形心理學家聚焦在看（seeing）的原理——人們如何
組織他們的視野，影響知覺的各項因素等等。例如，他
們對前景—背景、直線、形狀、輪廓、接近性、深度、

點、顏色、平面、移動與空間，感到興趣。形式（form）的觀點——特別是Gestaltqualitäten，即形式的品質的觀念——就是核心[2]。簡而言之，完形心理學是一種被用來研究美學的心理學理論與方法學。

雖然完形心理學家把他們的注意力轉移到心理和幾何空間的結構上，但是他們的確偶爾參考了美學知覺的問題[3]。因此，就像前面所說，對一位完形心理學家而言，美學（aesthetic）這個詞衍生自希臘字，其意義是「去知覺」（to perceive）就一點也不奇怪了。

在完形的脈絡下發展一種人類互動以及治療介入的美學願景並非起始於如良善（goodness）或美麗（beauty）的抽象概念，而是始於價值觀（values）。對價值的鑑賞，一如對知覺的賞識以及對視覺現象組織的賞識一樣，蒙獲早期完形心理學家濃厚的興趣，尤其是Köhler[4]。

在完形治療中勾勒出人類互動的美學工作理論時，我們首先必須問如下的問題，以便界定我們自己的價值觀：為什麼我們選擇完形取向，而不是其他取向？為什麼我們會對完形治療有所共鳴呢？我們期待在治療的會談中發生什麼呢？當我們在進行完形治療的時候，是什麼在引導我們呢？做為一位完形治療師到底是什麼？當我們在完形的理論與實務中思考價值觀時，我們在尋求對我們的工作、思想和關係而言最重要、最珍貴、最喜愛、還有認為最重要的陳述。這些問題的答案引領我們看到深嵌在我們個人背景中的價值系統。

完形價值觀的歷史進程就像是一朵花的綻放。一開

始，所有的觀點都濃縮在由 Fritz Perls 和 Paul Goodman 早期作品所形成的嬌弱花苞中。經過一段時間，花苞綻放成花朵，每個觀點都發展出自己生動的顏色、細部，以及美麗，並且仍在持續發展中。從過去數十年來的發展，可以歸納出四組價值觀：大眾價值觀（folk values）、內容價值觀、歷程價值觀，及系統價值觀。

　　大眾價值觀。大眾價值觀是一些絕對的命令，是內攝 Perls 的戲劇性示範以及某些後期的寫作而成的口號。這些口號變成個人成長運動以及 1960 年代次文化的「標題」，而這些價值觀通常都單獨存在，而與完形理論的最基本形式無關。以下是一些完形概念的口號：

> 「停留在此時此地。」
> 「忘掉你的大腦，運用你的感官（senses）。」
> 「我做我的事，而你做你的事……」
> 「活在當下，而不是為當下而活。」
> 「我和你，什麼（what）與如何（how），此時此地。」

　　這些說法並非虛妄，它們包含了對深層真理的簡要參考，而且在 1960 年代我們的學習過程中扮演重要的角色──這個年代是在反抗傳統心理分析以及其他訓練僵化、過度智性、學院式的教導。但是因為濫用（以及誤用），而使得它們的力量逐漸消逝；人們很快就忘記它們的產生是對人類思想、感覺，和行為的破碎看法的反

動。Perls、Hefferline 與 Goodman 強調人類經驗的整體性，而駁斥這樣破碎的觀點。以下的「相對詞」（opposites）是他們標定爲經驗的「謬誤二分法」（false dichotomies）的類別[5]：

- 自我與外在世界。
- 有機體與環境。
- 意識與潛意識。
- 身體與心靈。
- 幼稚與成熟。
- 生物的與文化的。
- 詩與散文。
- 自發的與深思熟慮的。
- 個人的與社會的。
- 愛與攻擊。
- 生病與健康。

Perls、Hefferline 與 Goodman 強調人類關係的脈絡或場域的觀點，以下是他們描述他們的「脈絡」法的方式：「唯一有效的爭論方法就是將它帶入圖像，也就是問題的完整脈絡之中，包括經驗它的情況、社會環境，以及『觀察者的個人防衛』。」[6]他們注意到 Lewin 的場域論，並且選擇一個關鍵的引文來支持他們的治療觀點：「特別必要的是，一個想要研究整體現象場的人，應該跟將所有整體存而不論（all-embracing）的趨勢對抗，而真正的任務是要去評估一個整體的結構特性，確認隸屬於整體之間的關係，以及決定正在處理的系統界限。心理學

較物理學更爲真確的是認爲，「每一件事跟所有其他的事是息息相關的」（everything depends on everything else）[7]。Perls、Hefferline與Goodman以特殊的方式使用這句話，他們主張：我們不必在治療情境中考慮所有的社會價值、含義、以及相關的系統，而是要著眼於病人的世界中病人與治療師的相遇，以及此相遇對有機體自我調節的潛能。他們警告治療師不要把自己對生病與健康的理論硬加在病人身上，而是要去注意個人的經驗歷程，因此要在圍繞於這些現象中「畫出界線」：「所以很明顯地，治療所建立的常規愈少愈好，而且是試著從實際的情境，獲取愈多此時此地真實的結構愈好。」[8] Perls、Hefferline 與 Goodman 的治療場域是由圍繞著病人的現象學以及治療師與病人的相遇，所描繪出來的界限所組成的。這就是心理治療存在的場域；而這也就是個別諮商美學的標準。後來將之擴展至婚姻、家庭，或社會群體，並且應用完形的形成與毀滅的原理到這些系統中；而這些在1950年代完形理論剛剛正式被精緻化之初，根本不在考慮範圍之內。畢竟那時，Perls本人才剛剛從身爲一位心理分析師跳脫開來[9]。

內容的價值觀。內容，在心理治療中一般被定義爲個人生活的瑣事（stuff）：「抱怨」、「議題」、「問題」。我們區別一般的內容（即個人生活的「什麼」）以及有意義的內容（即個人在生活以及治療中所經驗並覺察後所選擇的內容）。

當你觀察一個小系統，如婚姻或家庭，你就會看到

並且聽到難以計數的複雜媒材。你可能被他們所說的內容所吸引，這就是一般所知的內容。內容具有誘惑性，它吸引你是因為它通常源自於衝突或是爭論；它是被極端化而且是有爭議的；它是因個人的反移情議題而被吸引出來的。在爭論中，對立的雙方致力於贏。如果他們只是極端化（但是沒有爭論），雖然仍有爭吵，但是他們會願意努力去化解問題。若繼續觀察這個系統，你可以注意到，除了內容，還有歷程。例如，你可以注意到他們的談話有循環的模式：輪流說、卡住、然後繼續。如果你開放你的心靈去看他們如何說、坐哪裡、誰是「問題製造者」、誰是「好人」等等，那麼資料真的會令人無法招架。但是如果你只聚焦在內容——這些將他們區隔開來的媒材——那麼你可能就會落入以下常見的錯誤。

1. 你會發現某一方的內容比另一方的內容更具有吸引力（反移情效果）。

2. 你可能會想要解決問題，而鼓勵他們尋求妥協。這種介入的缺點是，他們沒有真正學習到他們卡在歷程的那一點（where），而類似的衝突在充滿內容的未來還是會再發生。

3. 你可能會想要教他們不同的談話方式，如提供「說我想要……」來代替「你應該……」的介入。

不管浮出檯面的內容為何，系統歷程的中斷會一再地重複出現。我們對決定日常生活的邏輯興趣缺缺，而對個人如何達成決定以及歷程中他們經驗到什麼感到興

趣盎然。我們感興趣的是這些決定是如何下的，而這就
不再是內容的價值觀，而是歷程價值觀。

　　每天的內容都具有誘惑力，因為它是如此地吸引
人，但是它是個陷阱：此時必須覺察——探索議題、提
出多個選項、闡明需求與想望——但是在無止境的討論
背後是沒有能量繼續前進的。也就是說，有許多口語上
的交流，但是沒有移動到一個清楚的圖像。因為沒有接
觸，所以就沒有完成的感覺，而只有無法避免的挫折產
生。只要系統沒有投注能量讓某些事情發生，那麼所有
的努力，即使是最小的努力，也是白費。根據我們的定
義，有意義的內容是有目的性，而且跟歷程是有關聯
的——也就是指此時此刻這個人所做的，以及他如何做。

　　歷程的價值觀。歷程是持續且前進的行動，所以歷
程隱含了有活力的、有機體的、自發的移動。歷程是曲
線的、有模式的、在脈絡流裡的、非預設的、非事先計
畫、單純的，被兩個以上的人所創造出來的能量所牽引
著。歷程的思考並不固著於內容，或是對內容有預設立
場，所以也沒有被迫去創造出特定的結果。所以，個人
在歷程中就是完全有活力的。

　　專注於治療會談的歷程幾乎可以取代病人所談的內
容。以下是Perls、Hefferline與Goodman所說的一些句子，
這些句子隱含完形取向的歷程價值觀：

　　病人……找到並成為他自己。
　　自我是工作的接觸界限。

自我是綜合單元……，[它]是生活的藝術家。
對抗拒的覺察工作意指跟個人的創造性能量一
起工作。
所有的接觸都是有機體與環境之間創造性的調
適。[10]

相對於如「人類是理性的動物」的類別化概念，完
形的觀點認爲人性（human nature）就是一種歷程。這樣
的價值觀是抱持著發展的觀點：我們在持續的成爲（be-
coming）狀態，我們的天性就是有可能性（potentiality），
所以我們的本質並非事先被決定的。本質就是歷程，我
們是一直持續移動的歷程；我們的界線也從來不會一
樣。對這個歷程模式，Perls、Hefferline與Goodman認爲最
有價值的就是直接去覺察它，專注於治療師與個案之間
發生的事。這是令人興奮的地方、一個戰場、一種相
遇，這相遇讓人可以完全地看見以及聽見對方、詢問問
題，並且傳達觀察（對治療師而言很明顯，但對病人而
言卻是未感受到或未能看見的觀察）。

讓我們來看一個例子，你正在觀看一對夫妻爲了如
何經營他們的事業在爭論著，她希望能預先計畫，至少
三十天前；另一方面，他則喜歡等待並且在做決定之前
蒐集更多的資訊，而這些就是內容。

現在我們來看看歷程，這爭論開始加溫，而你觀察
到他們互動的現象。她提高她的音量，而他愈來愈緊
張，而且愈來愈防衛他的觀點。這就是互動經驗循環圈

的證據，他們處於能量／行動的部分，而卡在能量與接觸之間。以下是你可以採取的介入：

> 治療師：我已經看你們討論有十分鐘了，你們交談得非常好，而且都一直聚焦在主題上。不過，有一些東西在裡面。Barbara，當你的音量提高時，覺得更受挫；而Bill你不管是在身體或認知上都愈來愈僵硬，愈來愈堅持。你們有注意到嗎？

現在你找到一個幾乎無關內容但非常真實、而且非常容易一再看到的模式。你從混亂當中找到一種模式——一種具有現象學信度與效度的模式。這夫妻可能會質疑你的觀察對於他們的困境是否有用，然後會說：「不全都是這樣的，但是知道這個對我們有什麼幫助嗎？」以下是其中一種回答：

> 治療師：你們想想，如果我們對於你們在爭論的歷程中如何一再重複地卡住感到好奇，那麼你們就能夠不再卡住，不管你們爭論的是事業或是假期安排，或是什麼時間要吃晚餐。如果你們其中一人學習去改變行為，例如，放鬆你的聲音，Barbara；或是安坐在你的椅子上，而不要緊繃起來，Bill，那麼不管處理什麼主題，都會做得比較好。

所以，他們「想要去試試看」，但是因為對他們而言這完全是新的，所以你必須稍微教導他們一下。

> 治療師：Bill，這次你願意試試安坐在椅子上，然後不管Barbara的聲調聽起來多麼生氣，也不要僵硬起來？而你，Barbara，你願意試試看，當 Bill 開始緊繃，並且捍衛他的觀點的時候，能夠稍微調整你的聲音嗎？

之後他們試試看，然後，奇蹟中的奇蹟，他們的內容有所改變了，而他們也開始比較會安撫對方。此時，一個譬喻可以用美學的名詞來描述這樣的介入：

> 治療師：這就像你們正一起跳著舞，但是你們兩個都想要帶舞。我認為，忘記帶領這回事，你們倆只要進入到韻律、節奏之中。你甚至不需要知道這是什麼舞曲——狐步舞（fox-trot）、探戈，或者管它是什麼。

這樣的介入跟他們身為夫妻的藝術性是否一樣多並不構成問題，因為她生氣的聲音與他的緊繃都是一種美學上「不夠好」的表達。所以治療師要嘗試去讓它能優雅地運作。

系統的價值觀。完形取向非常看重系統與場域的觀點，因為這些提供了一個架構，對人類的事件與互動提

供整體、動態以及綜合性的瞭解。基本上，我們認為心理系統的大部分特徵跟心理場域和心理完形的特徵是一樣的。Perls在使用場域理論的語言，並且經常提到「有機體—環境的關係」時，他對於任何不隱含人類努力的理論都感到不耐。如果他現在還活著，Perls將會批判系統理論，因為對他而言太過抽象，他一再強調存在（being）與成為（becoming）的主動天性[11]。在此僅列出一個例子，也是Perls、Hefferline和Goodman典型的評論，有次他們針對完形心理學家的場域所做的批評：「他們總是好像說……在這整體場域的每一件事都是相關聯的，除了人類所感興趣的因素之外。」[12] 事實上因為他們智性上（intellectual）的偏見，Perls、Hefferline與Goodman無法理解在人類經驗的場域，每一件事都是相關聯的，而且在這場域的每一件都可能是美好的。雖然他們察覺到 Lewin 以及其他理論學家的工作成果，但是他們主要還是聚焦於個體，而非環境。他們認為個體是被社會的期望所淹沒，而這樣的社會並非是好的。而且也許因為1930 年代末期世界正經歷大戰，他們認為世界最有文化的國家之一竟然使用它的高科技來屠殺數以百萬計的人們。社會並不是好的，因為關於國家的事務來得比個人的福祉重要。而在二次大戰期間與之後，存在哲學家、神學家以及心理學家，開始形成本體論的聲明（ontological statement）──聲明個體發展的意義。Husserl的現象學因為提供一套研究系統，研究個人主觀經驗的現象而受到歡迎。

基於對1940年代後期到1960年代智性上對於支持個體自由的尊重，Perls、Hefferline與Goodman聚焦於個體以及個體的界線。只有在這波個人主義的浪潮之後，我們身為實務工作者才開始覺察到，社會也是對於個人成長以及互動成長的支持系統。畢竟，西方的社會系統並沒有要完全淹沒個體對群體的需求，就像我們在東方文化看到的一樣。在西方，對人們而言在婚姻或家庭、朋友圈，或工作上去實現自我是可能的。因此，系統理論達到一種新的意義與狀態。界線的現象從個人內在心理（intrapsychic）被擴展至人際之間（interpersonal）、至群體、至大企業、至國家、乃至於宇宙。例如，在人際間或是家庭層級，鼓勵一位病人向他的父親或母親顯示其憤怒，可能會導致這位家長的疏離，並且讓這位家長的立場變得強硬。同時邀請家長，並且允許他或她去回應病人的憤怒，才有達成創意解決方案的可能，而改善兩人之間較大的互動阻礙。

系統價值觀與完形理論是非常相容的，由於整體的原則以及部分大於整體。因此，我們必須觀看整個城市以瞭解城市的崩解，因為部分並不等於整體。就像重建新的房舍來改善貧民窟的情況是極為愚蠢的，因為這樣的解決方案輕忽了一個市中心的整體社會結構：包括夫妻與家庭、教育、社經階層、城市公園與博物館、福利系統、經濟等等。但是，如同Lewin所指，認為場域內的每一件事都是相關聯且危險的，因為人類各種現象的評估太過於複雜，而方法學又過於笨拙而無法勝任。

Lewin對這樣的問題非常瞭解，因爲他花了許多年實際研究各類的社會現象。

　　至於價值觀，從系統的觀點來看人類互動的問題是更爲嚴肅的。當我們觀看某個情境中的所有因子，我們的評估就會是相對性的（relativistic），而這又有令我們變得自滿於此的危機。因爲如果我們去除了因果論，那麼我們應該找誰來爲悲劇負責呢？我們該拿那些對於罪行的合法譴責怎麼辦呢？對治療師而言，這種困境是無止境的。當一個強暴犯或是毆打妻子者告訴我們他的偉大事蹟時，我們就可以因爲我們「瞭解此類事件的複雜性」而感到滿意嗎？那麼幫派成員把別人殺死呢？難道他也只是個「社會的受害者」嗎？做爲治療師，我們必須在維持社會秩序的許多議題中掙扎，我們無法躲在我們辦公室的象牙塔之中，然後行爲舉止像個宗教上接受告解的神父。所以，在無限同情與遺憾之餘，我們必須通報謀殺、強暴、家暴，以及其他違反人類權利的行爲。爲什麼會遺憾呢？因爲我們知道監獄的判刑無法解決心理疾病或是社會問題。懲罰的方法所能達到的最好效果是，保護潛在的受害者免於受重複的罪行所傷。

　　所以系統思考內涵的相對主義，不是讓我們免於承擔在治療過程、生活、社區以及家庭中，決定不容忍那些事物後的痛苦責任。系統的取向提供一組瞭解主要群體、各式各樣的社會體制、政治事件、自然災害、生態問題、以及國際關係的價值觀。系統思考可以幫助我們瞭解複雜的問題，並且避開爭論或過度簡化的解答。我

們以全面的眼光來看這個世界,我們就可以運用有效的
策略來協助影響它。因此,如果我們向警察通報一個強
姦犯,我們並沒有放棄去跟他的家庭談話、去影響假釋
官的想法、去與受害者接觸、去上法院;簡言之,去協
助影響社會對於我們的病人處置的綜合性方案。每次我
們以這樣的方式採取行動,我們就跨了一小步,不只是
對於單一家庭的生活,也同時影響一部分我們居住的社
會結構。這樣的態度反映了完形實務工作者重新點燃對
社區的關心,以及存在的自由與選擇後的責任。當然我
們無法假定所有的治療師,包括完形治療師,都有這樣
的關懷,但是我們相信大部分是的,特別是在體制單位
的治療師,因為這些體制單位是許多社會力量的來源
(vector)。

儘管Perls的興趣在於界線,他大部分聚焦於個體在
跟抽象世界界線上的運作能力,較少描述兩者互動關係
的品質,其所缺少的就是這個世界回應個人、夫妻或家
庭的主動特質。不過,Perls曾談論到,一個好的分析師
不只是像個空白螢幕(tabula rasa)或移情現象的解釋者,
而是一位不同的個人,允許病人在此關係下能在這次做
得更好;此語至少隱含他稍有重視關係的態度。

在系統理論出現之後,許多的完形治療師對互動的
過程感到興趣,開始重新思索抗拒的觀念,將之當做個
體的經驗。例如,就迴射而言,Perls、Hefferline與Goodman
說:「當個人有迴射的行為時,他將原來要對別人或物
體的行為加在自己身上。」[13]這樣,問題就變成,為什

麼這個人停止嘗試從環境中為自己取得資源？環境中發生了什麼事？在一些省思之後，很明顯地，抗拒是由兩個以上的人所共同創造並且持續維護的。舉個例子，在迴射的婚姻或家庭的例子中，「人們根本不用溫暖或是憤怒的方式去互相接觸，彼此也沒有好奇或是嘗試影響對方。當沒有人反對或是堅持接觸下，這樣的抗拒就一直維持著。」[14]「迴射者」（retroflector）不要求舒服，而「被迴射者」（retroflectee）雖然看到其他人的不舒服，但也不提供協助。「所有人都接受這樣的假設，界限是必須過度被尊重的（over-respected），侵犯是不被允許的。」[15] 漸漸地，許多完形心理學家發現，只注意自己的事不見得總是對的——「我做我的，你做你的」的大眾價值觀只是一種內攝，這樣的自主（self-autonomy）價值觀不但阻礙了成為健康的自我負責，反而只是變成麻木不仁或是放蕩不羈。

　　這些年來，我們開始跟更多的夫妻、團體、家庭以及公司，一起工作，我們被迫去擴展界線互動的外顯與內含的意義。首先，取出Perls個體的感官、覺察、興奮、移動（movement）、以及接觸的概念，我們開始發展更一致完整的歷程模式。我們創立了一個循環圈，一個現象接續一個現象如鏈環一樣的循環圈，從模糊的感官經驗開始移動到形成一個完形、到興奮以要求滿足、然後移動到往外延伸，以及最後接觸得到滿足。我們在進行工作時，從系統理論裡採取一系列的價值觀和原則，然後將它們融入完形的取向之中。從感官到覺察到

完成及滿足的觀點，成為我們首要且基本的美學價值。

完形治療基本的價值觀與原則

這些「基本的」（cardinal）價值觀，是經由不斷嘗試錯誤，並且花費許多時間，才發展完成以下二十二個價值觀以及相對應的介入原則。這些價值觀與原則在運作上有所重疊，所以我們將它們歸成六類。這些類別分別為平衡（balance）、改變（change）、發展（development）、自我覺察（self-awareness）、整體觀（holism），與形式（form）。

平衡的價值觀

1.價值觀：平衡的關係。

原　則：身為人類，我們的生命任務是變成既依賴又自發。我們教導自我支持，同時也示範互相扶持——在婚姻與家庭中融合以及在個體的分離之間取得平衡。

生命發生於存在、實踐，以及擁有的中間地帶[16]。我們從與父母之間的融合發展到分離，然後到了成年之後尋求與其他人融合，繼而在這關係中分離。這是一種在跟他人的關係中存在以及成為的韻律。持續的融合則會一直長不大；持續的孤立自持則會精神分裂。在完形的取向裡，我們對於人類互動的自然韻律非常敏銳。跟家庭工作時，我們非常留意成人對於孩童的保護程度，

例如在 Madiar 家庭的案例，父母陷於過度保護兩個小孩的危機中，而阻礙了孩子所更需要的獨立發展。

2.價值觀：在婚姻或家庭中，分享權力的重要性。

原　則：在小系統中瞭解並觀察權力的差異，因為權力的強大差異會導致虐待的行為。

家庭系統內的權力應該清楚地在成人的手裡，直到孩子的發展到了要求完全分化的階段。直到孩子到達一定的年齡之前，家庭並不是「民主的」，而是「仁慈的專政」（benign dictatorships）。在婚姻或家庭中的成人系統中，我們期盼權力的運作是互補的。權力帶有義務與責任，而且不可被當成不負責任或虐待行為的藉口。在更大的系統也是如此，例如政治家以「壓倒性的勝利」嘗試將濫權的行為解釋為「來自人民的指令」。

3.價值觀：在婚姻或家庭及在治療中有清楚界限。

原　則：不要靠邊站或是失去你的界線。平衡每個介入；做示範而且在良好的界線定義與管理下工作。

如果我們是夫妻，什麼地方是「我」結束而「你」開始的地方呢？什麼是我的、你的、我們的？界限的納入（include）與排除（exclude）同時發生，意義因而產生。界限讓生活清楚且有覺察。倘若缺乏覺察，那麼融合與分化的問題，以及如內攝、迴射、投射的抗拒，就可能模糊界線，混淆意義，並且破壞人際關係。

良好的婚姻以及家庭功能的標準是，能夠形成、毀壞、然後重新形成清楚的角色與次群體。這樣的過程在

健康且運作良好的婚姻與家庭內是優雅的。這就是「圓融」。

　　身為夫妻或家庭的見證者,治療師要活在自己的界限上。一旦治療開始進行,就沒有閒聊或分心的空間,因為主要的任務是以直接、創意、清楚陳述的介入以及退出,讓過程能夠繼續,以便協助系統察覺到自身的歷程。

改變的價值觀

　　4.價值觀：透過有機體自我調節達到自我實現。

　　　原　則：婚姻或家庭的願景就是努力達到功能的
　　　　　　　完整、整合、流暢與自發。系統努力在
　　　　　　　靜止與前進之間取得平衡。

　　有機體的自我調節是完形取向自Perls在1940年代出版第一本書《自我、飢餓與攻擊》(*Ego, Hunger, and Aggression*)後的里程碑。做為一種價值觀,它引領我們如何看待夫妻或家庭的互動。我們試著盡量較不以個別有機體的名詞來思考(除非將它視為一個次系統),而較常以關係有機體來思考。以我們提供的John與Nelly Mathienson的簡短案例來看,這成對的有機體努力自我調節以尋求性需求的滿足。身為分離的個體,他們各自都是健康的、有機的成人;但是在一起,他們自我調節的韻律就不是這麼回事。協助John與Nelly適應彼此——讓他說出他的想像與需求,而讓她能更早覺察到——引領他們夫妻將性的節奏整合成更一致的步調。

5.價值觀：從做中學。

　原　則：從做中學比只是理性的討論來得有效。
　　　　　我們教導、鼓勵、並且支持新的行為的
　　　　　實驗，讓夫妻或家庭超越目前停滯、受
　　　　　限的功能。

跟夫妻或家庭工作時（個別治療也是如此），體驗活動對完形治療是很重要的。在我們的取向，實驗被用來做為主要的工具，以凸顯不只覺察到的是什麼，更可覺察到可以是什麼。當使用想像練習時，談論並沒有什麼問題；但是實際去做會更好，因為可以鼓動能量，引導與他人接觸，並且得以練習新行為〔這就是所謂的「安全的非常時刻」（safe emergency）〕，因而開始新的學習。對治療師以及夫妻或家庭而言，實驗都是一種創意的行為，前者設計它，而後者執行它。發展和參與一個實驗是完形治療美學歷程的一部分，因為它透過用相對比的體驗行為來支持並統一圖像。這就是完形治療被稱為「現象學的行為主義」（phenomenological behaviorism）的原因。

6.價值觀：透過覺察而改變。

　原　則：改變的發生係透過覺察與主動做決定。
　　　　　而這樣的改變比沒有覺察與選擇的改變，
　　　　　來得更具整合性而且更持久。

完形治療在形成一個正式理論以及覺察模式的過程，是不同於其他所有的治療學派。使用覺察來做為改變的基本工具是最重要的價值觀。這是因為我們遠比其

他取向的追尋者，認為有意義的改變乃是完全仰賴於強
調體驗性的覺察；真正改變的程度等同於增進覺察的程
度。我們透過主動強化婚姻或家庭系統的覺察來做教
導，而非略過覺察。我們是教師，不是魔術師或古魯
（gurus）（譯註：印度教的導師）。我們鼓勵夫妻或家
庭在學習歷程要主動參與（問問題、爭論、討論等等），
來投入治療師的處遇、觀點，以及想像。我們不鼓勵他
們內攝治療師的介入。

　　7.價值觀：矛盾性的改變。

　　　原　則：加入夫妻或家庭時，要能支持其抗拒。
　　　　　　　你愈支持，改變就愈可能發生。

　　改變也能夠以矛盾式地支持婚姻或家庭系統的「所
是」來達成。因為每一個系統都有其因襲的抗拒風格，
我們尊重這樣的抗拒，將它視為夫妻或家庭嘗試保護自
己以及達成和諧運作的健康方式。讓夫妻或家庭察覺到
他們有能力在個體和群體中表現良好，而這樣的肯定自
然可以引領系統去覺察到行為的不利面（他們如何「卡
在」困境之中），以及他們要如何脫困。這就是我們對
其他心理治療有所批評的原因，因為忽略或面質抗拒只
能達到短期、功能性的改變。這也同時是為什麼我們將
治療師的角色概念化為見證者而非改變的代理人。

　　8.價值觀：歷程勝於內容。

　　　原　則：診斷卡住的地方，看夫妻或家庭如何表
　　　　　　　達自身總是比討論了什麼來得更為重要。

　　就完形的觀點，相較於歷程，內容是「死的」。歷

程是關於活力的能量、是互動的戲碼以及動力所在。如果內容的問題可以在治療時段中神奇地被解決的話也沒用，因爲另一個議題一定會神奇地出現。問題就像神秘的九頭蛇海德拉（Hydra）一樣，解決了一個反而多出兩個；而生活也是如此。當你執著在內容時，生活的內容都是非常乏味的：騎車去學校、購買日用品、付帳單、什麼時候做愛、如何得到升遷、除草、修理水管等等。所以不管夫妻是否要申請第二貸或是家庭要去哪裡度假，這些內容一點美感都沒有。

系統的美麗或是「醜陋」在於它如何跟這些議題打交道，如果我們回到 Barbara 與 Bill 這對夫妻的例子，我們就會想起他們的過程花在密謀比花在一起做決定來得多。不管是三十天或是十五天都不重要，治療師感興趣的是對這對夫妻而言，Barbara 什麼時候以及如何會變大聲說話，而 Bill 的生理會緊張起來而變得更堅持他的立場。覺察的改變允許他們開始去實驗如何來處理他們的內容，並且在未來給他們無窮的機會進行有創意的改變。

發展的價值觀

9.價值觀：規則就是任何規則都有例外。

原　　則：你需要去瞭解並欣賞發展以及在你的介入中什麼在發展上是適切的。即使它們是最有用的，所有的規則都可能是愚蠢且危險的（包括這一個）。

俗話說：「沒有什麼比常識還更不平常的了」（there

is nothing less common than common sense）。因此合理的判
斷是無可取代的。介入對婚姻或家庭而言必須在階段上
是合適的，而這樣做需要考慮其發展史，以及此時此地
他們歷程的發展。一旦有所懷疑，就停留在此時此地的
歷程中。

　　10.價值觀：經驗發展的平等性（或者如俗話所言「對
　　　　　　　　母鵝有用的，對公鵝也有益」）。

　　　　原　則：我們相信治療師，就像當事人一樣，是
　　　　　　　　處於持續改變與發展的狀態，所以他們
　　　　　　　　需要接受個人的治療，同時也過著完整
　　　　　　　　的生活（比職業更大的世界），並從中
　　　　　　　　得到滋養。

　　最終，我們相信只有一個較有經驗的病人，而沒有
「治療師」這回事。我們的許多同事可能認為一個人不
需要經驗很多的個人不幸，才能協助一個有很大失落的
人或是罹患末期疾病的人。但是在協助一個人的旅程跟
全然地準備參與之間是不同的，協助一個人去適應情境
是一回事；而成為活生生的在場（moving presence），一
種能激發精神的超越而非只是活著，則又是另外一回事。

　　治療師的天生本領就是從他或她的「明覺體」（ap-
perceptive mass），也就是個人美好生命經驗的垂直與水
平深度衍生，而成為治療中的存在。這就是為什麼我們
個人經驗的寬度：我們個人的心理治療、我們的愛情與
悲傷、旅行、教育、熱情、記憶等等，不管對我們個人
或是專業，都是如此重要的原因。

自我覺察的價值觀

11.價值觀：治療師傾向於「戴上有色眼鏡」（color）
　　　　　來看夫妻或家庭。

　原　則：做為一位治療師，你必須不斷地追蹤自
　　　　　己的心情、慾望、衝突、需求，以及持
　　　　　續改變的思想體系，因為夫妻或家庭不
　　　　　管是有意無意，都會由於你的存在而受
　　　　　到影響。

　　個人的界限是很難去維護與塑造的。治療師也是個
人，其在場表示同時具有優點與缺點。在完形理論中，
我們相信我們會試著透過此刻的相遇來影響夫妻或家
庭，而我們是誰比我們做了什麼影響還大。事實上，我
們是誰以及我們所持的價值觀，都會引導我們的所作所
為。而隨著展現在我們面前此時此刻的歷程，也會引導
著我們如何去做。

12.價值觀：專業的謙卑。

　原　則：尊重夫妻或家庭的系統整合。不管他們
　　　　　出現怎樣的失功能，他們的確有能力自
　　　　　我改變。

　　最後，夫妻或家庭的生活大部分發生在諮商室外，
我們的影響力，不管它出現時多麼有力，實際上都是有
限的。我們治療師大部分都像河流中的大圓石：河水流
經我們，而我們只能影響水流一點點。一位見證者的見
證；在場就只是在那裡。除此之外，我們或他人還能從

我們身上期盼些什麼呢？

整體觀的價值觀

13. 價值觀：系統理論——整體影響所有的各個部分，
　　　　　 而且大於所有部分的總和。

　　原　則：我們設想夫妻或家庭是大家庭（extended
　　　　　　family）、社區，以及更大世界的一個系
　　　　　　統脈絡。我們努力從更瞭解或體會更大
　　　　　　的脈絡來回應個人／系統。

　　與這個價值觀有關的事實是，沒有人是真正地或絕
對地孤單。山頂端的隱士也會跟某地的某人有所關聯
……即使只是回憶。流浪的精神分裂患者也跟其他人有
接觸——他或她乞食的人們、警察、社工、庇護的志工
等。人類是群居的生物，而且總是跟他人有所關聯；如
果不是單一他人或是一個家庭，那麼至少也是更大社區
或社會系統中的「陌生人」。人類的關聯只是程度上的
差別而已。

14. 價值觀：「沒有一個男人或女人是一座孤島。」

　　原　則：每一個介入都必須當做承載婚姻或家庭
　　　　　　外在世界模式的基石。你必須尋求瞭解
　　　　　　他們每天生活所浮沉的「湯」〔想像病
　　　　　　人生活的所有特徵都站立在他或她的後
　　　　　　面，就像是永遠存在的「希臘合唱團」
　　　　　　（Greek chorus）〕。

　　除了考慮更大的社會脈絡外，我們也必須從「家

庭」是所有親戚擴展至少兩代的角度來思考；而這兩代
包括任何關聯的「過客」（transient）成員，即使只是表
面上的關係。我們也試著涵蓋全然陌生或已故者的關係
的影響力。這樣的例子包括跟寡婦、鰥夫一同工作或是
家庭成員與已故父母的關係，或是如我們在「Samuel 的
夢」裡提到的曾祖父。過去未完成的關係就像遊魂一
般，陰魂不散，一直困擾著，而我們透過跟夫妻或家庭
此時此地的工作來驅除它們。

　　15.價值觀：關係中的「第三者」。

　　　　原　　則：在婚姻治療中，介入必須包括系統以及
　　　　　　　　　互補兩部分。只對一人做介入，不管正
　　　　　　　　　向或負向，都不會對系統有所助益。

　　這個價值觀與原則認為每一對夫妻是由三個個體所
組成：一個「你」、一個「我」、以及一個「我們」。
完形的婚姻治療，乃是以歷程和系統為取向，傾向於研
究發生在兩人之間的關聯空間。跟夫妻工作，我們特別
注意兩人是一個整體的互動，以及在「我們」（we-ness）
的前提下平衡所有的觀察與介入。即使是只跟其中的一
個人工作也是如此，就像之前Gabriel與他沒來的妻子Sue
的例子一樣。

　　16.價值觀：夫妻或家庭的集體聲音。

　　　　原　　則：注意這獨特的聲音（在心靈與系統之中）
　　　　　　　　　以及它的模式。

　　你可以聽見夫妻或家庭成員互動時的美學品質，就
像你在聆聽音樂演出一樣。聆聽歌劇對話中的和諧與雜

音、樂音的起落、劇情的起伏、音調、音量，以及相互
交替的旋律，告訴我們許多關於這些個體在一起所形成
的系統。能量、界線、強勢、抗拒，以及許許多多其他
的特徵，都由夫妻或家庭的口語模式中傳達出來。

形式的價值觀

17.價值觀：完成的完形。

　原　則：我們聚焦於夫妻或家庭是如何地形成了
　　　　　未擁有（disowned）的部分，進而發現這
　　　　　些部分，然後重新整合到他們的內在生
　　　　　命。我們總是從他們的長處開始，而非
　　　　　弱點。

　　Harrison 家庭的長處是他們彼此連結在一起，圍繞
著他們的兒子 Max 逐漸死亡的歷程。但是在 Max 死後，
他們發現他們失落在各自的悲傷，並且彼此疏離。其中
欠缺的部分就是整個家庭一起分享悲傷，以至於最後，
Max 不在了的完形沒有完成，失去他而造成的悲傷仍一
直徘徊著。觀察 Harrison 一家子，一幕希臘的悲劇浮上腦
海：一位美麗的兒子被神帶走，整個家庭陷落在悲傷之
中。唯一不同的是，這次的悲劇英雄不是 Max⋯⋯而是
家庭系統本身。這是悲劇的缺點嗎？這是無法在一起跟
他人一同悲傷的緣故。即使像小小生日儀式的簡單實
驗，也足以開始團結這個家庭，朝向「完成這未完成的
經驗圈」。

　　一個家庭的優勢往往也是其弱點，反之亦然。這就

是為什麼我們從欣賞其長處、做得好的地方開始，然後再將這長處所造成的負向缺失的觀察指出來。以Plato的觀點，為了維繫對話、討論以追求真理，形式（form）是必要的。在治療夫妻與家庭時，改變的發生係透過接觸而凸顯出覺察，而接觸可以有許多形式，主要是在你—我相會（the encounter of I-Thou）的對話中達成。我們第三階段的介入策略是辯證的歷程（dialectical process），而達到實驗綜合的最高潮。我們的介入是試圖凸顯覺察與學習，透過先從支持現況，然後對照出不同的是什麼，最後整合兩邊，達到一個新的完形，新的整體。

18.價值觀：好的形式。

　　原　則：我們讓夫妻或家庭如其所是，也放手讓他們去（不管他們如何成為或是往哪裡去，我們支持的圓融就是「只要夠好」的完形）。

　　每一對夫妻或每一個家庭，就像一幅個別的畫作，具備一個可以被經驗、評估、欣賞和批評的形式。一幅畫作的美學評斷——假設評論人並不喜歡這幅作品——這個評斷即是基於一特定的價值系統。而價值系統只是單一個觀看事物的角度。一幅畫的本身沒有對也沒有錯，每一件藝術品就「只是不同」罷了。另外一方面，也不能說評論對或錯，因為它就是從一組較喜愛的價值觀所引發的。如果我們考慮Houghton家庭的例子，我們可以看到這個系統的形式卡在交互指責的行為。它們的互動模式是根據假設以及解釋。這樣可能是一種好的形

式，他們彼此有強烈的感受，並且努力去做接觸，但是這樣就足夠好了嗎？這個系統所缺少的是對彼此基本的好奇，一種引領彼此得到更多訊息、更多瞭解、更能容忍，以及相互滿意的好奇。他們是否成為完美的家庭了呢？沒有，但是他們的形式正逐步地在改善，而此刻則已經「夠好」了。治療師紓解了壓力與焦慮，因此讓這個家庭能運用小小的改進，並且為將來更進一步的工作做了預備。

19. 價值觀：做為一個統整的實體與美學的事件，整個治療關係具有其重要性。

   原　則：我們強調治療的歷程（與介入）以及進行的品質。我們珍視看見美麗和醜陋，以及個案─系統對症狀與病症之奮鬥的美學價值。

20. 價值觀：完形治療之發展的統整性。

   原　則：我們尋求的單純美麗可以在一個具有主題、發展，和解決方法的治療介入中找到。每一次的治療相會就可能是一件藝術作品。

21. 價值觀：夫妻或家庭的統整就如他們現在所是。

   原　則：我們接受個人／系統的所在，加入他們，並且以欣賞他們所具備的能力的方式來跟他們相會。

　　我們不僅觀看婚姻或家庭的歷程，也同時觀看治療的整個系統，包括治療師的存在與介入的美學形式。當

事人—系統被當成一個個體且是個整體，在跟自身的問題奮鬥著，而治療師則是在那裡做為一個親切、支持、且參與的見證者，針對他們的界線在工作。在早期我們個人完形治療的經驗，我們協助個案在離開諮商室時，能對他們困擾、痛苦的經驗來源感到「更為友善」（friendlier）。我們協助他們辨識症狀與行為，甚至他們的抗拒是創造性的努力，所以有好的部分、美學的價值與目的。我們努力協助他們在離開每次的晤談時，感到自己被確認為是「好的」。

　　許多我們做的就像是「藝術家」一樣，根據隱喻或主題得到關於系統歷程的現象場資料。這給夫妻或家庭對彼此如何相處以及他們的問題，有更大的視野。

　　22.價值觀：此時此地的現象學。

　　　原　　則：我們在心理以及更大的系統中尋求模式，
　　　　　　　　而最有用的觀察是奠基於實際的現象學
　　　　　　　　的／歷程的觀察。

　　完形婚姻以及家庭治療的價值觀就是真實（the actual）、立即（the immediate），以及可及（the tangible）。我們對為了自身而做的推測（speculation）、解釋或分類，毫無興趣。然而，這並不全然表示我們避開專業上所有的基本工具，如人格測驗、家庭圖、精神疾病診斷準則手冊以及其他的診斷工具。例如，在完形取向，我們試圖根據接觸—抗拒以及界線模式來「診斷並分類」系統的現象。這樣的工具對臨床決定是重要的，而且可以提供良好的背景資訊，但是這些也只能停留在：背景和目

的上的第二順位。舉個例子,根據 Madiar 家庭的歷史以及目前的行為而確認這是個「迴射系統」是合乎邏輯且有用的。但是他們下一次的晤談會是什麼樣子?或是一個月後呢?每一次的治療都是一個新的相會,因此每一次所停留的圖像都是夫妻或家庭成員之間的互動相會所立即產生的現象觀點。這些觀點包括時間、空間、改變、覺察、感官、極端化的特質(polarized specialization)、能量、前進與停留的舞步(choreography of movement and location)、美麗、平衡、和諧、互補性、韻律、對比、接觸的品質、退縮的天性、放下與重新開始的能力、幽默以及哲學感,等等向度。

從我們的觀點,每一次跟夫妻或家庭的晤談都是一次跟「所是」新的相會,所以非常像去藝術博物館參觀同一位藝術家不同作品的新旅程。

結語

完形取向的婚姻或家庭治療有幾個核心的價值觀。注意每一個價值觀如何支持以及引導技術或準備結束(caveat)。當你很清楚你的價值觀時,那麼也許這裡所介紹的每一個原則都是多餘的,你可以清楚地知道你的行為。換句話說,技術終究會變成障礙,而限制了你的視野與成長。當你向外看並且有經過消化整合的價值觀,那麼你自然就有一種「風格」:一種獨特存在於這個世界的位置。此時,技術不再需要,因為你已經具備

更有力、更豐富的東西，一種哲學的取向，讓你個人有
無限的創造力。

　　完形的價值觀給我們特別的方式來介入婚姻或家庭
系統，但是不能把它們當成是目錄一樣地索驥。我們必
須謹慎地、緩慢地、好奇地去「咀嚼」我們的價值觀，
因爲如果我們「整個吞下」，那麼只消幾年的時間，這
些價值觀的陳述就會只剩下一堆新的口號，而完形治療
就像其他治療一樣，已經有夠多的口號了。最後，具備
價值觀的一項優點是，一個人可以根據指導的規則「爲
行動做選擇」，而且瞭解這些規則並不是絕對的，而是
活生生的，並且是會隨著時間而改變的。

　　我們以行動來表達我們的價值觀[17]。行動是必然的，
即使我們選擇不行動，也是在表達一種價值觀（無聊、
冷漠、默認、疏離、消極抗議等等）。此外，當我們維
持某個動作時，必然會產生迴射，而當表達出的憤怒迴
轉到自己身上時，通常會傷害到我們自己。那麼問題
是，我們如何能夠「行動得宜」（act well）呢？

　　聖經上以色列的子民們在出埃及時，上帝試著透過
摩西來幫助他們。重讀出埃及記，有人發現以色列人常
常不聽上帝的話語，而且毫不猶豫地做他們自己喜歡做
的事。最後，當摩西向子民出示十誡時，他們回應：
「耶和華所吩咐的，我們都必遵行。」[18]這樣的命令被
執行是基於上帝的命令，而「以後自會瞭解」。上帝做
的就像我們對年幼小孩做的一樣，承接他們的覺察功
能，因爲他們是祂的「子民」。我們對兩歲大的孩子說

「不要打 Johnny」，因爲年幼的孩子個人無法適當地覺
察和內控去做這樣的決定。當一個人長大成人，就會將
孩子氣的東西放一邊，而開始承擔起自己的覺察工作。
因此，自己變成自己的「上帝」，指的就是，我變成一
個完全覺察的個體。當此發生之時，我取代了上帝那強
迫式的命令，我說：「我這麼做，是因爲我覺得對。」
用 Sonia Nevis 的話來說，「這是我們的命運要去摧毀，
爲了新事物的發生，爲了能夠成長，摧毀是必需的。因
此，我們參與摧毀的時候，我們通常感覺很好。然而，
『感到很好』並非行動的充分條件。『感到很好』是孩
子的標準，而當我們依循複雜的覺察而行動時，我們就
是成人。例如，斬斷一段關係也許感覺很好，但是在這
樣的情況下，如果將所有的情況都考慮進去，那麼這個
行動也許是『不道德的』……因爲嫉妒而刺殺某人也許
感覺很好，但這是不道德的。」[19] 按照更高的無上命令
行動會令人舒服的原因，就是選擇的時候我們沒有太多
的掙扎。然而，當我們考慮所有可能的結果後，所有最
終的行動都是有點武斷，不可能正確地行動而沒有否認
一絲絲的現實。沒有純粹的道德行動。如果一個人選擇
「自由」而且離開他或她的配偶，這同時也是選擇遺棄
他人，選擇較少見到孩子。如果一個女人因爲健康的理
由而選擇墮胎，她同時也選擇了摧毀一個可能的生命；
如果她選擇生下小孩，她也同時選擇了承受不健康的煎
熬，還有，可能將這個孩子置於沒有適當照顧以及足夠
支持其成長的環境下。如果一個團體選擇釋放一個實驗

室的所有動物，這個選擇同時也包括了摧毀科學研究以
及其他人的努力。

　　我們的理論鼓勵我們去完成一個完形，而且在我們
之內解決事情，使得我們有完成的感覺。但是，Sonia
Nevis再次說：「我們完形理論的弱點就是在場域中呈現
一個沒有干擾的理想圖像，但是場域中的干擾就是存
在，而且還不少……（有時候）我們可以做到最好的就
是去降低內在的干擾，因為外界干擾是無法降低的。」[20]
我們無法總是控制環境，我們所能做到最好的就是善用
我們最豐富的覺察，因為所有人類的行為都可能有極
端，我們傾聽我們腦海中兩個（或全部）的聲音，然後
行動。我們的覺察愈複雜，我們的行動就可能愈複雜。
被告知的行動允許我們瞭解議題的許多面向，這樣的單
一結果我們稱之為「帶著遺憾行動」（acting with regret），
這意味著選擇去做某事的同時，瞭解行動後可能的後
果，而且某些結果對自己、或別人、或自己的家庭、或
世界不好。因為極端的特性，你無法不傷害，因此，我
們最好都帶著遺憾做決定，而選擇出可能最好的行動。
所以我們無法避免傷害他人，我們必須學習去承擔他人
的不贊同以及痛苦。這讓我們在做決定的時候採取最高
的責任標準，而同時學習在做決定的時候帶著謙卑、勇
氣與熱情。

　　也許沒有比今日的我們更需要責任、勇氣以及熱
情，因為這樣的重擔落入治療師的肩上，去療癒受到困
擾、破碎的和改變中的家庭。在這個家庭崩解的時代，

離婚率不斷攀升，新成形的家庭實體正在重建之中，我們需要去榮耀並且珍惜照顧孩子和夫妻互相尊重這種舊式但美好的觀念。我們需要不斷地提醒自己，這是一個無比壓力加諸我們孩子身上的年代，當他們還在幼稚園的時候，就已經被他們那些過度工作、負荷過度的父母親所敦促，以便顯現高度的自我支持和表現水準。這是一個電腦與高科技的時代，是我們當小孩子無法負荷的時代。這表示成人必須兼具紀律與熱情來養育幼小的下一代，為二十一世紀的生活做準備。這本書不斷地關心與注意夫妻以及家庭如何滋養相互照顧的基本價值觀，並且尊重從人生一個階段邁向另一個階段的奮鬥。治療師不是唯一的療癒者，而是一個曾祖父母的角色，傳遞祝福給年輕一代的父母，因為當初養育這些父母的父母沒有足夠的技巧或時間，來為現代生活的複雜性預做準備。

附註：本章的共同作者為 Joseph Linker 及 Paul Shane。

本章註解

1. 我很感謝我的好友兼同事 Donna Rumenik，因為我們有許多在治療中（包括完形與個人）關於核心價值觀的對話。我們的對話發展成我們指導多年的「治療師的發展」工作坊，該工作坊聚焦於治療師更覺察自己工作底層的價值觀。Rumenik 鼓勵我以更大的形式來呈現完形的重要價值觀，這促成我在 1986 年的 Gestalt Journal 會議上的開幕演說。她多年來一讀再讀、並且挑戰與支持我在這方

面的寫作。這節的內容是取自 J. Zinker 於 1986 年 5 月在麻州普林斯頓所舉行的「第八屆完形治療的理論與實務研討會」的演說 *"Gestalt values: Maturing of Gestalt therapy"*。

2. 視覺現象的美學賞析的想法是承襲自完形心理學。根據 W. Köhler (1947), *Gestalt psychology: An introduction to new concepts in modern psychology* (New York: Liveright, pp. 176-177, original emphasis)：

> 「簡單」、「複雜」、「規律」、「和諧」總是用以形容組織的成品（products of organization）。當我們稱某物是「對稱的」，事實上它是一個分離的物體。相同地，「細長的」、「圓的」、「有角的」、「笨拙的」、「優雅的」都是事物特定的屬性或延伸的事件。從這些例子來看，只有一個步驟可以推論到更多的特定形狀特性（shape-qualities），如圓形、三角、梨子、橡樹等等。這些特性也只有特定實體的屬性……Ehrenfels 將形狀視為最重要且最顯示的特性，並且使用 *"Gestalt-qualitäten"* 這個字來命名所有的形狀……這個名詞的一般定義被用在旋律的特定屬性上，例如「大調」與「小調」的特徵，就如同一張圖像的「角」。移動是種視覺事實，並且同時具有時間與空間的 Gestaltqualitäten。例如跳舞以及動物的「跳躍」或「匍匐前進」等移動。

3. 見 K. Koffka (1935), *Principles of Gestalt psychology* (New York: Harcourt Brace).

4. Köhler 是很有文化素養的人，對藝術非常欣賞，尤其是音樂。而早期作品中的一本書致力於討論生活中的價值觀。見 W. Köhler (1966), *The place of value in a world of fact* (New York: Liveright, originaly published 1938).

5. F. S. Perls, R. Hefferline, & P. Goodman (1951), *Gestalt therapy: Excitement and*

growth in the human personality (New York: Julian Press).

6. Perls, Hefferline, & Goodman (1951, pp. 286-287).

7. Perls, Hefferline, & Goodman (1951, p. 328).

8. Perls, Hefferline, & Goodman (1951, p. 329).

9. 根據 Isadore From（從 1946 年開始跟隨 Perls 治療），Perls 當時仍使用精神分析的碰觸（touch）。見 E. Rosenfeld (1981), *"An oral history of gestalt therapy, part two: A conversation with Isadore From,"* in J. Wysong & E. Rosenfeld (Eds), *An oral history of Gestalt therapy* (Highland, N. Y.: Gestalt Journal, p. 27).

10. 第一個引言應用於心理治療的脈絡中。這些引言摘自 Perls, Hefferline, & Goodman (1951, pp. 275-276, 294).

11. Perls 在認知或個人方面為 Abraham Maslow 所困擾，因為他覺得成為（becoming）的主動性在 Maslow 的理論中遺漏了。Maslow 柏拉圖式的想法不夠動態而無法滿足 Perls。

12. Perls, Hefferline, & Goodman (1951, p. 271).

13. Perls, Hefferline, & Goodman (1951, p. 171).

14. S. Nevis & E. Warner (1983), *"Conversing about Gestalt couple and family therapy,"* *Gestalt Journal, 6*(2), 9.

15. Nevis & Warner (1983), p. 9.

16. 下節是摘自 J. Zinker 在 1993 年於英國劍橋大學第七屆英國完形會議的演講：*"Polemics, systems, and the nature of interventions"*。

17. 倫理上的遺憾觀點是 Sonia Nevis 與 Edwin Nevis 所發展的。更全面的討論請見 E. Nevis (1987), *Organizational consulting: A Gestalt approach* (New York: Gestalt Institute of Cleveland Press).

18. 此處的全文為：「（摩西）又將約書拿出來大聲念給百姓聽。他們說：『耶和華所吩咐的，我們都必遵行。』摩西將血灑在百姓身上，說：『你看，這是立約的血，是耶和華按這一切話與你們立約的憑據。』」（出埃及記，第 2 章，第 7-8 節）

19. 個人通訊。

20. 個人通訊。

附錄
主要的家庭治療學派

行為家庭治療[1]

先驅者	Watson、Skinner、Bandura、Grindler
哲學觀	經驗主義
模式	行為主義;內容導向的
主要影響	行為改變、學習理論、操作制約、聯結管理
對功能的看法	達成目標;所有的成員具備同等的影響力
對失能的看法	成員無法辨識偏差的行為;缺乏清楚界定的家庭規則;情緒溝通有缺陷
對覺察的看法	沒有正式的覺察理論
對改變的看法	透過教育和制約增強來界定與支持行為

Bowen 家庭治療[2]

先驅者	醫學、物理學
哲學觀	自然哲學、經驗主義、進化論
模式	醫學的、自然系統、歷程導向的

Bowen 家庭治療（續）

主要影響	生物學、進化論、系統理論
對功能的看法	在自然的歷程中，生命一步步開展，邁向成熟與自我調節
對失能的看法	因為「不成熟」而缺乏自我調節
對覺察的看法	沒有正式的覺察理論
對改變的看法	透過區別、自我調節和自我負責，達到自我的重建；治療者的在場是改變的機制

短期家庭治療（MRI）[3]

先驅者	Bateson、Erickson、Foerster
哲學觀	建構主義
模式	人工頭腦學的（cybernetic）、無規範的（non-normative）、內容與歷程導向的
主要影響	神經機械學、溝通理論
對功能的看法	困難的有效處理
對失能的看法	問題發生於困難的錯誤處理
對覺察的看法	次要的；沒有正式的覺察理論
對改變的看法	誘導出個案所使用的導致問題的「解決」（solution）方法，以便解決當前的問題

脈絡家庭治療（Contextual Therapy）[4]

先驅者	Freud、Ferenczi、Klein、Fairbairn、Winnicott、Guntrip、Sullivan、Buber、Weiner、Bateson、Boszormenyi-Nagy
哲學觀	辯證的、對話的、哲學的人類學
模式	關係的、歷程導向的

脈絡家庭治療（Contextual Therapy）（續）

主要影響	神經機械學、客體關係、人際精神治療、溝通理論
對功能的看法	平衡分配的家庭資源與關係
對失能的看法	資源的不平衡分配、「具破壞性的權力」（entitlement）所造成的停滯、有害的關係形象、分裂且／或隱藏的忠誠、共謀、剝削、獨裁（parentification）
對覺察的看法	以「關係的責任」（relational accountability）為主；沒有正式的覺察理論
對改變的看法	頓悟是療癒的成分之一；改變仰賴深化團體中「關係的現實感」

Erickson 家庭治療[5]

先驅者	Freud、催眠
哲學觀	折衷主義與實用主義
模式	催眠治療
主要影響	生態系統的、內容導向的
對功能的看法	透過創意性的問題解決使得個人的資源更具彈性，從而成長與發展
對失能的看法	未意識到個人的資源、缺乏溝通、溝通症候
對覺察的看法	次要的；頓悟是透過行動學習的副產品；沒有正式的覺察理論
對改變的看法	達到增進對未來家庭發展的彈性與自我表達的目標

焦點（Focal）家庭治療 [6]

先驅者	Freud、Klein、Bion、Winnicott
哲學觀	經驗主義
模式	系統的；歷程與內容導向的
主要影響	精神分析、醫院精神治療、客體關係、團體／家族治療
對功能的看法	根據互動、意義、影響、溝通、界限、聯合、穩定以及能力，來定義七層功能
對失能的看法	過去的創傷被互動所引發，這些互動具有重複、無關、惡性循環、強迫、急迫，以及呈現問題（症候）等特徵
對覺察的看法	與行為模式的改變同等重要；沒有正式的覺察理論
對改變的看法	家庭創傷的解決以及家庭文化的重建

功能性的家庭治療 [7]

先驅者	（？）
哲學觀	經驗主義與（明顯的）相對主義
模式	系統理論與行為主義；關係的；歷程與內容導向的
主要影響	Palo Alto 團體
對功能的看法	有效的關係歷程直接造成有目的且一致的關係結果；在關係的親密與距離之間調解
對失能的看法	「問題」與「症候」（也被文化輿論所標籤化）是關係功能的指標
對覺察的看法	混合在一起；沒有正式的覺察理論

功能性的家庭治療（續）

對改變的看法	改變發生於家庭成員改變看待自己與他人的方式之後

整合的家庭治療[8]

先驅者	Auerswald、Bateson、Erickson、Minuchin、Piaget、Satir
哲學觀	折衷主義
模式	系統的；有機體的；歷程與內容導向的
主要影響	系統理論
對功能的看法	具備意識能力去演練某些行為來代替重複、自動的反應；強烈感覺到有能力、幸福與自尊
對失能的看法	系統被視為自動化的行為、儀式、沒有新意、阻礙新資訊、封閉的界限；關係的流動受到阻礙的、是非自願的、無法交融的
對覺察的看法	在此一整合系統取向中是必要且是多重向度的；沒有正式的覺察理論
對改變的看法	改變發生於自動化以及熟悉的行為變得陌生之後

米蘭系統取向家庭治療[9]

先驅者	Freud、Jackson、Haley、Watzlawick、Bateson
哲學觀	生態系統認識論
模式	系統的；脈絡的；歷程與內容導向的
主要影響	第二級人工頭腦學（「人工頭腦學」的「人工頭腦學」）；建構主義

米蘭系統取向家庭治療（續）

對功能的看法	對所有參與的個體是有用的
對失能的看法	問題是由困擾所建立的意義單元，而所有的成員都支持該意義就是構成治療的單元
對覺察的看法	混合在一起：改變仰賴新關係的連結與意義，而非頓悟；沒有正式的覺察理論
對改變的看法	改變意義到更高的層次以改變其世界觀與行為

策略取向家庭治療[10]

先驅者	Erickson
哲學觀	實用主義（？）
模式	直接且有計畫的介入；內容導向的
主要影響	Laing、Haley、Madanes
對功能的看法	控制負向的，鼓勵正向的，並且解決共同的問題
對失能的看法	所有的問題源自於愛與暴力（violence）的兩難
對覺察的看法	問題的解決高於頓悟或覺察；沒有正式的覺察理論
對改變的看法	改變發生於家庭學習到如何克服危機並且前進到下一個發展階段

結構派家庭治療[11]

先驅者	Freud、Sullivan
哲學觀	建構主義
模式	生物社會文化系統的；歷程與內容導向的

結構派家庭治療（續）

主要影響	Montalvo、Haley、Minuchin、Koestler、Prigogine
對功能的看法	家庭在實現培育其成員成長時有效地處理壓力
對失能的看法	家庭無法實現成員成長的功能
對覺察的看法	混合在一起：隱含在類似「演出」（enactment）的技術以及改變結構之中；另一方面，抗拒不是被規避就是被面質；沒有正式的覺察理論
對改變的看法	幾乎是治療師一肩挑起改變的責任

象徵─體驗（symbolic-experiential）式的家庭治療[12]

先驅者	Freud、Rank、Klein、Aichorn
哲學觀	（？）
模式	歷程導向的
主要影響	兒童精神治療、遊戲治療
對功能的看法	結構完整的；清楚定義的界限；彈性的次系統；情緒歷程鼓勵表達與愛
對失能的看法	混亂的界限；失能的次系統；情緒歷程鼓勵不真誠與衝突
對覺察的看法	重視立即性的經驗與情感；頓悟被視為副產品；改變的認知理解是次要的；沒有正式的覺察理論
對改變的看法	新關係與行為促成改變

附註：我從 A. S. Gurman & D. P. Kniskern (1991), *Handbook of family therapy* (Vols. 1 & 2) (New York: Brunner/Mazel) 書中

蒐集並闡釋而製成這表格。我不認為我瞭解所有
這些學派，所以有可能存在些誤解，尚請讀者諒
解。

附錄註解

1. I. R. H. Fallon (1991), "Behavioral family therapy," in A. S. Gurman & D. P. Kniskern (Eds.), *Handbook of family therapy* (Vol. 2) (New York: Brunner/Mazel, pp. 65-85).

2. E. H. Friedman (1991), "Bowen theory and therapy," in A. S. Gurman & D. P. Kniskern (Eds.), *Handbook of family therapy* (Vol. 2) (New York: Brunner/Mazel, pp. 134-170).

3. L. Segal (1991), "Brief therapy: The MRI approach," in A. S. Gurman & D. P. Kniskern (Eds.), *Handbook of family therapy* (Vol. 2) (New York: Brunner/Mazel, pp. 171-199).

4. I. Boszormenyi-Nagy, J. Grunebaum, & D. Ulrich (1991), "Contextual therapy," in A. S. Gurman & D. P. Kniskern (Eds.), *Handbook of family therapy* (Vol. 2) (New York: Brunner/Mazel, pp. 200-238).

5. S. R. Lankton, C. H. Lankton, & W. J. Matthews (1991), "Ericksonian family therapy," in A. S. Gurman & D. P. Kniskern (Eds.), *Handbook of family therapy* (Vol. 2) (New York: Brunner/Mazel, pp. 239-283).

6. A. Bentovin & W. Kinston (1991), "Focal family therapy: Joining systems theory with psychodynamic understanding," in A. S. Gurman & D. P. Kniskern (Eds.), *Handbook of family therapy* (Vol. 2) (New York: Brunner/Mazel, pp. 284-324).

7. C. Barton & J. F. Alexander (1991), "Functional family therapy," in A. S. Gurman & D. P. Kniskern (Eds.), *Handbook of family therapy* (Vol. 1) (New York: Brunner/Mazel, pp. 403-443).

8. B. S. Duhl & F. J. Duhl (1991), "Integrative family therapy," in A. S. Gurman

& D. P. Kniskern (Eds.), *Handbook of family therapy* (Vol. 1) (New York: Brunner/Mazel, pp. 483-513).

9. D. Campbell, R. Draper, & E. Crutchley (1991), "The Milan systemic approach to family therapy," in A. S. Gurman & D. P. Kniskern (Eds.), *Handbook of family therapy* (Vol. 2) (New York: Brunner/Mazel, pp. 325-362).

10. C. Madanes (1991), "Strategic family therapy," in A. S. Gurman & D. P. Kniskern (Eds.), *Handbook of family therapy* (Vol. 2) (New York: Brunner/Mazel, pp. 396-416).

11. J. Colapinto (1991), "Structural family therapy," in A. S. Gurman & D. P. Kniskern (Eds.), *Handbook of family therapy* (Vol. 2) (New York: Brunner/Mazel, pp. 417-443).

12. L. G. Roberto (1991), "Symbolic-experiential family therapy," in A. S. Gurman & D. P. Kniskern (Eds.), *Handbook of family therapy* (Vol. 2) (New York: Brunner/Mazel, pp. 444-476).

國家圖書館出版品預行編目資料

追求圓融：完形取向的婚姻與家庭治療／
Joseph C. Zinker 著；卓紋君等譯.--初版.--
臺北市：心理，2006（民 95）
　面；　公分.--（心理治療；76）
譯自：In search of good form: gestalt therapy
with couples and families
ISBN 978-957-702-964-5（平裝）

1.家族治療　　　　　2.心理治療

178.8　　　　　　　　　　　95021630

心理治療 76　　**追求圓融：完形取向的婚姻與家庭治療**

作　　者：Joseph C. Zinker
校 閱 者：卓紋君
譯　　者：卓紋君、李正源、蔡瑞峰
執行編輯：高碧嶸
總 編 輯：林敬堯
發 行 人：洪有義
出 版 者：心理出版社股份有限公司
社　　址：台北市和平東路一段 180 號 7 樓
總　　機：(02) 23671490　　傳真：(02) 23671457
郵　　撥：19293172 心理出版社股份有限公司
電子信箱：psychoco@ms15.hinet.net
網　　址：www.psy.com.tw
駐美代表：Lisa Wu　tel: 973 546-5845　fax: 973 546-7651
登 記 證：局版北市業字第 1372 號
電腦排版：亞帛電腦製作有限公司
印 刷 者：博創印藝文化事業有限公司
初版一刷：2006 年 11 月